U0829726

职业教育“十四五”精品规划教材
课程思政 +“互联网 +”新形态一体化教材

管理学基础(第二版)

主编　马彩云

天津大学出版社
TIANJIN UNIVERSITY PRESS

图书在版编目（CIP）数据

管理学基础 / 马彩云主编. -- 2 版. -- 天津 : 天津大学出版社, 2024. 7. -- (职业教育“十四五”精品规划教材) (课程思政+“互联网+”新形态一体化教材).
ISBN 978-7-5618-7749-4

Ⅰ. C93

中国国家版本馆CIP数据核字第2024JL6400号

出版发行	天津大学出版社
地　　址	天津市卫津路92号天津大学内（邮编：300072）
电　　话	发行部：022-27403647
网　　址	www.tjupress.com.cn
印　　刷	天津泰宇印务有限公司
经　　销	全国各地新华书店
开　　本	787mm×1092mm　1/16
印　　张	16.5
字　　数	412千
版　　次	2024年7月第2版　2021年7月第1版
印　　次	2024年7月第1次
定　　价	48.00元

序　　言

无论何种教育类型,课程始终是人才培养的核心。课程开发必须解决两个问题:一个是课程内容的选择,另一个是课程内容的序化。校企合作、工学结合的“跨界”的职业教育,作为一种跨越了两个学习地点的教育类型,其课程开发也必须符合这一“跨界”的特点。

“跨界”的职业教育在课程内容的选择上,要通过职业分析对企业岗位群或职业群所需要的技能、知识和态度加以归纳,并融入学校教育关注人的可持续发展的相关要素,这就改变了传统的对学科体系加以知识演绎的路径。开发集成企业功利性需求与学校人本性需求的课程,已成为职业教育战线的共识。然而,如何对这些内容加以序化,也就是如何将技能、知识与态度有机地组织起来使其结构化成为课程,却遇到不少困难。

从 20 世纪 90 年代起,德国职业教育界开展的“行动导向”教学的大讨论对德国职业教育改革产生了深远影响。1996 年,德国首次提出了“要以学习领域为基本原则组织与职业相关的教学内容”的决议,要求职业教育的教学计划要按企业生产任务的要求组织教学,并以职业行动体系代替专业学科体系,首次确定了要基于“工作过程”的理念来开发职业教育课程的方法和路径,并要求应用“行动导向”的教学方法来组织和实施教学。

由此,一个重要的课程组织或序化的结构出现了,这就是“工作过程”。与传统的课程——搭建知识仓库的基于知识存储的“学科知识系统化”课程不同,以“工作过程”为结构的课程是基于知识应用的课程。

在高等职业教育迅速发展的中国,伴随着国家示范和骨干高职院校建设项目的推进,很多高等职业院校纷纷借鉴德国基于“工作过程”的课程开发理念和方法,进行了课程开发以及教学改革的实践。几年来,无论是理论研究,还是实际应用,都取得了非常明显的效果。

但是,这些研究与应用针对工科类课程及其教材的开发较多,而基于“工作过程”的管理类课程及其教材的开发还不多,许多管理类课程仍然在沿袭传统的“学科体系”的开发理念,教材仍然是“知识导向”教学方法的产物,即仅“以知识为本位”,忽视了对学生综合职业能力的培养,制约了对高等职业院校财经类专业学生专业能力、方法能力、社会能力的培养。所以,着眼于学生系统思考和方法论培养的基于“工作过程”的管理类课程及其教材的开发势在必行。这部《管理学基础》教材在基于“工作过程”的管理类课程及其教材的开发方面,进行了有益和成功的探索。

这部教材以创业公司(仿真)和项目任务(真实)为载体,对管理工作过程进行了系统化、教学化处理,按照“工作过程”进行了学习情境的设计,每个学习情境设计为若干子情境,每个子情境设计为多项学习(工作)任务,并按照学习(工作)任务架构知识体系和能力结构,将知识传授、能力训练、职业素质培养置入学习(工作)任务的全过程。在学生完成学习(工作)任务的过程中,使其专业能力、方法能力、社会能力三位一体的职业能力得以形成并发展。本教材不强调理论知识的系统性,而将理论知识按照“需用、够用、实用”的原则重构和序化,做到了“寓教于做、寓教于用、寓教于乐”。

这部教材打破了传统的学科体系教材固有的结构,将管理的基本原则、原理、程序、方法,既置入仿真的创业公司的经营管理全过程,又置入真实的项目任务的管理全过程,从而将其必然涉及的管理的学科知识融入其中,这就在一定程度上解决了学科体系课程或教材所存在的人为地将知识割裂的问题,完全符合学生的认知逻辑。本教材的每个学习情境都确定了知识、能力的学习目标,并通过所设计的“即问即答”“职业核心能力及素质评价表”等形式,及时地对学生知识、能力的掌握水平或程度以及职业素质的养成状况加以评价,实现了多角度、全方位的学习质量的考核。

本教材尽管沿用了学科课程或教材的名称,但实际上是对管理所需要的学科基本知识的认知,其配套了课程标准、教学实施方案等资源,已经不是传统意义上的教科书了,而是一个集教、学、练、用于一体,能够实现对学生进行综合职业能力培养的资源库。可以说,这部教材在某种程度上填补了基于“工作过程”的管理类课程及其教材开发的缺失,对推动高等职业院校管理类课程及其教材开发,必将产生一定的示范和推广效应。

值得“玩味”的是,“工作过程”这一课程结构并非“舶来品”。我在杭州科技职业技术学院讲学期间,参观了学院建立的陶行知博物馆。在参观时我惊喜地发现,陶先生——中国职业教育的先行者,早就深刻地阐述了“工作过程”的含义。陶先生说:“职业学校之课程,应以一事之始终为一课。例如种豆,则种豆始终一切应行之手续,为一课。每课有学理,有实习,二者联络无间。”

一事始终的一切应行之手续,不就是明明白白、真真切切、实实在在的“工作过程”吗?所以,当我们今天践行基于“工作过程”的课程改革时,实际上也在践行着中国以及世界上这一具有普适性的职业教育课程的范式。

我期待着,有更多更好的成果出现!

姜大源

前　　言

一、概述

工学结合作为职业教育的一个基本和重要特征已经达成共识，开发基于工学结合的教材已成为高等职业院校教学改革的重要内容。《管理学基础》这部教材是编写团队的成员多年从事管理方面课程教学的实践经验的总结，也是近年来探索职业教育改革所取得成果的综合反映，同时吸收了国内外管理学者和职业教育学者的大量研究成果。

本教材及相关教学资源既可为高等财经职业院校财经类专业通识课程教学使用，也可为经济管理类专业基础课程教学使用。

教材由四川财经职业学院工商企业管理专业教研室主任马彩云任主编，马红莉、刘静任副主编。马彩云负责全书的修改和总纂、教材配套资源建设，以及情境 1、情境 3、情境 5 和附录的编写；马红莉负责相关教学资源的总体策划与设计、教材结构设计及情境 2 的编写；刘静负责全书课程思政主题及案例设计及情境 4 的编写；尹正年负责情境 6 的编写；李萍负责情境 7 的编写。

本教材得到了著名职业教育专家姜大源先生的充分肯定与大力支持，并为本教材撰写了序言。四川财经职业学院马克思主义学院汪丽娟老师指导了本教材课程思政主题及案例设计。四川财经职业学院刘瑶老师、周锐老师、马骏老师参与了课程视频资源的录制。四川金拱门食品有限公司人事行政经理刘仕琦女士、四川招募中心主任宋洁苹女士为本教材提出了许多宝贵的意见。在此对他们表示衷心的感谢！

二、编写说明

（一）编写思路

1. 总体思路

本教材的编写不追求管理理论的创新，而是将成熟的管理理论以通俗、形象、易懂的方式呈现出来，即将管理的基本原则、原理、程序、方法完全置入仿真或真实的管理情境，让学生通过开展和完成所设计的学习（工作）任务去体验、模拟、实践管理，在这个过程中获得知识、训练能力、培养职业素质，真正做到“做中学、学中做、学后练、学后用”。

2. 具体思路

一是以学生“就业”为出发点，根据财经管理类专业学生的就业需要来确定教材的知识体系和能力结构；二是以“行动”贯穿教材所有的内容，强调通过行动完成学习；三是以“任务”为归属点，教材结构体现为若干学习情境和子情境，每个情境及子情境就是一项学习（工作）任务。

(二)教材结构

本教材包括认知管理、模拟管理、实践管理 3 个环节,涉及 7 个学习情境, 20 个学习子情境。情境 1 属于认知管理环节,分为 2 个子情境。情境 2、情境 3、情境 4、情境 5、情境 6 属于模拟管理环节,包括 14 个子情境。情境 7 属于实践管理环节,分为 4 个子情境。各情境与子情境之间存在严密的“任务”逻辑关系,模拟管理和实践管理两个环节完整地体现了管理的计划、组织、领导、控制四个工作流程。

本教材的每一个学习情境,由学习目标、知识结构、学习导入、前导知识、思政主题及案例、相关知识链接、相关技能要求、知识测试、能力及素质训练(素质测试、实训任务、案例分析)等内容所构成,针对管理学的重要知识点和关键能力点,以主要内容、基本原理、重要结论、实际应用、即问即答、引经据典、应用范例等方式做出明确提示和解读。每一个学习情境的子情境,都有与本情境思政主题相对应的思政案例点拨思政要点。

(三)教材特点

1. 贯彻了工学结合课程“任务引领,行动导向”的基本理念

本教材依据实际管理工作流程,以创业公司(仿真)和项目任务(真实)为载体,设计了相应的学习情境与学习(工作)任务,并按照学习(工作)任务架构知识体系和能力结构,将知识传授、能力训练、职业素质培养置入学习(工作)任务的全过程,做到了“寓教于做、寓教于用、寓教于乐”。

2. 在教学内容中按需融入课程思政案例,确保润物细无声

本教材共融入了 17 个思政主题案例,但并未刻意出现在教材的固定位置,而是根据各情境的授课内容按需融入,方便教师在讲授专业知识的同时对学生进行思政点拨,真正做到了思政育人的润物细无声,帮助学生树立正确的世界观、价值观和人生观。

3. 学习导入通俗、形象、易懂,便于学生形象、直观地学习

本教材将自编的非常贴近学生的学习与生活,也极容易阅读与理解的案例作为学习材料,引导学生进入相关的学习情境,其中一个案例连贯从公司创建到公司管理的计划、组织、领导、控制的全过程;将案例中的问题与学习(工作)任务有机地结合在一起,便于学生形象、直观地学习,有利于学生掌握管理理论知识以及提高管理能力。

4. 将知识传授与能力训练、职业素质培养融为一体

教材设计不仅明确了每个情境的知识目标、能力目标和素质目标,而且特别考虑了知识向能力的转化,以及学习成果的迁移和应用问题。因此,本书专门设计了“知识、素质及能力训练任务单”这一环节,通过知识测试、素质测试、实训任务、案例分析等方式解决知识传授与能力训练、素质培养脱节的问题。

5. 实现了跨学科知识的有机结合,有利于培养学生的综合职业能力

本教材打破了传统的学科体系教材固有的结构,依据对公司和项目任务的管理工作来架构知识体系,并对其进行了教学化和系统化处理,在一定程度上解决了学科体系教材所存在的人为地将知识割裂的问题。

6. 视频资源专业生动，电子资源丰富，是新形态融媒体教材

本书涉及的视频资源均以“讲故事”的形式录制，教学团队将专业知识与管理实践中经常遇到的问题结合起来进行讲解，形式新颖、专业生动。本书配有多种电子资源，读者可以通过扫描二维码观看视频，查看知识结构图和案例分析、参考答案，进行拓展阅读和练习，完成在线知识及素质测试，能够满足信息时代师生的多样化需求，是一部新形态融媒体教材。

三、使用说明

（一）学习载体选择

学习载体应根据认知管理、模拟管理、实践管理这 3 个环节的不同特点去选择。在认知管理学习环节，可以考虑选择企业、管理实训室、教材等作为学习载体，通过让学生实地参观、访问企业以及在管理实训室体验管理工作，使学生对管理工作有一定的感性认知和初步的理性认知，在此基础上导入管理理论知识的学习，为后面的模拟管理、实践管理打下理论基础。在模拟管理学习环节，以仿真的创业公司作为学习载体，通过模拟公司建立及模拟四项管理工作，实现对学生综合职业能力的培养。在实践管理学习环节，采用真实的项目任务作为学习载体，通过让学生完成真实的项目任务，综合训练管理的四项职能在实际管理工作中的运用，实现学以致用。

（二）学习任务安排

本教材的每个子情境都设计有相应的学习任务，并附有子情境学习任务书。教师组织教学时，可以酌情进行安排，有些任务可以先让学生尝试做，后讲理论知识及方法；有一些需要先讲理论知识及方法，然后让学生去做。

（三）学习考核评价

本教材每个情境均设有知识、能力和素质目标。针对知识目标，可以运用教材中“即问即答”环节，及时评价学生知识掌握情况，并结合在线知识测试进行课后测评。针对能力和素质目标，主要通过在线素质测试、线下实训任务及案例分析、教材附录中的“子情境学习任务职业核心能力及素质评价表”进行考核评价。

（四）配套教学资源

本教材配套开发的教学资源包括：课程标准、电子教案、教学课件、教学视频、案例库、试题库等。课程同时配套了能够有效支撑线上线下混合式教学的在线资源库。购买本教材的教师可以同步获取全部教学资源。同时，作者为本书配备了课件、教案、大纲和教学计划，用书的老师如有需要可联系 149011662@qq.com。

编者

2024 年 3 月 18 日

目　　录

情境 1　认知管理

学习目标

知识目标：

（1）了解管理的必然性和重要性、管理者的类型和角色、管理理论的发展阶段；

（2）了解行政组织理论、一般管理理论以及现代管理理论的主要流派；

（3）理解管理的内涵、管理的二重性、管理对象、管理者的素质要求；

（4）掌握管理的四大职能和管理者的三大技能；

（5）掌握科学管理理论和人际关系理论的主要内容、现代管理理论的四大观点。

能力目标：

（1）能够在日常管理活动中用理论指导实践，并在实践中不断反思；

（2）能够运用古典、新古典和现代管理理论理解和分析当今的企业管理现象；

（3）能够在管理活动中扮演并体验管理者的各种角色；

（4）能够根据管理者的素质要求，有意识地提升自己的管理素养。

素质目标：

（1）具有良好的个人品质，能够在日常管理活动中做到以德服人；

（2）具有高度的事业心，能够以主动、踏实、积极的工作作风完成日常管理工作；

（3）尊重管理的科学性，在日常管理工作中有意识地提升管理的艺术性；

（4）具有系统、人本、权变、创新的管理理念和兼容并包、博采众长的文化意识。

思政主题及案例：

（1）思政点拨——文化自信：万里长城的修建；

（2）思政点拨——兼容并包：学习管理学要兼容。

知识结构图

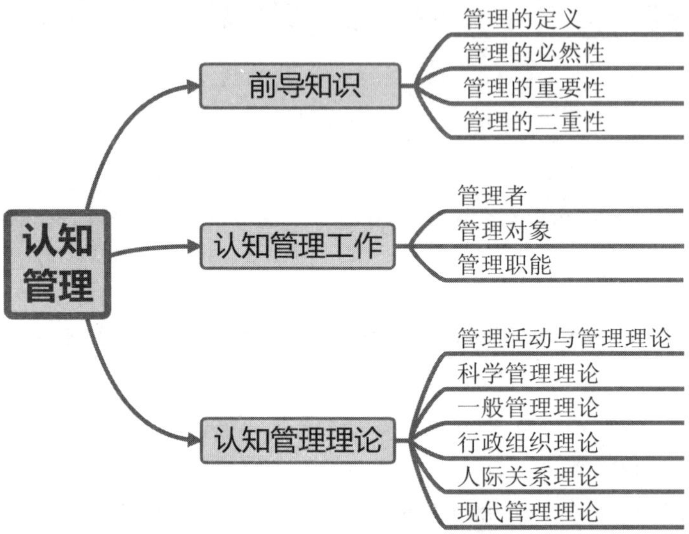

知识结构图详版

学习导入

背景资料:中华经济管理职业学院工商管理系2024级学生付娟准备竞选本班的班长职务,她认为自己完全能胜任班长一职,理由主要是其高中时有担任班长的经历,学习成绩优秀,有较强的组织能力、表达能力、社交能力和亲和力。为了竞选成功,她制定了一份班级管理方案,在方案中提出了管理目标,分析了班级可能存在的问题以及解决问题的措施与手段。

思考问题:付娟竞选班长能成功吗? 班长是管理者吗? 什么是管理? 管理的对象是什么? 管理是如何实现的? 为什么要学习管理?

解决问题:完成本情境的相关学习(工作)任务;完成本情境相关理论知识的学习。

视频资源
学习导入

前导知识

一、管理的定义

视频资源
"管"不等于"理"："管""理"并重是正道

管理活动无处不在，不管是一个班级，还是一个企业，乃至一个地区、一个国家都需要管理。依据管辖范围的大小，管理可划分为宏观管理和微观管理。对一个国家或者一个地区的管理就属于宏观管理的范畴，对一所学校或者一家公司的管理就属于微观管理的范畴。本教材主要从微观管理的角度探讨组织的管理问题，并主要以公司这一组织形式为典型对象诠释管理的基本原理、原则、程序、方法。当然，公司的管理法则同样适用于其他形式的组织的管理。

●管理就是组织通过计划、组织、领导、控制等工作（活动）协调组织资源和职能活动，从而保证组织目标的有效实现。

上述管理的定义可以从以下几方面予以理解。

（1）管理的目的。任何一个组织都有其特定的目标，如果一个组织不能够实现其目标，那么这个组织就失去了存在的意义。而一个组织的目标是不可能自然实现的，组织需要通过管理活动促成其目标的实现。因此，管理的目的就是确保组织目标的实现，使组织得以生存和发展。

（2）管理的职能。任何一个组织的目标都是通过管理实现的，具体来说就是通过计划、组织、领导、控制等工作（活动）实现的。因此，计划、组织、领导、控制是管理工作（活动）的基本职能。

（3）管理的对象。任何一个组织要实现其目标，必然投入人力、物力、财力等各种资源以及实施各项职能活动。因此，管理的对象就是组织本身及其资源和职能活动。

（4）管理的本质。由于任何一个组织投入的各种资源都是有限的和稀缺的，所以组织必须考虑资源的有效利用，使资源投入达到最小化，即用最小的投入获得最大的产出。这就需要对各种资源、各项职能活动以及二者的关系进行协调。因此，管理的本质就是协调。

引经据典

为什么要学习管理？

我们之所以要学习管理，是因为改进组织的管理关系到我们每个人的切身利益。为什么这样说呢？因为管理无处不在。例如，你花3个小时办理一张银行卡，你是否感到沮丧？假如你在百货商店里售货员全都不搭理你，你是否感到生气？当你3次打电话给航空公司询问去某地的机票价格，而每次办事人员答复你的票价都不一样时，你是否感到困惑？上述这些都是低劣的管理导致的问题。管理有方的组织，能赢得人们的信任，得以长期发展和繁荣。

学习管理的第二个原因是,当你从学校毕业开始你的职业生涯时,通常会在某个组织中工作,必然会成为管理者或被管理者。如果你打算成为一个管理者,那么通过学习管理,你会领悟到许多道理,理解管理过程是培养管理技能的基础。如果你是一个被管理者,你也需要理解管理者的意图,满足管理者的要求,这也需要学习管理。不过有一点需要指出的是,仅从一门管理课程中还不能完全学会管理,实践出真知。

二、管理的必然性

管理活动自古以来就存在。自从人类出现以后,人类为了生存,必然要向大自然索取满足其生存需要的各种物资,而这些物资要通过劳动获取。人类的劳动存在两种基本方式:个体劳动与共同劳动。毫无疑问,以个体劳动方式来战胜大自然是不可能的,人类必然会采用共同劳动的方式,依靠合作来求得生存与发展。只要是共同劳动,就必然会产生分工、指挥、协调等管理活动。古代中国人修筑长城,古埃及人建造金字塔,都是规模巨大的建筑工程,也是纷繁复杂的管理工程,需要成千上万人的共同劳动。谁来协调共同劳动?谁来安排、指挥每个人的劳动?谁来保证工地上有足够的物料和工具?谁来保证工程按预定的时间完成?很显然,只有通过管理活动才能解决这些问题。因此,管理是共同劳动的客观要求和必然产物。

思政点拨—文化自信

万里长城的修建

长城是世界上最大的建筑工程之一,被誉为世界七大奇迹之一,长城的修筑凝聚着我们祖先的血汗和智慧,是中华民族的象征和骄傲。长城建筑在地势险峻的山巅,工程复杂而浩大,而当时施工仅凭肩挑手抬,若没有统一行动、协调配合,其困难不言而喻。长城的建设离不开严谨的工程计划,工程所需土石及人力、畜力、材料、联络都需要安排得井井有条,只有一环扣一环,才能使工期不至于延误;长城的建设离不开严格的工程质量管理,特别是工程验收制度,例如规定在一定距离内用箭射墙,箭头碰墙而落,工程才算合格,否则返工重建;长城的修筑是在中央管理集权领导下进行的浩大工程,离不开有效的分工制,需要在事先确立长城走向前提下,分区、分段、分片同时展开,才能保证工程进度的同步性……而这一切都是管理活动的范畴。

管理活动在万里长城的修建中起到了举足轻重的作用,对于灿烂的中华文明也有不可估量的贡献。作为当代青年,我们要学好管理学、用好管理学,为中国特色社会主义建设添砖加瓦。

文献参考:https://wenda.so.com/q/1558641775214641

随着社会生产力的发展,生产社会化程度的提高,企业组织的出现及其规模的不断扩大,生产的各个环节之间的相互依赖性越来越强,这就要求企业通过科学的管理来解决内部分工与协作的问题以及适应外部环境的问题，从而得以发展壮大，促进生产力的发展。

伴随着人类文明的进步、社会的高度现代化，管理已经成为一种不可缺少的社会机能，其必然性和必要性不言而喻。管理是保障社会与经济秩序、合理配置资源、有效协调与指挥社会各类活动、调动人的积极性、实现社会及各类组织目标的必然和关键的手段。

即问即答：你与管理打过哪些交道？说一说你身边的管理现象。

三、管理的重要性

从人类社会的产生到现代社会的发展，无论国家和地区的治理与安定，还是组织的发展与壮大，乃至个人的成长与发展，无不需要管理，无不依赖管理。

因此，管理具有十分重要的意义。由于本教材主要探讨组织的管理问题，下面就从组织的角度论述管理的重要性。

（一）管理是组织存在与发展的根本保证

组织是人类存在和活动的基本形式。没有组织，仅凭个体的力量，无法征服自然，不可能有所成就，也不可能有人类社会今天的发展与繁荣。组织的存在使众多的人为共同的目标和利益结合在一起，每个人只承担组织整体工作的一部分。那么，要完成组织的整体工作和实现组织的目标，就必须依靠管理来协调每个人的工作，保证组织的每项活动有效开展。组织借助管理得以生存并不断发展和壮大。因此，管理是组织存在与发展的根本保证。

（二）管理是组织实现功能与目标的重要手段

任何一个组织都有特定的功能与目标，组织功能与目标的实现是组织中各个要素互相作用的结果。需要特别注意的是，组织中各个独立要素的存在并不意味着组织功能与目标的实现。也就是说，组织中各个要素的相互作用要依赖于管理。组织通过管理协调实现组织目标的各种资源的投入和各项职能活动的开展。在相同的物质条件和技术条件下，组织由于管理水平的不同而产生效益、效率或速度的差别，这就是管理所产生的作用。

（三）管理是实现组织资源有效配置的基本保障

任何一个社会组织要实现其目标，就必须投入人力、物力、财力等各种资源。但这些资源都是有限的，甚至是稀缺的。所以就需要通过管理来提高资源的使用效率，使有限的资源得到充分的利用，即用最小的投入获得最大的产出。所以科学的管理是合理配置资源的基本保障。管理越科学，就越能提高资源的利用率，以做到人尽其才、物尽其用、货畅其流。

四、管理的二重性

管理是一门科学。管理是人类重要的社会活动，存在客观规律性。管理作为一门科学，就是指人们发现、探索、总结和遵循客观规律，在逻辑的基础上建立系统化的理论体系，并在管理实践中应用管理原理与原则使管理成为在理论指导下的规范化的理性行为。如果不承认管理的科学性,不按规律办事,违反管理的原理与原则,随心所欲地进行管理,就会受到规律的惩罚,导致管理的失败。

管理也是一门艺术。管理虽然有既定的原理或规范,但它绝不是按图索骥的照章操作行为。管理理论作为普遍适用的原理、原则,必须结合实际应用才能奏效。管理者在实际工作中面对千变万化的管理对象,因人、因事、因时、因地制宜,灵活多变地、创造性地运用管理技术与方法解决实际问题,从而在实践与经验的基础上创造了管理艺术与技巧,这就是管理是一门艺术的含义。只把管理当成科学,排斥管理的艺术性,完全按管理原理与原则去刻板地解决管理问题,则会处处碰壁,无法取得成功。

管理是科学与艺术的结合。管理既是科学又是艺术,这种科学与艺术的划分并没有明确的界限。说它是科学,是强调其客观规律性;说它是艺术,则是强调其灵活性与创造性。而且这种科学性与艺术性在管理的实践中并非截然分开的,而是相互作用的,它们共同发挥管理的功能,促进目标的实现。

引经据典

刘备摔孩子

三国时期,曹操即将攻打樊城,刘备无力抵抗,遂领着数万百姓撤离。赵云领命保护刘备家小,张飞断后,一行人一路艰难行进,被曹兵追上,双方进行了一场恶战,赵云拼死杀出,混乱中与刘备家小走散,便反身再度杀入曹军,三进三出历尽艰险救出阿斗。他把阿斗藏在怀中,经过连连苦战终于脱险。后来,赵云找到了刘备,交还了阿斗。刘备看到满身是伤的赵云,马上就把阿斗扔在了地上,愤愤地说:“为汝这孺子,几损我一员大将!”赵云闻听此言,赶忙抱起阿斗,泣拜说:“云虽肝脑涂地,不能报也!”从此,赵云更加忠心耿耿地为刘备效力。

这则出自《三国演义》的故事充分说明了历史上的刘备在“得人心”这方面做得很好。“士为知己者死”,刘备的做法体现了一种高超的政治感召艺术,使其手下感受到知遇之恩、惜才之情,从而凝聚了将士之心,拼尽全力帮助刘备立足西蜀,成就了三分天下的霸业。

知识小结

(1)管理活动无处不在,无论是一个国家,还是一个组织,乃至个人都需要管理。

(2)管理是共同劳动的必然产物。

(3)管理的目的就是确保组织预期目标的实现,使组织得以生存和发展。

(4)管理的本质就是协调组织的资源与职能活动。

(5)一个国家的繁荣富强、一个组织的长盛不衰以及个人的发展与成功都离不开管理。

(6)管理的二重性是指管理既是科学又是艺术。

子情境1.1　认知管理工作

学习情境

带领学生参观、访问各种类型的企业；进入管理实训室，模拟开展企业管理工作。

学习任务

目的：认知和体验企业管理工作内容及流程。

内容：参观和访问企业，扮演管理者角色。

方式：参观、访问、体验。

成果：对管理工作有初步的感性认知，具有模拟管理工作的经历。

相关知识链接

一、管理者

●管理者是指从事管理工作，履行管理职能，对实现组织目标负有贡献责任的人，是管理的主体。

（一）管理者类型

管理者在组织里从事管理工作，在不同的层次、不同的部门发挥不同的作用。因此，可以按多种标准对管理者进行划分。

1. 按管理层次划分

视频资源
管理者的三个层次：最难的中层管理者

1）基层管理者

基层管理者的主要职责是直接指挥和监督现场作业人员，保证完成上级下达的各项计划和指令。基层管理者主要注重的是具体任务的完成。

2）中层管理者

中层管理者的主要职责是正确领会高层的指示精神，创造性地结合本部门的工作实际，有效指挥各基层管理者开展工作，起到承上启下的作用。中层管理者注重的是日常管理事务。

3）高层管理者

高层管理者对组织负全责，主要侧重于沟通组织与外部的联系和决定组织的大政方针。高层管理者注重良好环境的创造和重大决策的正确性。

思考与讨论: 在管理者的三个层次中,你认为哪个层次的管理者最难做?原因是什么?

2. 按管理范围划分

1)综合管理者

综合管理者是指负责整个组织或某个部门的全面管理工作的管理人员。例如,公司经理、工厂厂长、办公室主任等。

2)职能管理者

职能管理者是指在组织内只负责某种职能的发挥的管理人员。例如,工厂的总工程师、后勤处处长、财务总监等。

3. 按管理权力的性质划分

1)直线管理人员

直线管理人员是指有权对下级进行直接指挥的管理者。他们与下级之间存在着领导隶属关系,这是一种命令与服从的权力关系。例如,企业的总经理、部门经理、班组长,他们是典型的直线管理人员。

2)参谋人员

参谋人员是指向上级提供咨询、建议并对下级进行专业指导的管理者。相对于上级来说,他们是参谋、顾问以及被领导者;他们与下级之间存在着一种非领导隶属的专业指导关系。参谋人员通常是指各级职能管理者。

(二)管理者角色

●管理者角色是指对管理者从事各种活动时的立场、行为表现等的一种特性概括和归纳。

这一概念首先由美国管理学家彼得·德鲁克提出。后来加拿大管理学家亨利·明茨伯格通过调查研究,明确提出管理者扮演着三大类,共十种具体角色。

1. 人际关系方面的角色

(1)形象首脑。作为一个组织的首脑,管理者必须行使一些具有法律、社会、礼仪性质的职责。例如,管理者必须出现在社区的集会上,参加社会活动,宴请重要客户等。

(2)领导者。管理者对所在组织的存亡负主要责任,他们和员工一起工作并指挥员工,以确保组织目标的实现。

(3)联络者。无论是在内部工作时,还是在与外部的利益相关者建立良好关系时,管理者都起着联络的作用。

2. 信息传递方面的角色

(1)监督者。管理者需要寻求和获取各种特定的信息,以透彻地了解组织与环境。

(2)传播者。管理者需要将从外部人员和下级那里获得的信息传递给组织的其他成员。

(3)发言人。管理者作为组织所在行业的专家,需要向外界发布有关组织的计划、行动、结果等的信息。

3. 决策制定方面的角色

(1)企业家。管理者需要寻求组织在一定环境中的机会,谋求组织的发展和变革。

(2)故障排除者。管理者要在组织面临重大的、意外的动乱时,负责补救行动的规划与实施。

(3)资源分配者。管理者要决定组织的资源用于哪些方面。

(4)谈判者。管理者要作为组织的代表参与各种谈判工作。

★重要结论

有关管理者角色的观点说明了这样一个道理:管理者在从事管理工作时要解决各种性质不同的问题,要面对不同的管理对象,要与各种各样的单位和人打交道,这就要求管理者根据不同的事、不同的人、不同的情况灵活地转换角色,就像一位出色的演员那样,根据不同的剧本和剧情扮演不同的角色,管理者能否成功变换角色直接关系到其管理工作的成败。

拓展阅读
销售经理的十种管理者角色

即问即答: 市长的工作与学校校长的工作在扮演具体角色时有何不同?

(三)管理者素质

●管理者素质是指对管理者从事管理工作时在职业品质、能力、知识、经验等方面的素质的要求。

1. 品质素质

管理者从事的管理工作是一项艰巨的任务,他会面临许多困难、挑战和风险,只有具备自信心、诚实与机敏的性格、顽强的工作作风、坚忍不拔的毅力等职业品质素质,才能确保组织在运行中转危为安、长盛不衰。

2. 能力素质

管理者要很好地履行管理职责,扮演好各种不同的管理者角色,主要应该具备技术、人际、概念三种技能。

1)技术技能

技术技能是指管理者掌握与运用某一专业领域内的知识、技术和方法的能力。例如,酒店里的服务领班,如果她对服务要领和技巧都不熟悉,根本不可能去指导手下的服务员提高服务质量。

2)人际技能

人际技能是指管理者处理人际关系的能力。从事管理工作不可能不与人打交道,缺乏人际技能的管理者是不可能做好管理工作的。

3)概念技能

概念技能是指管理者观察、理解和处理各种全局性的复杂关系的抽象能力。这种能力对组织的战略决策和发展具有极为重要的意义,是组织的高层管理者必须具备的,也是最为重要的一种技能。

视频资源
管理者的三个层次:管理层级晋升的智慧

★重要结论

上述三种技能是任何管理者都应该具备的。但不同层次的管理者由于所处位置、所发挥的作用和职能不同,对这三种技能的需求程度明显不同。美国哈佛大学工商管理学院的一项研究表明:对于高层管理者而言,概念技能是最重要的,占到其能力构成的 42.7%;对于中层管理者而言,人际技能是最重要的,占到其能力构成的 42.4%;对于基层管理者而言,技术技能是最重要的,占到其能力构成的 50.3%。具体见表 1-1。

表 1-1 对不同层次的管理者管理技能的要求比例(%)

层次 \ 技能	技术技能	人际技能	概念技能
高层管理者	17.9	39.4	42.7
中层管理者	22.8	42.4	34.8
基层管理者	50.3	37.7	12.0

3. 知识素质

管理者要处理好各种管理事务,做好管理工作,必须具备相应的专业知识与相关知识。

4. 经验素质

在组织的实际管理工作中会有许多新情况、新问题出现,管理者所具有的理论知识并不能完全解决这些问题,往往需要依靠多年积累的管理经验加以解决。

二、管理对象

●管理对象是指管理者行为作用的客体。

从微观管理的角度来看,管理总是针对某一个群体或组织实施的,所以管理对象就应该是那些具有不同功能的不同类型的社会组织。而任何一个社会组织要发挥其功能,实现其目标,必须拥有一定的资源。管理正是通过对这些资源进行配置、调度、组织才使管理目标得以实现的。所以,这些资源就成为管理的直接对象。同时,任何一个社会组织要发挥其功能,实现其目标,必须进行各项职能活动。这样,这些职能活动也必然成为管理的对象。**因此,管理对象包括各类社会组织及其构成要素(资源)与职能活动。**组织、资源、职能活动是管理对象的不同形态,它们都受管理主体的作用,共同影响着管理成效和管理目标的实现。

(一)组织

●组织是指为完成特定目标与任务而聚合的人群。

按照组织在社会中的功能与作用,其可以被划分为政治组织、经济组织、文化组织、宗教组织、军队组织、其他组织等。

由于不同的组织在社会中有不同的功能与作用,其管理内容和重心也有所不同,但其管理的基本原理、原则、程序、方法没有本质的区别。

任何一个组织都是由不同的部门、单位构成的,这些部门、单位既包括履行组织基本职责的业务单位,又包括履行管理和服务责任的单位。所以把组织作为管理对象,管理的不仅仅是组织这一整体,还包括组织内部的各个部门和单位。

(二)资源

任何一个组织要维持自己的生存与发展,首先需要拥有一定的资源,其次需要对有限的资源进行配置,以达到最佳的使用效果,保证组织目标的实现。一般来说,一个组织的生存与发展需要下面这些基本资源。

(1)人力资源。人力资源是指组织成员所拥有的显在的和潜在的知识、能力、品质。**人力资源是组织最核心的资源**。因为组织的其他资源只有通过人的作用,才能产生价值和发挥功效。

(2)资金资源。资金资源是指组织所拥有的现金和其他货币资本。由于现金和其他货币资本可以用来购买机器设备、原材料等物质资源,也可以用于获得人力资源,所以一个组织所拥有的资金资源的多寡实际上也反映了该组织拥有的资源的多寡。因此资金资源是营利性经济组织极为重要的资源,是管理的关键对象之一。只有加强对资金筹措、运用等方面的管理,才能降低成本,提高经济效益,更好地实现组织的目标。

(3)物质资源。物质资源是指组织所拥有的土地、厂房、机器设备、各种材料等物质。它们是组织开展职能活动,实现目标的物质条件与保证。对物质资源进行科学管理可以充分发挥它们的作用与价值。

(4)信息资源。信息资源是指组织已经拥有或未来拥有的可以储存、加工、利用的知识或消息。在信息时代的今天,信息资源已成为管理的一个重要对象。因为信息既是组织运行、实施管理的必要资源,又是能带来价值的资源。管理者既要高度重视信息资源的价值性,又要善于利用信息资源提高管理工作的效率和水平。

(5)关系资源。关系资源是指组织与其他组织、个体等合作的广度与深度。组织的生存与发展并不是孤立的,一个组织要和政府部门、金融组织、供应组织、顾客等发生各种各样的关系。通过管理使组织与其他组织、个体保持密切的关系,恰当地利用各种关系,有助于组织目标的实现。

(三)职能活动

任何一个组织要维持自己的生存与发展,不仅需要拥有一定的资源,还需要通过开展相应的职能活动保证组织目标的实现。只有通过组织内部的各项职能活动,才能实现投入与产出,也才能让每一种资源都产生价值、发挥功效。所以管理者经常面对的是大量的组织职能活动。管理的功能和作用表现为对组织的各项职能活动的计划、组织、领导、控制。通过这些管理职能,组织的各项职能活动会更有秩序,更有效率,更有效益。

三、管理职能

管理是管理者通过一系列的工作(活动)实现的,每一种工作(活动)都有不同的功能和作用。

●管理职能就是管理工作(活动)所具有的功能和作用。

20世纪初,法约尔最早提出了计划、组织、指挥、协调、控制五项管理职能。后来许多学者根据社会环境的新变化,对管理职能进行了进一步的探究,提出了一些新的管理职能,不过基本上没有超出法约尔所界定的五项职能的范围,其他职能不过是这五项基本职能的延伸和细化。

本教材主要介绍计划、组织、领导、控制这四项基本职能,并通过公司管理来具体说明这四项基本职能的运用。

(一)计划职能

计划就是确定组织未来活动的目标并规定实现目标的途径与方法。组织的一切活动都是围绕目标的实现而展开的,因此,计划是管理的首要职能。计划职能的内容非常广泛,从计划工作流程的角度可划分为分析组织内外环境、确定组织目标、设计与抉择方案、编制实施计划、反馈计划执行情况等环节。

(二)组织职能

组织就是根据组织的目标对必须开展的职能活动进行分类,设计职务,建立组织机构,明确各机构和各职务的分工与协作关系以及职责与权限,并制定规章制度加以明确。通过组织机构的建立、运行、变革,整个组织有条不紊地开展各项活动,保证组织目标的实现。

(三)领导职能

领导就是运用指挥、激励、沟通等手段,统一员工的意志,调动各方面的积极性,激发员工的工作潜能,促使员工的思想、行为与组织目标保持一致,以保证组织目标的实现。“兵熊熊一个,将熊熊一窝”,可见领导职能对于组织意义重大。

(四)控制职能

控制就是根据组织制定的计划目标和标准对组织的职能活动进行检查、监督和调节。具体来说就是,发现计划与实际的差异并分析原因,采取有针对性的措施纠正偏差,保证组织目标按计划实现。必要时也可以修订原来的计划目标,以保证组织灵活应对外部环境的变化。

在管理的这四项基本职能中,计划职能是首要职能和先导职能,组织、领导、控制职能是计划职能的保障。每一项管理工作一般都是先执行计划职能,然后执行组织、领导职能,最后执行控制职能,形成一个管理的循环。但在实际工作中,各职能之间相互交叉渗透,做计划时就要考虑资源的组织,构建组织时要制定各种规章制度,以控制员工将来的行为。领导工作其实就是不断地协调各种资源,纠正员工工作行为中的各种偏差,控制的结果可能导致新的计划,开始新一轮的管理,如此循环不息,把组织的工作不断向前推进。这四项基本职能的关系如图1-1所示。

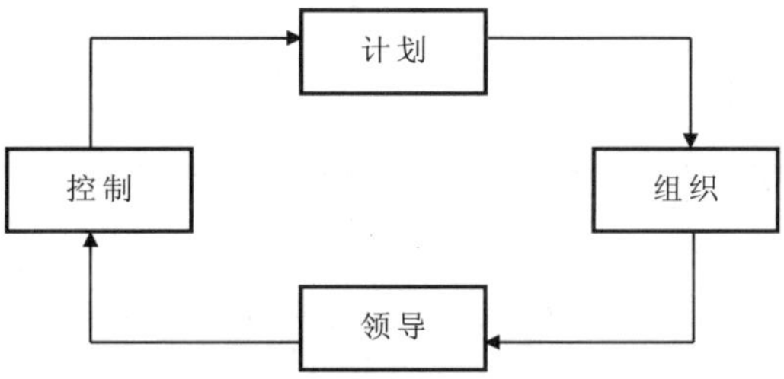

图1-1　计划、组织、领导、控制职能之间的关系

视频资源
管理的四大职能:管理如何保持良性循环?

思考与讨论: 若管理职能不能形成前后关联、连续一致的闭环管理活动,会产生什么问题?有计划、没控制会怎么样?

知识小结

(1)管理者是管理的主体,他们承担组织的管理工作。

(2)管理者在不同的层次、不同的部门履行管理职能,并发挥不同的作用。

(3)管理者在管理工作中扮演着三大类共十种具体角色。

(4)管理者应该具备职业品质、能力、知识、经验等方面的素质。

(5)管理者要很好地履行管理职能,扮演好各种不同的管理者角色,主要应该具备技术、人际、概念三种技能。

(6)管理对象就是组织本身及其资源和职能活动。

(7)管理是通过一系列的工作(活动)实现的,主要包括计划、组织、领导、控制等。

子情境1.2　认知管理理论

学习情境

在学生对企业管理工作有了一定的了解与体验的基础上,以课堂知识讲授、ERP(企业资源计划)沙盘实训等形式引导学生进行管理理论的学习和实践。

学习任务

目的:理解和掌握主流的管理理论。

内容:各种管理思想及管理理论。

方式:讲授、实训。

成果:运用管理理论解决一些实际管理问题。

相关知识链接

一、管理活动与管理理论

(一)管理活动、管理思想、管理理论三者的关系

管理作为一种活动源远流长,而管理成为一门科学,形成管理理论则是在 19 世纪末 20 世纪初。人类在漫长而重复的管理活动中积累了大量的管理经验,经过逐步提炼形成了管理思想。随着社会的进步与发展,人们对各种管理思想进行归纳、总结,并加以系统化、科学化,便形成了管理理论。人们应用管理理论去指导管理活动,以达到管理目的,也在管理活动中不断修改和完善管理理论,推动管理理论不断向前发展。三者的关系如图 1-2 所示。

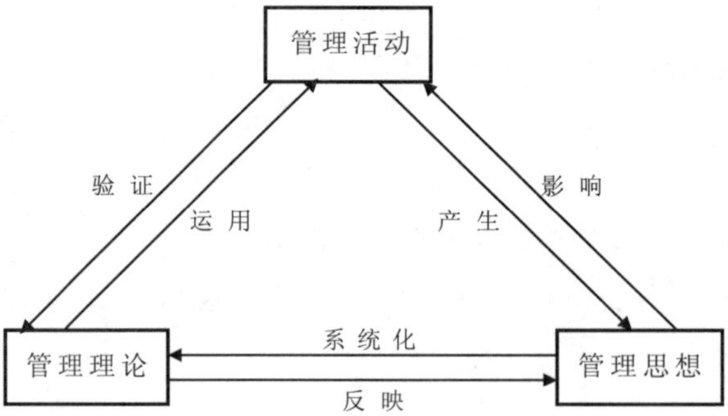

图 1-2 管理活动、管理思想、管理理论三者的关系

引经据典

中国古代管理思想

中国作为四大文明古国之一,有着丰富的管理思想,这些管理思想在《孙子兵法》《周礼》《墨子》《老子》《管子》《齐民要术》《天工开物》等著作中都有所体现。最具代表性的管理思想有:①老子的顺道无为思想,强调辨道顺道,才能"无为而治",在认知客观规律的基础上,依据客观规律的要求设计和完善社会或组织运行的规则。"无为"不是消极放任,而是让客观规律自行发挥作用,让每个人都自觉根据客观规律的要求选择符合社会和组织需

要的恰当行为，让组织活动在客观规律的约束与指导下有序地进行。②孔子的重人求和思想，强调人是管理的核心。以人为核心的管理，要求重视人的需要，讲求用人之道，实现人的和谐。③孙子的预谋慎战思想，强调“兵马未动，粮草先行”，任何活动的组织展开都要事先谋划，“凡事预则立，不预则废”。“知彼知己，百战不殆”的辩证策略思想在书中也是比比皆是。孙武的策略思想不仅在军事上，而且在管理上也具有相当的指导意义和参考价值。日本和美国的一些大公司甚至把《孙子兵法》作为培训的必备书籍。④先秦法家的依法治理思想，强调管理就是围绕着秩序的建立和维持而进行的一系列工作，需要依循“明法—公开性”“一法—统一性原则和平等性”以及“常法—相对稳定性”的原则。

（二）管理活动与管理理论的发展阶段

管理活动是伴随着人类的出现而产生的，管理思想与管理理论伴随着管理活动而产生和发展。从管理活动与管理理论产生起到现在，可以划分为五个阶段。

1. 早期管理活动与管理思想阶段

18世纪以前，人类在共同劳动过程中进行了管理活动，并有意识地记录、观察和分析管理活动，形成了对管理的一些见解、认识、论述，但并不完整、全面，也没有形成系统的管理理论。

2. 管理理论萌芽阶段

18世纪至19世纪末，资本主义社会的初步形成和产业革命的顺利进行对管理提出了新的要求。这一时期许多著名的思想家、经济学家、工程学者对管理思想进行了积极的探索，虽然没有形成系统、完整的管理理论，但他们研究的内容、提出的思想观点无疑为后来管理理论的产生和发展奠定了基础。

3. 古典管理理论阶段

古典管理理论形成于19世纪末至20世纪初，以泰罗、法约尔、韦伯为代表的学者对社会化大生产发展初期的管理思想进行了系统化、科学化的整理归纳，提出了比较完整的科学管理理论、一般管理理论、行政组织理论。这些理论的出现标志着管理科学的建立、管理理论的正式形成。

4. 新古典管理理论阶段

新古典管理理论形成于20世纪30年代至60年代，以梅奥为代表的学者创立了人际关系理论，并以此为基础促成了行为科学理论的形成与发展。

5. 现代管理理论阶段

20世纪60年代至今，管理理论研究非常活跃，出现了许多学派。各学派理论各有不同，也各有所长，它们共同组成了“管理理论丛林”。

二、科学管理理论

(一)创始人

美国人泰罗(1856—1915)是科学管理理论的主要创始人,被西方管理界称为“科学管理之父”。泰罗于1911年出版的《科学管理原理》一书奠定了科学管理理论的基础,标志着科学管理思想的正式形成。为科学管理理论做出贡献的人物还有卡尔·乔治·巴思、亨利·甘特、吉尔布雷斯夫妇等人。

★(二)主要内容

(1)**科学管理的中心问题是如何提高单个个体的劳动生产率。**泰罗以工作现场为主要研究对象,考虑如何从一线生产工人的工作方式、使用工具、时间消耗、量化产出等方面入手来提高劳动生产率。

(2)工时研究与劳动方法的标准化。泰罗通过对工人实际工作过程的观察、记录、测时,分析和研究工人不合理的动作及其时间消耗,制定出标准化的操作方法,相应地对其使用的设备、工具、材料及所处的工作环境进行标准化,并制定出按标准劳动方法完成单位工作量所需的时间及一个工人“合理的日工作量”,即劳动定额,以此作为安排工人任务、考核劳动生产率的依据。

即问即答:你计算过从寝室到教室的时间吗?你记录过你每一天的开销吗?

引经据典

铁锹试验

泰罗通过对工人的劳动过程进行观察,特别是使用秒表和量具来精确计算工人铲煤的效率与铁锹尺寸的关系。他发现铁锹重量为22磅(约为9.98千克)时工人铲煤的效率最高,从而探索出实现最高铲煤效率的铁锹尺寸与铲煤动作的规范方式,并相应设计出12种规格的铁锹。工人每次劳动,除了要明确任务,还要使用指定规格的铁锹。试验前,工人干不同的活拿同样的铁锹,每铁锹铲不同东西的重量不一样;试验后,铲不同的东西拿不同的铁锹,生产效率得到大幅度提高。

(3)科学地挑选与培训工人。泰罗认为必须根据工作岗位的性质及特点找出最适宜干某项工作的人,这就是所谓的挑选“第一流工人”,做到“能位对应”;同时,泰罗强调要针对制定出来的标准化劳动方法对工人进行培训,让他们掌握科学的劳动方法,避免工作的随意性。

引经据典

搬运铁块试验

泰罗认为工人还有很大的潜力没有被挖掘出来,因此需要对工人进行培训与挑选。在对 75 个工人进行观察后,他从中挑选出了 4 个人;经过进一步研究后,又从中选出了 1 个人。他先同这位叫施密特的工人谈话,许诺如果他按照指挥搬运铁块增加了工作量,就会给他增加相应的工资。泰罗在反复观察、研究的基础上,设计出了一套最佳方案,指挥施密特严格按照方案进行操作,其劳动生产率大幅度提高。原来每个工人每天的搬运量是 12.5 吨,试验后每个工人每天的搬运量是 47.5 吨;原来每个工人每天的工资为 1.15 美元,试验后每个工人每天的工资为 1.85 美元。工人的收入增加了,工厂的利润更是大幅度提高了。

(4)实行刺激性的计件工资报酬制度。为了最大限度地激励工人的劳动积极性,泰罗创立了有差别的计件工资制。泰罗认为这样做体现了多劳多得,既能消除消极怠工的现象,又能调动工人的积极性,劳资双方的利益都能得到保障。

(5)管理职能与作业职能分离。泰罗主张应该设立专门的管理部门,从事计划、组织、指挥、控制等工作,管理人员专门从事管理工作,不再承担作业工作,而工人只负责作业工作。

(6)实行“例外原则”。泰罗主张高层管理者应把例行的一般日常管理事务授权给基层管理者去处理,高层管理者主要处理重要和例外事项。

(7)强调科学管理是“一场彻底的心理革命”。主张劳资双方诚心合作,以保证一切工作都按已形成的科学原则去做。

★(三)实际应用

以泰罗为首创立的科学管理理论距今已有 100 多年的历史,它在当今现实社会组织管理中仍然有强大的生命力。今天许多组织所倡导和实行的精确管理、精细管理无不包含古典科学管理的精髓。科学管理的“时间—动作”研究成果仍然会成为那些不断追求效率的企业的制胜法宝,特别是对于劳动密集型企业,应用科学管理理论对提高劳动生产率有着十分重要的现实意义。科学管理理论所倡导的“定额”管理思想依然是今天许多企业有效控制成本费用和各种消耗所应遵循的管理准则。

视频资源
科学管理理论:工作效率提升的秘密武器

视频资源
科学管理理论:科学管理不能忽略人心的力量

三、一般管理理论

(一)创始人

法国人法约尔(1841—1925)是一般管理理论的创始人,后人称他为“管理过程之父”。

法约尔于1916年出版《工业管理和一般管理》一书,提出了一般管理理论。

★(二)主要内容

1. 对企业的基本活动进行了概括

法约尔认为企业的全部活动可以归纳为六类,即技术活动、商业活动、财务活动、安全活动、会计活动和管理活动。他把管理活动视为一种有别于其他经营活动的具有特定职能的独立活动。

2. 提出了管理的五项职能

法约尔通过长期的管理实践以及对管理活动的研究,最早提出管理的五项基本职能,即**计划、组织、指挥、协调、控制。**

3. 系统地总结出了管理的一般原则

法约尔对企业管理经验进行科学的总结,系统地提出了管理的十四项原则:①劳动分工;②权力与责任;③纪律;④统一指挥;⑤统一领导;⑥个人利益服从整体利益;⑦报酬;⑧集中;⑨等级链;⑩秩序;⑪公平;⑫人员稳定;⑬首创精神;⑭团结精神。

★(三)实际应用

法约尔最先提出的计划、组织、指挥、协调、控制这五项管理职能至今仍然是组织管理的基本手段,绝大部分管理教科书的知识体系仍是按照管理的这五项职能架构的。他将管理活动独立出来的思想对现代社会组织建立和健全管理部门、强化管理工作仍然具有借鉴意义。他提出的管理的十四项原则,现在许多组织仍然在管理工作中奉行。由此可见,法约尔的一般管理理论在现实社会中仍然具有生命力,依然在指导管理工作和提高管理工作水平等方面发挥着重要的作用。

四、行政组织理论

(一)创始人

德国人马克斯·韦伯(1864—1920)是行政组织理论的创始人,理论界称他为"组织理论之父"。马克斯·韦伯在《社会组织与经济组织理论》一书中提出了权力和权威是一切组织形成的基础。

★(二)主要内容

马克斯·韦伯认为组织中存在三种纯粹形式的权力与权威,并由此引出三种组织形式。①法定(理想)的权力与权威,对应的是依靠组织内部各级领导的职位所具有的正式权力而建立起来的组织;②传统的权力,对应的是人们服从由传统确定、享有传统权力的领导而建立的组织;③神秘的权力,对应的是人们服从拥有神授品质的领导而形成的组织。

他指出,在以上三种权力中,只有依照法定权力所建立的组织才是理想的组织形式,因为它以法律为基础,没有神秘的色彩,也不受传统的约束。只有理想的组织形式才是实现组织目标、提高效率的最有效形式。他进一步阐述了理想的组织形式具有的如下特点：①明确的分工；②自上而下的等级系统；③人员的任用；④职业管理人员；⑤遵守规则和纪律；⑥组织中人员之间的关系。

★（三）实际应用

马克斯·韦伯的行政组织理论为现实社会组织机构的架构提供了理论依据，他为建立高效率的组织形式所做的理论探索和得出的研究成果仍然会对许多现代组织产生强大的影响力，他对管理组织职能的具体论述依然是现代组织的管理者在履行组织职能时所必须遵守的法则。

五、人际关系理论

（一）霍桑试验

梅奥（1880—1949），美国人，哈佛大学心理学家和管理学家。他在 1933 年出版了《工业文明中人的问题》一书，该书总结了他参与并指导的“霍桑试验”和其他试验的成果，阐述了人际关系学的主要思想，为提高生产效率开辟了新的途径，创立了人际关系理论。

1924—1932 年，美国国家科学研究委员会和西方电气公司合作，在芝加哥西方电气公司下辖的霍桑工厂进行了有关科学管理的试验，主要研究工作环境、物质条件与劳动生产率的关系，试验分四个阶段。1927 年，梅奥组织和参加了第二阶段及以后的各项试验。

1. 第一阶段：工场照明试验（1924—1927 年）

该试验通过改变生产现场的照明亮度来考察环境（照明亮度）和生产效率之间的关系。试验选取了两个组：一组作为试验组，逐渐提高照明亮度；另一组作为参照组，照明亮度保持不变。试验数据表明，两组的产量都有大幅度的提高，而且两组产量提高的幅度几乎是相等的。试验结论：照明亮度对生产效率没有直接的影响。但为什么产量会增加呢？当时没有人能够解释这是为什么，影响产量的因素没有找到。（后来的研究证明，产量增加仅仅是由工人们在试验中受到了来自试验人员的额外关注引起的，人们把这种现象称为“霍桑效应”。）

2. 第二阶段：电话继电器装配试验（1927—1928 年）

这项试验主要是了解各种工作条件的改变对工人劳动生产率的影响，以能够有效地控制影响生产效率的因素。通过材料供应、工作方法、工作时间、劳动条件、工资、管理方式等因素对生产效率影响的试验，发现工作环境、物质条件等方面的因素对工人的劳动生产率无多大影响，而监督和指导方式的改变能促使工人改变工作态度、增加产量。于是研究人员决定进一步研究影响工人工作态度的其他因素。这一阶段的试验和研究成为“霍桑试验”的重大转折点。

3. 第三阶段：大规模的访问与调查试验（1928—1931 年）

研究人员先后对全厂员工开展了大规模的访谈，访谈人数达 21000 人次。访谈结果是影响工作效率的最重要因素是通过工作发展起来的人际关系，而不是待遇和工作环境，任何一个人的工作效率不仅取决于他自身的情况,还与其所在的小组的同事有关。

4. 第四阶段:接线板接线工作室试验(1931—1932 年)

这一阶段的试验有三个重要发现。

(1)大部分工人都自行限制产量。其原因是担心工厂会提高工作定额,造成一些同事失业,要保护工作速度较慢的同事。

(2)工人对不同级别的上级持不同的态度。把小组长看作小组的成员;小组长以上的领导,级别越高,越受工人的尊敬,工人对他的顾忌心理也越强。

(3)成员中存在小派系。工作室存在派系,每个派系都有自己的一套行为规范,派系成员必须遵守,否则就要受到惩罚。

分四个阶段进行的历时近 8 年的霍桑试验的结果表明,生产效率不仅会受到生理方面、物质方面的因素的影响,更重要的是还会受到社会环境、社会心理等方面的影响。这个结论的获得是相当有意义的,这对“科学管理”只重视物质条件,忽视社会环境、社会心理对工人的影响来说,是一个重大的修正。

★(二)主要内容

根据霍桑试验的研究及其结果,梅奥创立了人际关系理论,提出了与古典管理理论不同的新观点,主要可归纳为以下几个方面。

(1)企业中的人是“社会人”,而不是单纯追求金钱的“经济人”。人除了物质方面的需要以外,还有社会和心理方面的需要,因此,满足人的社会和心理方面的需要所产生的工作动力对提高生产效率有更大的影响。

(2)企业中除了“正式组织”之外,还存在着“非正式组织”。企业员工在工作中会基于情感等因素而建立“非正式组织”,这些组织有自己的规范和行为准则,并且影响成员的行为。管理者必须重视“非正式组织”的存在和作用。

(3)生产效率主要取决于工人的工作态度及其与他人的关系。梅奥认为,劳动生产率主要取决于员工的“士气”,即工作的积极性、主动性与协助精神,而“士气”取决于员工对社会因素,特别是人际关系的满足程度。在安全感、归属感、友谊、尊重等方面得到的满足越多,员工的“士气”就越高,生产效率也就越高。所以,新型的领导者要致力于员工“满足度”的提高,以此来提高员工的“士气”,从而达到提高生产效率的目的。

引经据典

上市公司重组失败,谁的错?

在企业管理中,重视员工的感受和企业人际关系的打造非常重要。我国有一位民营企业家,几年前成功重组了一家上市公司。这是一家国有企业改制的上市公司,十年时间,公司已经出现严重的资不抵债的状况。在这位企业家进入公司之前,先后有两拨人管理过公司,但两拨人最后都放弃重组,退出了公司,这给员工带来了极大的不安全感,最终出现了所有人都最不愿意看到的群体事件。

所以，当这位企业家进入公司开始新的重组之后，他发现所有员工都用一种麻木、怀疑，甚至充满敌意的眼光看他。这位企业家稳定员工的办法很简单，就是请员工吃饭。他告诉员工可以带着家人单独和他吃饭，也可以由员工决定几家人一块儿吃饭。几个月下来，这位企业家和一千多位员工及其家属吃了一个遍。员工是饭桌上的主角，开始他们抱怨，然后他们倾诉，到了后来，更多的就是建议。吃得最久的一顿饭，竟从晚上五点吃到后半夜。一年之后，公司重组顺利完成。

事后回顾时，这位企业家说，争取员工的支持，比解决股权重组和银行债务豁免等问题重要得多，人才是公司重组成功的关键。管理者要洞悉人性，深刻认识人性在企业经营中的重要性。

★（三）实际应用

在现实社会组织管理中，人际关系理论仍然发挥着巨大的作用，特别是人际关系理论中关于人的研究及其成果，其改变了以往将人视为生产工具这一狭隘的观点，提出了管理要重视人的因素，这与今天所倡导的把人作为组织最重要的资源加以开发与利用，强调管理要“以人为本”是完全一致的。

视频资源
人际关系理论：爱你的员工是明智的投资

六、现代管理理论

（一）现代管理理论的主要学派

现代管理理论的一个重要特点就是“百花齐放”“百家争鸣”，许多学者从不同的角度去研究管理问题，所以形成了多种管理学派。美国管理学家孔茨认为，管理理论的各个学派组成了“管理理论丛林”，下面从十个方面介绍这些主要学派及其观点。

1. 管理过程学派

这个学派是在法约尔的管理思想的基础上发展起来的。其代表人物是美国的哈罗德·孔茨和西里尔·奥唐奈。

管理过程学派的基本观点有：①认为尽管各个组织的性质不同，而且不同的管理者的具体任务也是千差万别的，但管理者所应履行的基本管理职能是相同的，一般有计划、组织、领导、控制等管理职能；②认为可以逐一地对这些职能进行分析，归纳出若干原则作为指导，以便更好地提高组织效率，实现组织目标；③提供了一个分析、研究管理的思想框架，主张按职能分析、研究、阐明管理理论。

2. 社会合作系统学派

这个学派认为，组织是一个社会系统，是一个人们之间存在相互关系的体系，系统中的人们会在愿望以及思想等方面形成一种合作关系。组织这个系统受社会环境的各个方面的制约，是更大的社会系统的一部分。该学派的代表人物是美国的巴纳德。

社会合作系统学派的基本观点有：①组织是一个协作系统；②组织的存在需要明确的目

标、协作意愿和意见交流三个基本要素;③组织效率与组织效力是组织发展的两项重要原则;④管理者的权威来自下级的认可。

3. 经验学派

这个学派主张从管理者的实际管理经验方面来研究管理。其代表人物是戴尔和德鲁克。

经验学派的基本观点有:①通过分析一大批组织与管理者成功和失败的案例,研究在类似情况下如何采用有效的措施和方法来解决管理问题;②成功的组织管理者的经验是最值得借鉴和利用的;③通过分析、比较和研究各种成功和失败的管理经验,可以抽象出某些具有一般性的结论或原理,然后将其系统化、理论化,从而建立一套完整的理论体系。

4. 现代人际关系行为学派

现代人际关系行为学派是在梅奥的人际关系理论的基础上发展起来的。这个学派认为,既然管理就是让别人或同别人一起去把事情办好,那就必须以人与人之间的关系为中心来研究管理问题。这一学派的代表人物是马斯洛、赫伯茨格、布莱克和穆顿等人。

现代人际关系行为学派的主要观点有:①重视人在组织中的关键作用,注重探索人类行为的规律,提倡合理用人和建立良好的人际关系;②强调个人目标与组织目标的一致性,调动员工的积极性必须从个人因素和组织因素两方面入手,组织目标需要包含更多的个人目标;③通过改进工作设计,把员工满意其所从事的工作作为最有效的激励因素;④主张改变由传统组织结构导致的劳资双方的紧张气氛,在组织中恢复人的尊严,实行民主管理,使上下级关系由命令服从变为支持帮助,由监督变为引导,实现员工自我管理。

5. 决策理论学派

这一学派的代表人物是曾于1978年获得诺贝尔经济学奖的赫伯特·西蒙,其代表作是《管理决策新科学》。该学派认为,管理的关键在决策,管理必须采用一套制定决策的科学方法和程序。

决策理论学派的基本观点有:①管理就是决策,决策贯穿整个管理过程,决策是管理活动的关键;②决策要按照一定的程序和方法进行,用“令人满意”准则取代“最佳化”准则;③强调在决策中不仅要采用定量方法、计算技术等新的科学方法,而且要重视心理因素、人际关系等社会因素的作用。

6. 社会技术系统学派

这一学派主要研究科学技术对个人、群体的行为方式以及对组织方式和管理方式的影响,特别注重对工业工程、人机工程等方面问题的研究。其代表人物是特里斯特。

社会技术系统学派的主要观点有:①要解决管理问题,只分析社会合作系统是不够的,还必须分析、研究技术系统(例如机器设备、生产方法)对社会系统的影响;②组织的绩效不仅取决于人们的行为、态度及其相互影响,还取决于人们工作所处的技术环境;③管理人员的主要任务之一就是确保社会合作系统与技术系统相互协调。

7. 沟通(信息)中心学派

这一学派主张把管理人员看成信息中心,并围绕这一概念形成管理理论。其代表人物有李维特、纽曼、香农和韦弗。

沟通（信息）中心学派的主要观点有：①管理人员的作用就是接收信息、储存信息以及传播信息，每一位管理人员的岗位犹如一个电话交换台；②强调计算机技术在管理活动和决策中的应用，强调计算机科学同管理思想和行为的结合。

8. 数量管理学派

数量管理学派又称管理科学学派，是以泰罗的科学管理理论为基础发展起来的。该学派认为，数量管理的目的是通过把科学的原理、方法和工具应用于管理的各种活动，制定出用于管理决策的数学和统计模型，并把这些模型通过电子计算机应用于管理，降低不确定性，以使投入的资源发挥最大的效用，得到最好的经济效果。

9. 权变理论学派

这一学派认为在管理中没有普遍适用的"最好"的管理理论和方法，管理要根据组织所处的内外环境随机应变。其代表人物有英国的伍德沃德和美国的卢桑斯。

权变理论学派的主要观点有：①组织及成员行为的复杂性加上组织所处环境的多变性，使得普遍适用的有效管理方法实质上是不可能存在的；②没有一种理论和方法适用于所有情况，那么就应该根据具体情况来选用合适的管理方法；③需要进行大量的调查研究，然后将组织的情况分类，制定不同的管理模式和管理方案，组织根据特定情况和条件选用。

10. 组织文化学派

这一学派的突出特点是强调组织文化在管理中的重要地位。其代表人物有帕斯卡尔、阿索斯、威廉·大内等。

组织文化学派的主要观点有：①组织管理有七个相互关联的关键影响因素，即战略、结构、制度、人员、管理作风、技能、共同的价值观，而共同的价值观（即组织文化）是核心；②以往的管理更多的是解决物的因素，即便是对人的管理，也期望通过"理性倾向"来规范和约束人的行为，而人的本性绝非纯理性的，因此"理性倾向"管理方式对人的作用力是有限的，它不能完全释放员工为实现组织目标的工作动力与工作潜能；③组织文化贯穿着"非理性倾向"，管理不仅涉及物的因素，也涉及人的因素，人的感情不容忽视，强调通过解决人的思想观念的问题，充分释放员工为实现组织目标的工作动力与工作潜能。

思政点拨—兼容并包

学习管理学要兼容并包

科学管理之父——泰罗在科学管理理论中强调的标准化、严格的规范制度以及通过金钱刺激获得员工的积极与努力，与中国法家管理思想强调的依法治国、乱世重典，认为"法"（即制度）是组织管理的有效途径，舍"法"不能管理，有异曲同工之效；而梅奥通过霍桑实验从管理实践角度证明的员工有社会归属的需要，金钱并不是人参与工作的唯一理由，从而提倡在管理过程中，管理者应以人为本，满足员工合理需求，以有效方式激发员工的工作热情与潜能发挥，与中国儒家管理思想以德治为核心，提出施仁政、德治礼制的管理方式是不谋而合的。同时也要认识到儒家思想千百年来作为中国的主流思想对中国人根深蒂固的影响以及“科学管理理论”对西方管理的里程碑作用也造就了中国管理与西方管理的差异。这就要求我们在具体应用管理理论时要具体问题具体分析。

当今世界开放包容,展望未来,当代青年要保持兼容并包,兼收并蓄的胸怀,推进文化自信自强,推动中国式管理的新发展。

文献参考:https://www.doc88.com/p-236400654932.html

★(二)实际应用

视频资源
现代管理理论:在权变与创新中寻找出路

现代管理理论有着极为丰富的内容,各学派理论各有所长,各有不同。在现实社会组织管理中,如何把握和应用现代管理理论呢?我们认为应该寻求各种管理理论的共性,即现代管理理论共同具有的一些观点。领悟和认识这些最集中、最突出的主流观点,有助于掌握现代管理理论的核心和精髓,有助于在管理实践中应用各种现代管理理论。

现代管理理论大致可以概括为以下几个观点。

1. 系统观点

现代管理理论吸收了系统论的一些基本内容,将系统论的方法融入其理论体系,认为一切社会组织及其管理都可以看作一个系统,其内部又可以划分为若干个子系统。组织这个系统是处在一个更大的环境系统之中的。

2. 人本观点

早期的人际关系理论最先提出,管理要以人为中心,全面提高员工需求的满足程度;后期的行为科学理论包括对人性、激励、领导方式、非正式组织的研究,这些都是围绕人进行的,都是为了满足员工的需求、充分调动员工的积极性;现代管理理论“以人为本”的理念将人视为组织的“立业之本”和“管理根基”,并且在现代组织管理中得到了充分的体现。

3. 权变观点

这一观点认为,不存在无条件适用于一切组织的最好的管理方法,强调在管理中要根据组织所处的内外环境的变化而随机应变,针对具体条件探索与采用不同的、最适宜的管理方案、模式和方法。按照权变观点,管理者不能将管理原理教条化,也不能机械照搬其他组织的管理做法,而是需要加强调查研究,掌握充分而准确的实际信息,然后通过分析选择适当的理论和方法,做出合理的决策。

4. 创新观点

创新是社会、经济、科学和文化发展的强大动力。组织作为现代社会的组成单元,只有不断地更新自己的观念、结构、制度、产品、技术等,才能求得生存与发展。因此,现代管理理论强调,管理就意味着创新,组织不能满足于现状,要利用一切机会进行变革和创新,使组织更能适应社会发展变化的需要。有些管理学者甚至提出创新就是管理的一项职能。

即问即答: 管理就是按照管理制度按部就班地进行吗?在班级管理中如何应用管理的四大观点?

知识小结

（1）管理活动自古以来就存在，人类在漫长的管理实践中，积累了大量丰富的管理经验，形成了各种管理思想。将各种管理思想系统化和科学化就形成了管理理论。

（2）管理理论产生于19世纪末20世纪初，大致经历了古典管理理论、新古典管理理论、现代管理理论三个阶段。

（3）以泰罗为代表提出的科学管理理论的本质就是量化管理，其中心问题是如何提高劳动生产率。

（4）以法约尔为代表提出的一般管理理论的主要内容是将企业的全部活动概括为六大经营活动，最早提出了管理的五项职能，总结出了管理的十四项原则。

（5）以韦伯为代表提出的行政组织理论的主要观点是认为权力与权威是一切社会组织形成的基础，提出了理想的行政组织体系的特点。

（6）通过霍桑试验，梅奥创立了人际关系理论。人际关系理论以及在此基础上发展起来的现代人际关系行为学派的理论极大地丰富了管理理论的内容，使管理重心由“物”转移到“人”。

（7）20世纪60年代以后，产生了多种理论和学派，它们共同组成了“管理理论丛林”。

（8）现代管理理论呈现出“百花齐放”“百家争鸣”的特点。这些理论所具有的共性可以概括为：系统观点、人本观点、权变观点、创新观点。

知识测试

（1）管理的内涵。
（2）管理的四大职能。
（3）泰罗的科学管理理论的主要内容。
（4）梅奥的人际关系理论的主要内容。
（5）现代管理理论的四大观点。

客观题测试

能力及素质训练

一、素质测试

你的管理动机强烈吗？测试结果：________________________

管理动机测试

二、实训任务

(一)实训目的

通过让学生参与竞聘总经理的活动,确定模拟创业公司的总经理,并组建模拟创业公司团队。

(二)具体任务清单

1. 确定竞聘人选

● 自荐人自荐原因分析(对管理的认知及自身管理素质分析)。

____

____

____

● 推荐人推荐原因分析(对管理的认知及被推荐人管理素质分析)。

____

____

____

2. 竞聘总经理

● 竞聘者依次进行竞聘演讲,全体学生从以下 5 个方面给竞聘者打分,以分数高低确定总经理名单。

序号	指标	竞聘者 1	竞聘者 2	竞聘者 3	竞聘者 4	竞聘者 5	竞聘者 6	竞聘者 7	竞聘者 8	……
1	管理动机									
2	品质素质									
3	能力素质									
4	知识素质									
5	经验素质									
得分										

● 总经理名单:______________________。

3. 组建创业团队

● 模拟创业公司总经理完成自己的创业团队组建。

● 创业团队人员名单:______________________________________。

三、案例分析

案例 1:张明的管理角色变迁

张明在一家生产机电产品的公司工作了 20 多年,最近被聘为总裁。他最初担任液压装配部门的助理监督，主要关心的是每日的作业管理，工作的技术性很强。半年后，公司提升他为装配部经理，他不仅要关心每天的装配工作状况，还得做出此后数周乃至数月的规划，完成许多报告和参加许多会议。因此，他把自己的一部分工作交给助手去做，这样他可以腾出更多时间用于规划工作和帮助他的下属工作得更好，用更多的时间去参加会议、批阅报告和完成自己向上级的工作汇报。

6 年之后，公司又陆续提升他为规划工作副总裁及生产工作副总裁，工作的复杂程度更高了，他基本不再做直接的监督控制工作，而是以规划为主，以组织和领导工作为辅。现在，张明做了总裁之后，就将工作重心放到了公司的整体战略性规划上，同时还要做好公司最核心的资源的组织和领导工作。

在 6 年的时间里，张明由基层管理者转变为中层管理者，再变为高层管理者。他的管理职责也发生了相应的变化，从监督控制到领导一个部门，再到规划公司的重要业务，直到现在作为总裁负责整个公司，从最初的具体执行转变为现在的方向性战略规划，可以看到，他的责任越来越大。

参考答案

分析问题：

（1）你认为张明当上总裁后，他的管理职责与过去相比有了哪些变化？

（2）从管理职能的角度，对张明 20 多年的管理工作进行分析。

案例 2：快递公司的科学管理

某快递公司为了实现公司的经营宗旨——“在邮运业中办理最快捷的运送”，对员工进行了系统的培训，使他们以尽可能高的效率从事工作。下面以送货司机的工作为例，介绍一下这家公司的管理风格。公司的工业工程师对每一位司机的行驶路线都进行了时间研究，并为每种送货和取货活动等设立了标准。这些工程师记录了司机等红灯、通行、按门铃、穿过院子、上楼梯、中间休息和喝水的时间，甚至记录了上厕所的时间，他们将这些数据输入计算机中，从而制定出每一位司机每天工作的详细时间标准。为了达成每天取送包裹的数量目标，司机必须严格遵循工程师设定的程序。

这种刻板的时间表是不是看起来有点烦琐？也许是。它真能带来高效率吗？毫无疑问！生产效率研究专家公认，这家公司是世界上效率最高的公司之一，公司平均每人每天取送包裹的数量是同行平均水平的两倍。在提高效率方面的不懈努力对公司的净利润产生了积极的影响。

参考答案

分析问题：

（1）这家快递公司是如何实现高效率工作的？

（2）员工按照有关标准工作会不会影响其工作情绪？

（3）你认为科学管理理论在现代社会中还具有实践的价值吗？

情境2　组建创业公司

学习目标

知识目标:

(1)了解公司的定义、特征及类型,熟知公司设立的要件;

(2)理解有限责任公司与股份有限公司的区别、有限责任公司顶层组织结构;

(3)掌握公司设立的流程及要求;

(4)掌握员工招聘的不同渠道、公司形象设计的不同层面。

能力目标:

(1)能根据自身情况确定公司类型;

(2)能按照相关法规完成公司设立;

(3)能利用不同招聘渠道招募需要的员工;

(4)能通过不同层面的设计树立公司形象、提升品牌价值。

素质目标:

(1)树立正确的创业价值观,敢于担当社会责任;

(2)培养遵纪守法的公民意识,规矩做人、守法做事;

(3)具有基本的识人、用人能力,高效组建创业团队;

(4)具有一定的审美能力,树立良好的个人和企业形象。

思政主题及案例:

(1)思政点拨——使命担当:华为创始人任正非的家国情怀;

(2)思政点拨——守法诚信:四川远鸿小角楼酒业公司坚持诚信立身、力担社会责任。

知识结构图

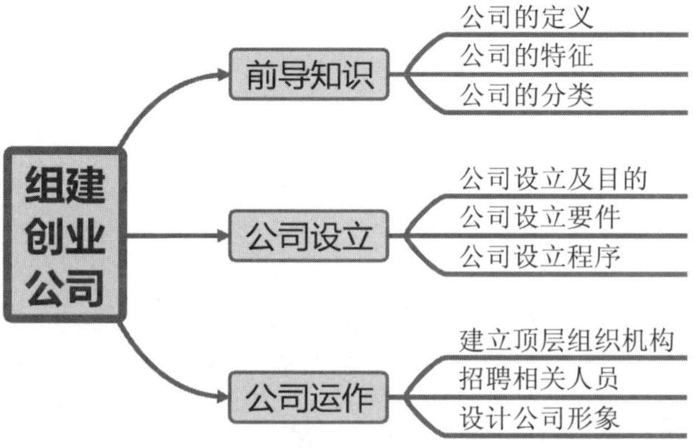

知识结构图详版

学习导入

背景资料：中华经济管理职业学院工商管理系2011级的5名学生李工、江农、王兵、张科、刘烨毕业后准备合伙自主创业。他们发现了一个商机，偌大的大学城里商业网点很少，学生购买商品很不方便。少数商家出售的商品价格较高，许多同学利用节假日到城里的大超市选购商品，路途较远，携带也很麻烦。他们自筹资金10万元，准备在大学城里创办一家商品销售公司，名称暂定为“伍记商号”，销售方式为网络＋门店，销售对象主要是大学城里的近10万名大学生，销售的商品主要包括生活用品和学习用品。他们认为大家合伙做生意，共同出资，那么有关经营管理的问题就要大伙一起商量、一起解决，并共同承担责任。

思考问题：他们应该如何创办公司？他们的经营项目和选址合理吗？他们用什么来明确各自的权利和义务？他们需要招聘员工吗？若招聘员工他们应该规范员工的行为吗？他们需要统一员工的思想吗？

解决问题：完成本情境的相关学习（工作）任务；完成本情境相关理论知识的学习。

视频资源
学习导入

前导知识

一、公司的定义

引经据典

公司的起源

公司的起源最早可以追溯到古罗马时期,后来它在中世纪欧洲大陆的地中海沿岸得到较大的发展。地中海作为位于欧亚非三大洲之间的“内陆湖”具有独特的地理位置,这极大地促进了当时欧洲的海上贸易。由于海洋广阔,从事海上贸易需要巨额投资,而且具有很大的风险性,于是出现了一种叫索塞特斯和康孟达的组织,这种组织就是公司最早的形式。今天,由公司编织的全球经济网络几乎笼罩了每一个地区、每一个国家。它已无处不在,化身为一种生存方式,一种生活方式,一种神秘组织,一种人类文化。公司改写了人与人相处的秩序、国与国竞争的规则。

“公司”这个词是在中国土生土长的,最早出自孔子的《大同·列词传》:“公者,数人之财,司者,运转之意。”即公司是聚众人之财共同运作之意。

根据现行的《中华人民共和国公司法》(以下简称《公司法》)的相关规定,可以对公司做出以下的定义。

●**公司是指依照法定的条件和程序设立,并且以营利为目的的企业法人。**

需要特别强调的是,《公司法》中的公司是指依照《公司法》在中国境内设立的有限责任公司和股份有限公司。

二、公司的特征

公司的特征是公司作为一种市场主体、法律主体具有的与其他主体不同的特性,公司的特征是其内在本质的外在表现。公司具有以下四个方面的特征。

(一)依法设立

所谓依法设立是指在我国设立公司应当遵守《公司法》的相关规定,按照设立公司的有关程序向有关部门申请登记,并取得批准手续。依法成立的公司由公司登记机关颁发营业执照,营业执照签发日为公司成立之日。公司的设立还必须符合其他法律的规定,例如,《中华人民共和国商业银行法》《中华人民共和国保险法》《中华人民共和国证券法》等。

(二)以营利为目的

公司设立以及成立后的运作是为了获取利润与经济利益。营利的特征使公司区别于国家行政机关、事业单位和其他非营利性组织。

(三)公司必须是企业法人

《公司法》明确规定,公司是企业法人。所谓企业法人是指具有民事权利能力和民事行为能力,依法独立享有民事权利和承担民事义务的组织。《公司法》对企业法人的基本要求包括:有自己独立的财产;有自己的名称;有自己的住所与营业场所;有一定的生产条件;有一定的从业人员;能够独立承担民事责任。

即问即答: 某大学的学生食堂实行承包制并自负盈亏,能把学生食堂看成公司吗?为什么?

(四)以股东的股权为基础

公司由股东的投资行为设立,股东的投资行为形成的权利是股权。股权是一种独立的特殊权利,不同于经营权等物权,也不同于债权。公司的财产源于股东的投资,但只要股东将财产投入公司,就丧失了对财产的直接支配权利,只享有公司的股权,同时公司享有对该财产的支配权利,即法人财产权。公司的股东依法享有获得资产收益、参与重大决策和选择管理者等权利。

三、公司的分类

按照不同的标准,公司可以划分为不同的类型。

(一)按照股东对公司承担责任的不同

按照股东对公司承担责任的不同,可将公司分为有限责任公司、无限责任公司以及两合公司。

(二)按照公司信用基础的不同

按照公司信用基础的不同,可将公司分为人合公司、资合公司以及人合兼资合公司。

拓展阅读
人合公司、资合公司及人合兼资合公司介绍

(三)按照公司股票是否上市流通

按照公司股票是否上市流通,可将公司分为上市公司和非上市公司。

(四)按照公司之间的从属标准

按照公司之间的从属标准,可将公司分为母公司和子公司。其中子公司具有独立的法人资格,并可独立对外承担民事责任。

(五)按照管辖系统标准

按照管辖系统标准,可将公司分为本公司与分公司。其中拥有 3 个以上机构的本公司可称为总公司;分公司不具有独立主体资格,不独立对外承担民事责任。

(六)按照《公司法》的相关规定

按照我国《公司法》第二条规定,可将公司分为有限责任公司和股份有限公司。本情境主要介绍这两类公司的相关问题。

四、有限责任公司

(一)定义

●有限责任公司(又称有限公司)是指根据法律规定的条件设立,股东以其认缴的出资额为限对公司承担责任,公司以其全部资产对公司债务承担责任的企业法人。

与股份有限公司相比,有限责任公司具有一定的人合性。

(二)特征

相对于其他类型的公司来说,有限责任公司具有以下几个方面的特征。

1. 股东责任的有限性

股东以其认缴的出资额为限对公司承担责任,这限定了股东的投资风险,被称为股东责任的有限性。

2. 股东人数有最高限制

《公司法》第四十二条规定,有限责任公司由一个以上五十个以下股东出资设立。

3. 设立程序较为简单

有限责任公司的设立方式只有发起设立,公司资本由全体股东认足,公司不得向外公开募集资本,因此,公司设立程序相对简单。有限责任公司基本实行的是准则登记制,除了一些特殊行业外,凡符合法律规定的条件的,批准机关都会予以登记,没有特别复杂的审批手续。

4. 组织机构设置灵活

有限责任公司的组织机构设置比较灵活,股东较少和规模较小的有限责任公司可以只设 1 名执行董事而不设董事会,只设 1~2 名监事而不设监事会。

5. 公司资本具有封闭性

有限责任公司的资本只能由全体股东认缴,不能向社会公众募集资本和对外公开发行股票。股东的股权也不能自由转让,股东相对稳定。同时公司的财务、经营状况无须向社会公众披露。因此,有限责任公司具有一定的封闭性。

6. 具有人合兼资合性

有限责任公司具有介于无限责任公司和股份有限公司之间的公司属性。一方面,其建立主要是以人的信用为基础的；另一方面，股东以其出资额为限承担有限责任。因此，有限责任公司具有人合兼资合性。

五、股份有限公司

（一）定义

●**股份有限公司（又称股份公司）是指公司全部资本被划分为等额股份，股东以其认购的股份为限对公司承担有限责任，公司以其全部资产对公司债务承担责任的企业法人。**

股份有限公司是目前大企业普遍采用的一种企业形式。

（二）特征

股份有限公司在资本集中方面有非常明显的优势，除此以外，还具有以下几个方面的特征。

1. 股东责任的有限性

股东以其认购的股份为限对公司承担责任，公司债权人只能要求公司以其全部资产承担责任，但股东个人不对公司债权人承担责任。

2. 股东人数无最高限制

《公司法》规定，股份有限公司设立可以采取发起设立或者募集设立两种方式。设立股份有限公司，应当有二人以上二百人以下为发起人，其中应当有半数以上的发起人在中华人民共和国境内有住所。但股东人数没有最高限制。一些大型的上市股份公司，股东可以遍布世界各地，数以万计。

3. 公司具有开放性

股份有限公司的开放性主要体现在两个方面：①资本募集的公开性，股份有限公司通过向社会公众发行股票筹集资本，任何符合条件的投资者只要认购股票和支付股款，都可成为股份有限公司的股东；②财务及经营状况的公开性，股份有限公司的财务及经营状况不仅要向股东公开，还必须向社会公开，以吸引投资者，提高公司的融资能力，上市股份有限公司的财务及经营状况必须按时向社会披露，否则会受到相应的处罚。

4. 经营管理的集中性

股份有限公司股东众多，众多的中小股东无法都亲自参与公司的经营管理，而责任的有限性和股份转让的自由性使得股东可以放心地将公司的经营交给专业的经理人集中管理，股东通过股东大会选择管理者、参与公司重大决策。

5. 典型的资合性

股份有限公司是资本的集合，股东按照法定方式出资，股权的变化不影响公司的人格和信用，故股份有限公司属于典型的资合性公司。

六、企业责任

我国《公司法》第十八条、十九条和二十条还明确指出，公司成立后还应当承担一定的社会责任和义务。

在公司中,根据中国共产党章程的规定,设立中国共产党的组织,开展党的活动。公司应当为党组织的活动提供必要条件。

公司从事经营活动,应当遵守法律法规,遵守社会公德、商业道德,诚实守信,接受政府和社会公众的监督。

公司从事经营活动,应当充分考虑公司职工、消费者等利益相关者的利益以及生态环境保护等社会公共利益,承担社会责任。国家鼓励公司参与社会公益活动,公布社会责任报告。

引经据典

企业的社会责任

2019年12月疫情暴发后,口罩变得非常稀缺,甚至专门生产口罩的工厂轮流转也满足不了市场需求,此时比亚迪董事长王传福看到后,立马就在工作群中表示比亚迪要加快节奏生产口罩,务必在两周之内完成口罩产品制造。

可比亚迪一直都是造车的,造口罩对它来说,这不属于跨界?能行吗?在天灾面前没有什么行不行的,于是比亚迪全公司上上下下几万人,开始研究起来造口罩。动用3万多名工程师,仅用3天就设计出图纸,7天就造出第一台口罩机,13天就可以完成量产口罩,日生产量可以达到500万只。令这家新能源汽车巨头又获得一个新的身份——当时全球最大的量产口罩工厂。

同时,腾讯则在互联网世界掀起了“百团大战”。“百团”的由来,指的是抗疫高峰期,腾讯内部先后有超过100支技术志愿团队奔赴前线作战。大到企业的远程复工工具包,小到个人出行的健康码、抗疫小程序、辅助诊断技术、科普辟谣、在线问诊等产品都是这些团队的作品。

即问即答:5名学生准备创建的“伍记商号”属于有限责任公司还是股份有限公司?为什么?

知识小结

(1)公司就是依照法定的条件和程序设立,以营利为目的的企业法人。其功能是聚众人之财、共同运作。

(2)按照不同的标准,公司可以划分为不同的类型。按照《公司法》的规定,公司是指在中国境内设立的有限责任公司和股份有限公司。

(3)公司的特征有:依法设立,以营利为目的,公司必须是企业法人,以股东的股权为基础。

（4）有限责任公司的特征有：股东责任的有限性，股东人数有最高限制，设立程序较为简单，组织机构设置灵活，公司资本具有封闭性，具有人合兼资合性。

（5）股份有限公司的特征有：股东责任的有限性，股东人数无最高限制，公司具有开放性，经营管理的集中性，典型的资合性。

（6）公司成立后应该承担一定的社会责任和义务，并接受政府和社会公众的监督。

子情境 2.1　公司设立

学习情境

学生以小组合作的方式，通过自学、社会调查、网络资源搜集，在教师的要求和指导下，模拟公司设立。

学习任务

目的：训练公司设立能力。

内容：公司设立要件、公司设立程序。

方式：讨论、分析、操作。

成果：制定出公司设立方案。

相关知识链接

一、公司设立及其目的

引经据典

公司设立的立法体制

从公司发展史考察，公司设立的立法体制大体经历了从自由设立主义、特许主义到核准主义、准则主义、严格准则主义的过程。《公司法》在修改前对设立有限责任公司基本上采取准则主义，对设立股份有限公司则采取核准主义。这是《公司法》于 1993 年制定时，基于当时的背景采取的防止滥设公司的政策，其初衷是避免滥设公司导致社会经济秩序混乱。这在当时的立法背景下是可以理解的，但是经过十多年的发展，再采用此种公司设立的立法条例显然已经不合时宜。严格准则主义和核准主义尽管可以遏制少数违法者的行为，却给多数投资者设立公司带来了不便，不利于鼓励交易，不利于社会经济的发展，也不符合市场经济要求的自由企业制度。而且以防止滥设公司作为《公司法》的立法主旨,必然会导致《公司法》中强行性规范的增加,严重损害《公司法》的司法属性,使得《公司法》的立法目的无法达到。所以,《公司法》修改以后,方便投资者设立公司的政策取代了以防止滥设公司为主旨的立法政策,其最突出的体现就是对公司设立采取准则主义和核准主义相结合的政策,在一般情况下实行准则主义,但公开发行股票的股份有限公司的设立要经过证监会核准。不仅如此,在公司设立的条件、方式、程序等方面也充分体现了自由设立公司和方便设立公司的立法主旨。根据《注册资本登记制度改革方案》,我国实行注册资本认缴登记制,放宽注册资本登记条件。除法律、行政法规以及国务院决定对特定行业注册资本最低限额另有规定的外,取消有限责任公司最低注册资本3万元、一人有限责任公司最低注册资本10万元、股份有限公司最低注册资本500万元的限制。同时不再限制公司设立时全体股东(发起人)的首次出资比例,不再限制全体股东(发起人)的货币出资金额占注册资本的比例,不再规定公司股东(发起人)缴足出资的期限。

一般来说,创业公司设立时资本规模、人员数量都不大,所以设立创业公司最适合的形式是有限责任公司。本情境将主要介绍有关有限责任公司设立的问题。

●公司设立是指公司设立人依照法定的条件和程序,为组建公司并取得法人资格而必须采取和完成的法律行为。

公司设立的目的是最终成立公司,并使公司具有权利能力和行为能力,能够独立承担法律责任,具有企业法人的资格,以实现其章程所确立的目标。

公司设立既需要有设立人的设立行为,如制定公司章程,也需要有履行法定程序的经过,如申请名称预先核准、向公司登记机关申请登记等。公司设立之所以严格,在于公司的投资者在公司成立后承担的是有限责任,为了确保公司在成立后能够健康运行,也为了保护相关利害关系人的权益,《公司法》对公司设立设置了相应的条件。

二、公司设立要件

公司设立要件是指公司取得法人资格所必须具备的基本条件。一般来说,法律规定的有限责任公司设立的基本条件有以下几个方面。

(一)组织要件

组织要件包括公司名称、组织机构、经营范围和经营场所等。

公司在设立之初必须先申请公司名称预先核准,以方便公司从事筹备活动。在申请公司登记之前,必须确定公司的组织机构,即确定董事、监事、法人代表的人选,以及公司的经营范围和经营场所。在创业公司设立过程中,经营范围的确定与经营场所的选择无疑是至关重要的,它关系到公司能否创业成功以及申请设立能否成功。

1. 经营范围的确定

创业公司的经营范围来源于创业想法。

●创业想法是指用简短、精确的语言对创业公司的基本经营业务的综合描述。

成功的创业公司往往有一些很好的创业想法。创业想法的来源主要有:①创业者的兴趣爱好;②创业者拥有的技能和经验;③特许经营;④新产品或新服务项目;⑤消费者的新需要和商机;⑥创业者的发明创造。

即问即答:“伍记商号”的创业想法来源于什么?

在创业公司设立过程中,设立者需要运用市场调查的方法对创业想法是否合理进行验证。市场调查的内容主要包括市场定位、市场结构、市场规模、市场潜力、市场占有率、产品价格、销售渠道以及产品的成本结构等。

通过市场调查,设立者可以系统地搜集、记录和整理有关信息及资料,分析市场情况,了解市场的现状及发展趋势,为验证创业想法收集客观和真实的相关资料,从而可以更加客观地评价创业想法,进一步判断创业想法的可行性。市场调查为公司设立奠定了坚实的基础。

2. 经营场所的选择

在创业公司设立过程中,寻找合适的经营场所非常重要,这往往关系到创业能否成功。

选择经营场所需要考虑下面这些因素:①经营内容;②交通状况;③自发形成的某类市场;④靠近著名品牌门店;⑤城市区域规划。

即问即答:“伍记商号”的经营场所是基于什么选择的?

(二)发起人要件

发起人也称创办人,是指启动公司设立程序,制定公司章程,在公司设立过程中起主导作用并承担法定责任的人。

从形式上看,发起人身份的认定应该依据公司章程的记载,有限责任公司设立时全部股东都是发起人。

根据《公司法》的规定,有限责任公司的发起人数量为 1~50 人。

《公司法》对有限责任公司发起人的资格并无一般性限制,只要是具有完全民事行为能力的自然人和在法律上不受特别限制的法人,均可作为公司发起人,但党政机关工作人员及国家公务人员不能成为发起人。

(三)资本要件

设立公司是为了营利,公司资本是公司进行经营活动的物质基础,自然人可以没有财产,但公司不可无资本,而且注册资本被认为是公司对外承担债务的总担保。因此,资本要件是设立公司必不可少的要件。

(四)章程要件

公司章程是公司组织与行为的基本规则,是发起人共同设立意思的体现,是设立公司必不可少的。制定公司章程既是公司内部管理的需要,也是便于外界监督管理、与外界交往的需要。有限责任公司章程由全体股东共同参与制定。根据《公司法》的规定,有限责任公司章程应当载明的事项有:公司名称和住所;公司经营范围;公司注册资本;股东的姓名或者名称;股东的出资方式、出资额和出资时间;公司的机构及其产生办法、职权、议事规则;公司法定代表人的产生、变更办法;股东会议认为需要规定的其他事项。

思政点拨—使命担当

华为创始人任正非的家国情怀

华为创始人任正非为打破外国通信设备的垄断,于 1987 年在深圳创办“华为”公司,寓意“中华有为”。目前,华为是首家进入世界 100 强的中国民营企业,全球最大的电信设备提供商,全球第二大智能手机制造商,业务遍及 170 多个国家和地区,服务全球一半多的人口。华为向国家纳税累计 4 千多亿元,是民营企业中纳税最多的企业,为中国的经济发展做出了巨大贡献。

任正非重视科技,大力研发产品。他所创办的华为是国家芯片产业的支柱,其自主研发的芯片打破了西方的技术垄断,引领全球 5G 技术。同时他特别重视教育,他创立“寒门学子基金”,资助家庭困难的学生完成学业;启动“未来种子”项目,帮助欠发达地区培养人才。任正非说,华为始终以产业报国和科教兴国为己任,以公司的发展为社会做出贡献,为伟大祖国的繁荣昌盛,为中华民族的振兴而努力。

任正非是一个将中国企业带上世界之巅、有强烈家国情怀的企业家。作为当代青年,我们要学习他身上的家国情怀和社会责任,努力学习文化知识,践行实业兴国,为实现中国梦贡献自己的力量。

文献参考:https://zhuanlan.zhihu.com/p/470871124

三、公司设立程序

公司设立的过程是一个新的法律主体产生的过程,这个法律主体不但要具备实体要件,而且为了保证新的法人从诞生之际起就是健康的,《公司法》还规定了公司设立的严格程序。有限责任公司设立的程序如图 2-1 所示。

(一)发起人发起

当发起人达到公司设立要求时,发起人应该签订“发起人协议”(也称设立协议、投资协议或股东协议书)。签订协议的目的是明确发起人在公司设立中的权利和义务。发起人协议的主要内容包括:公司经营的宗旨、项目、范围,生产规模,注册资金,投资总额,各方出资额、出资方式,组织机构,经营管理、盈余分配和风险分担的原则等。

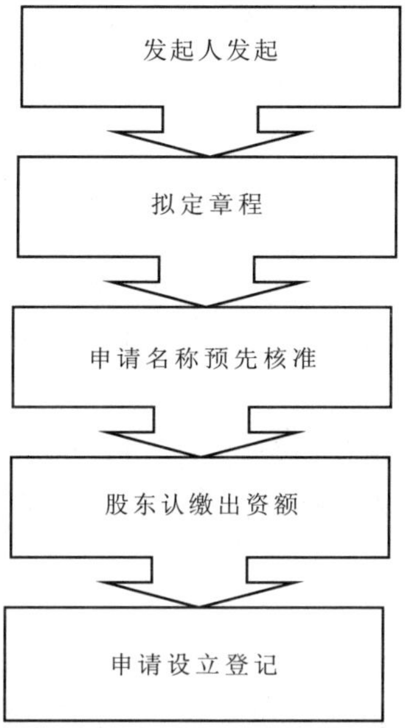

图 2-1　有限责任公司设立的程序

（二）拟定章程

拟定的公司章程必须经全体股东同意并签名盖章，报登记机关批准后，才能正式生效。股东应当在公司章程上签名或者盖章。

（三）申请名称预先核准

《中华人民共和国公司登记管理条例》规定：设立公司应当申请名称预先核准。设立有限责任公司应当由全体股东指定的代表或者共同委托的代理人向公司登记机关申请名称预先核准。

公司名称应符合《企业名称登记管理规定》，由行政区划名称、字号、行业或者经营特点、组织形式组成，法律、法规另有规定的除外。

★应用范例

“成都鼎立农业开发有限责任公司”，其中：

“成都”——行政区划名称；

“鼎立”——字号；

“农业开发”——行业；

“有限责任公司”——组织形式。

公司名称不得有下列情形：

①损害国家尊严或者利益；

②损害社会公共利益或者妨碍社会公共秩序；

③使用或者变相使用政党、党政军机关、群团组织名称及其简称、特定称谓和部队番号；

④使用外国国家（地区）、国际组织名称及其通用简称、特定称谓；

⑤含有淫秽、色情、赌博、迷信、恐怖、暴力的内容;
⑥含有民族、种族、宗教、性别歧视的内容;
⑦违背公序良俗或者可能有其他不良影响;
⑧可能使公众受骗或者产生误解;
⑨法律、行政法规以及国家规定禁止的其他情形。

公司登记机关有权纠正已经登记注册的不适宜的公司名称,上级登记机关有权纠正下级登记机关已登记注册的不适宜的公司名称。对已登记注册的不适宜的公司名称,任何单位和个人可以要求登记机关予以纠正。

有限责任公司的注册资本为在公司登记机关登记的全体股东认缴的出资额。全体股东认缴的出资额由股东按照公司章程的规定自公司成立之日起五年内缴足。

(四)股东出资缴纳

股东可以用货币出资,也可以用实物、知识产权、土地使用权、股权、债权等可以用货币估价并可以依法转让的非货币财产作价出资;但是,法律、行政法规规定不得作为出资的财产除外。

有限责任公司的注册资本为在公司登记机关登记的全体股东认缴的出资额。全体股东认缴的出资额由股东按照公司章程的规定自公司成立之日起五年内缴足。

(五)申请设立登记

公司向其所在地的工商管理部门提交登记申请书及相关资料申请公司设立登记。工商管理部门对公司设立登记申请进行审查,符合法律规定条件的,予以登记,发给营业执照,对不符合法律规定条件的不予登记。

公司登记事项包括:①名称;②住所;③注册资本;④经营范围;⑤法定代表人的姓名;⑥有限责任公司股东、股份有限公司发起人的姓名或者名称。

公司登记机关应当将公司登记事项通过国家企业信用信息公示系统向社会公示。依法设立的公司,由公司登记机关发给公司营业执照。公司营业执照签发日期为公司成立日期。公司登记机关可以发给电子营业执照,电子营业执照与纸质营业执照具有同等法律效力。

知识小结

(1)由于创业公司设立时其资本规模、人员数量都不大,所以,设立创业公司最适合的形式是有限责任公司。

(2)公司设立的目的是最终成立公司,使公司具有企业法人的资格,以实现公司目标。

(3)公司设立既需有设立人的设立行为,也需要按照法定的程序进行。

(4)有限责任公司设立的基本条件包括:组织要件、发起人要件、资本要件、章程要件。

(5)有限责任公司的设立需要经过发起人发起、拟定章程、申请名称预先核准、股东认缴出资额、申请设立登记等程序。

子情境2.2　公司运作

学习情境

学生以小组合作的方式，通过自学、社会调查、网络资源搜集，在教师的要求和指导下，模拟公司运作。

学习任务

目的：训练公司运作能力。

内容：公司顶层组织机构设置、公司人员招聘、公司形象设计。

方式：讨论、分析、操作。

成果：制定出公司初期运作方案。

相关知识链接

一、公司运作的内容

引经据典

公司设立与公司成立的区别

长期以来，人们经常会混淆公司设立与公司成立，以致造成对公司设立的误解，不能正确地认识公司设立的法律性质、公司设立过程中责任的特殊性和设立中公司的特殊法律地位。

事实上，公司设立与公司成立二者并不相同，其主要区别如下。

(1)概念不同。公司设立是为组建公司并取得法人资格而必须采取和完成的法律行为。公司成立则是指公司在实质上依《公司法》组织设立，完成申请设立登记程序，经登记机关审核发给执照，取得法人资格的一种状态。

(2)性质不同。公司的设立系组建公司的发起人之设立行为：有法律行为，亦有非法律行为；有民事法律行为，亦有行政法律行为。而公司的成立则不是一种行为，而是指公司已取得法人资格的一种状态，是公司以合法身份存在的一种表现形式。

(3)效力不同。公司成立后，才能取得公司法人资格和公司名称的排他使用权等，而公司设立则不能使公司具有上述资格和权利。

此外，二者与公司登记亦有所不同。所谓公司登记，是指公司登记机关对公司法人团体资格确认的一种法律宣告,是一种公示和监督法律行为。公司登记在本质上仍属公司设立行为,是公司设立的一系列行为中的最后一个阶段,而公司成立则是公司设立和公司登记的法律后果。

如上所述,工商管理部门对申请设立公司所提供的相关材料进行审查后,认为符合法律法规条件的,将予以登记并颁发企业法人营业执照。企业法人营业执照签发之日就是公司的正式成立之日。

有限责任公司成立以后,就可以围绕公司目标开展生产经营及管理活动了,即公司运作。毫无疑问,任何一个公司设立的目的都是希望“做大做强”,成为“长寿”公司,因此,公司运作是公司永恒的行为。公司从成立到消亡,往往需要经历诞生、成长、成熟、衰退四个阶段。

本子情境主要介绍公司诞生阶段的一些主要工作,包括:办理纳税登记、建立顶层组织机构、招聘相关人员、设计公司形象等。经营管理是企业运作的核心,包括对企业经营活动进行计划、组织、领导、控制,这四大管理职能将在后续学习情境中详细介绍。

引经据典

“长寿”公司的运作秘诀

中国人的平均寿命为71岁,全球500强公司的寿命为40至50年,全球1000强公司的寿命为30年,跨国公司的寿命为12年,中国集团公司的寿命为8年,中国一般公司的寿命为3至5年。当然,有一些公司的生命力特别强,例如,六必居创立于1530年,同仁堂创立于1669年,王致和创立于1669年,便宜坊(北京便宜坊烤鸭集团旗下的招牌餐饮品牌)创立于1855年,吴裕泰创立于1887年,大明眼镜创立于1937年。长寿公司的秘诀是什么呢?当代管理大师、长寿公司模式的创造者阿里·德赫斯指出,“长寿”公司有下列共同点:①公司对周围环境变化非常敏锐;②企业员工有高度凝聚力和认同感;③保守的融资理念或稳健的财务运作;④允许打破常规和进行不落俗套的思考和尝试。

二、办理税务登记

税务登记(也叫纳税登记)是税务机关对纳税人的开业、变动、歇业以及生产经营范围变化实行法定登记的一项管理制度。依照我国税法的规定,所有企业都要依法纳税,所以,有限责任公司在取得企业法人营业执照的30日内,需要向公司所在地的税务机关申请办理税务登记,以履行向国家缴纳各种税金的义务。

有限责任公司需要缴纳税金的主要品种有:增值税、消费税、营业税、关税、城市维护建设税、教育费附加、城镇土地使用税、房产税、车船税、印花税、企业所得税、个人所得税等。

有限责任公司在办理税务登记时,应当出示和提供的资料有:①营业执照及复印件;②相关财务会计制度和核算软件备案;③注册地址及生产、经营地址证明(产权证、租赁协议)原件及复印件;④公司章程复印件;⑤存款账户报告;⑥法定代表人、负责人的居民身份证、护照或其他身份的合法证件原件及复印件；⑦税务机关要求提供的其他证件和资料。

有限责任公司办理税务登记的程序是：向公司所在地的税务机关提出申请登记报告，并出示企业法人营业执照等有关证件；领取统一印刷的税务登记表，如实填写有关内容；税务机关对公司等纳税人的申请登记报告、税务登记表、企业法人营业执照及有关证件进行审核后予以登记，并发给税务登记证。

税务登记是公司向国家履行纳税义务的法律证明，应妥善保管，并悬挂在公司经营场所的明显位置，亮证经营。税务登记只限公司自用，不得涂改、转借或转让，如果发生意外毁损或丢失，应及时向原核发税务机关报告，申请补发新证。

思政点拨—守法诚信

四川远鸿小角楼酒业公司坚持诚信立身、力担社会责任

四川远鸿小角楼酒业有限公司（现为四川小角楼酒业有限公司）的前身是 1679 年平昌白衣古镇的“小角楼酒坊”，2012 年通过重组，华丽转身。企业一贯把规范经营、依法纳税作为企业发展的前提条件，一直把客户利益放在第一位，以高度诚信的意识和真诚服务的理念对待每一位客户，赢得了顾客的信赖和市场的认可，同时也让“小角楼”白酒品牌美名远扬。先后荣获“中商部优质产品奖”“中国驰名商标”“中华老字号”“四川省十朵小金花白酒企业”等多项荣誉。

远鸿小角楼酒业有限公司早在 2018 年就被国家税务总局四川省税务局评定为纳税信用 A 级纳税人，这是巴中全市同类企业中首位获此殊荣的企业。这一荣誉，既是国家税务机关对公司多年以来在涉税业务中认真、严谨地开展大量工作的认可和肯定，更是对公司坚持诚信经营、承担社会责任的褒奖和赞许！

诚信纳税，是衡量企业商业信誉以及对国家、对人民贡献价值的重要标尺，也是遵守市场竞争规则和维护商业道德的具体表现。作为当代青年，作为未来的企业经营者，我们要学习小角楼酒业有限公司的诚信立身的经营准则以及力担社会责任的使命感，弘扬川商精神，经世济民，义利天下。

文献参考：https://www.sohu.com/a/322842263_99966042

三、建立顶层组织机构

根据《公司法》的相关规定，有限责任公司的顶层组织机构包括股东会、董事会、监事会。

（一）股东会

股东会（或股东大会）是有限责任公司的权力机构，由公司全体股东组成，是公司的法定机构。其行使职权的范围是对公司根本利益有重大影响的事项，主要包括：①选举和更换董事、监事，决定有关董事、监事的报酬事项；②审议批准董事会的报告；③审议批准监事会的报告;④审议批准公司的利润分配方案和弥补亏损方案;⑤对公司增加或者减少注册资本作出决议;⑥对发行公司债券作出决议;⑦对公司合并、分立、解散、清算或者变更公司形式作出决议;⑧修改公司章程;⑨公司章程规定的其他职权。只有一个股东的有限责任公司不设董事会。

股东会会议分为定期会议和临时会议。前者需按公司章程规定定期按时召开,后者通常是遇有紧急情况或其他必要情况时,由代表一定表决权的股东、董事或监事提议召开。

(二)董事会

董事会是由股东会选举产生的,由全体董事组成的行使经营决策和管理权的公司的业务执行机构和法人机构。它对内负责公司的经营管理,对外代表公司,是公司的法定常设机构。

《公司法》赋予董事会较为广泛的职权,主要包括:①召集股东会会议,并向股东会报告工作;②执行股东会的决议;③决定公司的经营计划和投资方案;④制订公司的利润分配方案和弥补亏损方案;⑤制订公司增加或者减少注册资本以及发行公司债券的方案;⑥制订公司合并、分立、解散或者变更公司形式的方案;⑦决定公司内部管理机构的设置;⑧决定聘任或者解聘公司经理及其报酬事项,并根据经理的提名决定聘任或者解聘公司副经理、财务负责人及其报酬事项;⑨制定公司的基本管理制度;⑩公司章程规定或者股东会授予的其他职权。

《公司法》第七十五条规定,当有限责任公司规模较小或股东人数较少时可不设董事会,设一名董事。

另外,有限责任公司可以设经理,经理是董事会职权执行的代理者。经理由董事会聘任或解聘,并对董事会负责。公司的法定代表人,由代表公司执行公司事务的董事或者经理担任。

公司经理行使的职权主要包括:①主持公司生产经营管理工作,组织实施董事会决议和公司年度经营计划及投资方案;②拟订公司内部管理机构设置方案、基本管理制度;③制定公司具体规章;④提请聘任或解聘公司副经理、财务负责人;⑤聘任或解聘除应由董事会聘任或解聘以外的负责管理人员;⑥公司章程和董事会授予的其他职权。

(三)监事会

监事会是对公司的业务活动进行监督和检查的常设机构。有限公司经营规模较大的设立监事会,股东人数较少或规模较小的可设一至两名监事,由股东代表和职工民主选举的职工代表担任。董事、高级管理人员不得兼任监事。

作为公司的法定监督机构,监事会的职权主要包括:①检查公司财务;②对董事、高级管理人员执行职务的行为进行监督,对违反法律、行政法规、公司章程或者股东会决议的董事、高级管理人员提出解任的建议;③当董事、高级管理人员的行为损害公司的利益时,要求董事、高级管理人员予以纠正;④提议召开临时股东会会议,在董事会不履行本法规定的召集和主持股东会会议职责时召集和主持股东会会议;⑤向股东会会议提出提案;⑥依照本法第一百八十九条的规定，对董事、高级管理人员提起诉讼；⑦公司章程规定的其他职权。

★重要结论

有限责任公司企业与独资企业、合伙企业等非公司企业最大的区别之一就是与其多元化的股权结构相适应，它采取了分权制衡的管理模式。公司的顶层组织机构由三个部分组成：①代表所有者权益的股东会（权力机构）；②体现经营决策者权力的董事会及经理（经营决策机构）；③反映监督者权力的监事会（监督机构）。这三个组织机构各自独立、责任明确、相互制衡，以保证公司有效运作。

即问即答：如果公司经营决策权不能得到制约，会产生什么问题？

四、招聘相关人员

公司成立后，为了保证其各项活动能够正常开展，需要进行有关人员的招聘工作，以便为公司寻找到各个岗位所需要的适合人选。

（一）人员招聘流程

1. 准备阶段

在进行人员招聘之前，需要做好各项准备工作：①分析招聘需求，即发现公司哪些部门和岗位需要招聘人员；②分析所需要招聘人员的任职资格和条件，一般来说，可以从知识、能力、职业素质这三个方面做出任职资格和条件说明，以便在招聘实施中用于对应聘者进行比较和判断；③制订招聘计划，即确定招聘的时间、地点、方式、参加人员、费用预算等内容，以便招聘工作能够顺利实施。

2. 实施阶段

实施阶段是招聘工作的核心，它关系到公司能否招聘到所需要的人员。这个阶段主要包括以下工作。

（1）招募。所谓招募就是将公司的招聘需求信息通过适当的媒体发布出去，以吸引应聘者前来应聘的工作。

发布招聘需求信息的媒体主要有招聘网站、公司主页、报纸、杂志等，选择媒体需要考虑其受众面和成本。针对创业公司人员招聘数量不大、资金有限等特点，采用成本低廉的网络和印刷品进行广告、宣传是比较合理的选择。

（2）选拔。所谓选拔就是从应聘者中挑选出符合空缺岗位任职资格和条件的相对最优人员的工作。

引经据典

A集团招聘的“层层设关”

每年A集团都会面向海内外毕业生进行校园招聘。A集团中国China Future Leaders

(CFL)项目为期两年半,面向应届生中的优秀英才,致力于为中国区业务招揽有意愿在销售、营销、产品及技术等领域深耕和长期发展的高潜后备管理人才。加入该集团中国 China Future Leaders,做最有范儿的创新者、突破者及挑战者。

招聘计划确定以后,首先会在A集团网站上公布招聘信息,应聘者可以通过网站在线投递简历;简历初选通过的应聘者会在A集团招聘主页上完成在线测评和技术笔试,通过测试了解应聘者各方面专业知识、技术应用水平等;笔试通过者会陆续进入到最后一关——面试。经过层层筛选,最终优秀的应聘者将会得到聘用 Offer。

人员选拔的实质就是对应聘者的任职资格和条件(即知识、能力、职业素质)进行测试,并根据测试的结果做出分析和判断,为人员的录用提供依据。对应聘者任职资格和条件进行测试的方法包括:①履历审查,就是通过对应聘者提交的个人简历(或求职申请表)的审查,判断其基本条件是否符合要求,从而对应聘者进行初步的筛选;②笔试,通过这种方式测试应聘者各方面的知识水平是否达到相应的要求,以决定应聘者被淘汰,还是留下来接受下一步的测试;③面试,就是通过问、听、察、觉、析、判等手段,测试应聘者的业务水平、工作经验、外貌风度、求职动机、表达能力、反应能力、个人修养、逻辑思维等各种能力与职业素质,根据面试的测试结果就可以做出人员是否录用的判断;④体格检查,通过这项测试判断应聘者的身体素质是否符合空缺岗位的招聘要求。

(3)录用。所谓录用就是根据选拔过程中的各种测试结果做出录用员工的决策,以及完成其他人事工作。员工录用工作主要包括:发出录用通知书、签订劳动合同、上岗前培训、试用、正式录用等。

(二)人员招聘渠道

招聘渠道是指应聘者的来源途径。创业公司招聘渠道的选择关系到能否高效率地招聘到理想的人员。应聘者的来源途径包括公司内部和外部,对于刚刚成立的公司来说,招聘的主要渠道是外部渠道。外部招聘的具体渠道主要有:中介机构、猎头公司、人才交流会、校园招聘、网络招聘、熟人推荐等。创业公司成立初期,通常采用的招聘渠道是下列这些。

1. 网络招聘

网络招聘就是通过公司网站或专业招聘网发布招聘信息,并通过电子邮件或简历库收集应聘者的信息,经过信息处理后,以判断应聘者是否具备公司空缺岗位的任职资格和条件。

网络招聘的主要优点是:招聘的成本较低;信息收集及时和便于处理;不受时间和地点的限制;涉及范围广等。其主要缺点是不能控制应聘人员的数量和质量,不能进行面对面的交流等。

2. 校园招聘

校园招聘就是直接到学校进行招聘。如果公司所需要的人员对工作经验要求不高,数量较多,或者是临时用工,可以选择这种方式。校园招聘有利于公司文化的培育,且招聘成本也比较低。但校园招聘有时间的限制,只有在学生毕业前夕或假期,才会有较多的应聘者。

3. 中介机构

随着人才市场的发展，专门从事人才交流的职业中介机构应运而生。创业公司可以借助这些机构，寻找到所需要的人员，可以有效节约人力和物力的支出，并缩短人员招聘的时间。

4. 熟人推荐

熟人推荐即通过本公司员工、客户等熟人推荐应聘者。这种方式的优势是：对候选人比较了解；候选人一旦被录用，因顾及介绍人的关系，工作会比较努力；招聘成本也很低。其劣势是可能会在公司里形成关系网，给公司管理造成不利的影响。

即问即答：“伍记商号”应该从哪个渠道招聘所需要的人员？为什么？

五、设计公司形象

公司从诞生到衰退会经历四个阶段，公司从诞生阶段顺利过渡到成长阶段，需要尽快地打开市场和占领市场。而公司的产品或服务能否被社会公众所接受和认可，并赢得市场，取决于公司留给社会公众的印象的好坏。所以，如何给社会公众留下深刻的印象，使公司尽快在市场上拥有一定的知名度，并明显区别于其他公司，这是创业公司初期运作必须解决的一个问题，即公司形象设计。

（一）公司形象的定义

●公司形象是指社会公众通过对公司标志的识别而在心目中形成的对公司的总体印象。

具体来说，公司形象就是社会公众通过对公司的经营思想、口号、信念、标准色、吉祥物、员工精神面貌、产品的质量和包装物、服务等方面的个性特点的体验和感知，对公司给予的整体评价与一般认定。

公司形象是公司文化的一部分，是公司文化的展示和表现。塑造良好的公司形象是公司文化建设的重要组成部分。公司文化的形成需要长时间的积累和沉淀，并不是一蹴而就的。所以，在创业公司初期的运作中，构建公司文化的重点应该是塑造公司的形象。经过精心打造的公司形象，犹如公司在市场上发出的一张名片，能把公司经营管理的理念、行为及成果传递给社会公众，并使公司迅速得到广大社会公众的认可，为创业公司顺利进入成长期和今后的发展打下坚实的基础。

（二）公司形象（corporate identity，CI）设计

●公司形象设计是指通过统一的整体传达系统将公司文化外化为公司形象的过程。

CI 设计是公司形象在技术上和艺术上的表现，是公司形象塑造和构建公司文化的有效手段。通过实施 CI 设计可以把公司及产品形象中的特性有效地传达给社会公众，使其对公司及产品产生统一的认同感和喜好，从而达到促进产品销售、提升公司形象和品牌价值的

目的。

由于社会公众对公司的识别包括公司的理念、行为和视觉三个层面,因此,CI 设计的内容就应该从这三个方面入手,并促使它们相互影响、相互作用,最终形成一定的公司形象。

引经据典

CI 的产生与发展

最早应用 CI 的是第一次世界大战前的德国 AEG 电器公司,它将统一的商标运用于自己的系列产品上。但美国却是 CI 理论的发源地,其产生于 20 世纪 30 年代初期。1956 年,美国国际商用机器公司(IBM)成为世界上第一家导入 CI 的公司。

拓展阅读

CI 和 CIS 的区别

进入 20 世纪 80 年代,中国企业也开始 CIS 尝试,广东太阳神集团被认为是中国最先导入 CIS 的企业,通过视觉元素的展现,较好地体现了企业的经营理念和经营风格。食品是太阳神集团的一个主要品类,食品形象就是太阳神集团主体形象派生的一个主要行业形象。食品标志作为食品视觉识别系统基础结构设计要素的核心,既表明了集团主体形象的共性,又展示了食品行业形象的个性。食品标志采用集团标志英文名称标准字体与行业象征标准图形相组合的设计手法,以新颖的造型和特定的色彩强调了食品行业形象的基本意义。食品标志作为食品视觉识别系统的基础定位,是太阳神集团在食品市场树立行业形象的起点,表达了企业对消费者的庄严承诺,同时也要求从事食品开发和推销的员工们本着责任心,统一认识,协调行动,向着共同的目标奋力进取。

1. 理念识别(mind identity,MI)

●理念识别是指公司为增强竞争力、塑造公司形象而构建的反映公司运作的独特价值体系。

理念识别是塑造公司形象的灵魂与基石,是公司识别系统的第一个层面。它对行为识别和视觉识别起决定性作用,并通过行为识别和视觉识别表现出来。理念识别包括公司愿景、公司宗旨(使命)、公司价值观、公司精神等内容。

1)公司愿景设计

公司愿景设计就是描述公司未来的发展方向和发展蓝图,可以让员工看到公司未来美好的发展前途,树立对公司的信任,并激发员工的工作热情和干劲。

公司愿景设计应该运用简单、明了的文字,形成宣言,例如格力的愿景是“缔造世界一流企业,成就格力百年品牌”。

精心策划、措辞得当的公司愿景能够勾画出公司未来发展的宏图,明确公司的远大目标,激发员工的热忱,并形成一种共识,能成为指引方向、汇集力量、推动发展的巨大动力。

2)公司宗旨(使命)设计

宗旨(使命)是公司向社会做出的公开承诺,反映公司经营的根本目的,反映公司履行社会责任的决心和信心，也是公司的工作方针。例如，蒙牛的使命是：点滴营养，绽放每个生命。格力的使命是：弘扬工业精神，掌握核心科技，追求完美质量，提供一流服务，让世界爱上中国造！

公司宗旨（使命）设计要考虑顾客、产品或服务、市场、技术、财务、公众形象、对员工态度与责任等。

3）公司价值观设计

公司价值观是公司成立及发展过程中，全体或大多数员工一致赞同的公司价值取向。价值观是公司文化和公司形象设计的核心，它关系到公司的兴衰。公司不仅要获得物质价值，还要实现文化价值。公司之间的竞争不仅是经济的竞争，更是文化的竞争。

公司价值观必须反映公司的愿景和宗旨，不仅要具有时代的特色、行业的特色，更要带有公司的特色和企业家的个性。

公司价值观设计需要全体员工参与；确保使用简单易懂的语言，以便使价值观的各个要素能被明白无误地转换成行为。例如，蒙牛的核心价值观是：消费者第一第一第一，让牛人绽放，异想才能天开，正直立本、诚信立事。格力的核心价值观是：少说空话、多干实事，质量第一、顾客满意，忠诚友善、勤奋进取，诚信经营、多方共赢，爱岗敬业、开拓创新，遵纪守法、廉洁奉公。同仁堂的核心价值观是：同修仁德，济世养生。

引经据典

海尔的愿景、使命、价值观

海尔的愿景和使命是致力于成为行业主导、用户首选的具有第一竞争力的美好家居生活解决方案服务商。海尔以“没有成功的企业，只有时代的企业”的观念，致力于打造基业长青的百年企业，一个企业能走多远取决于适合企业的价值观，这是企业战略落地、抵御诱惑的基石。

海尔的核心价值观是：

是非观——以用户为是，以自己为非；

发展观——创业精神和创新精神；

利益观——人单合一双赢。

“以用户为是，以自己为非”的是非观是海尔服务用户的动力。海尔人永远以用户为是，不但要满足用户的需求，还要创造用户的需求；海尔人永远自以为非，只有自以为非才能不断否定自我，挑战自我，重塑自我，实现以变制变、变中求胜。这两者形成海尔可持续发展的内在基因特征：不因世界改变而改变，顺应时代发展而发展。这一基因加上每个海尔人的“两创”（创业和创新）精神，形成海尔在永远变化的市场上保持竞争优势的核心能力特征：世界变化愈烈，用户变化愈快，传承愈久。

即问即答："伍记商号"应该树立什么样的价值观?

4)公司精神设计

有一句俗话说："塑人在于塑其神韵。"塑造良好的公司形象,最根本的在于培育公司精神。精神是公司的灵魂,也是公司行为的支柱。培育有个性的公司精神是塑造公司形象的重要内容。具有鲜明个性和丰富内涵的公司精神,能够极大地激发员工的工作能力和潜在能力。

公司精神设计应该体现公司的愿景、宗旨和价值观;反映时代要求;展现公司个性和独特风格;通过实践熔炼获取,不能闭门造车;需要提炼正面的东西,催人向上;表达公司精神的文字语言要生动简洁。例如,海尔把"诚信生态、共赢进化"奉为企业精神。宝洁公司的企业精神是"做正确的事"。同仁堂用"修合无人见,存心有天知"来展现企业风貌与神韵。

引经据典

贵州茅台的企业文化

贵州茅台酒股份有限公司在弥漫着国酒玉液之浓郁、芳香、悠长而经历史酿造的国酒文化中,结合茅台酒的品牌优势,精心提炼、严肃确立、努力建设以"爱我茅台,为国争光"为企业精神,以"以人为本,以质求存,恪守诚信,继承创新"为核心价值观,以"酿造高品位的生活"为使命,以"崇本守道,坚守工艺,贮足陈酿,不卖新酒"为质量理念,以"品质、品牌、工艺、环境、文化"为核心竞争力的企业文化。

2. **行为识别(behavior identity,简称BI)**

● **行为识别是指在公司理念指导下的公司及员工的特别行为表现。**

在公司形象塑造中,理念识别固然重要,而更为重要的是公司理念能为全体员工所认同和接受,并进而物化为具体的公司及员工行为。这就是公司识别系统的第二个层面——行为识别。

行为识别是理念识别的动态传播方式,具有看得见、摸得着的特点,其主要功能是将公司的理念付诸实践,广泛传播。

行为识别主要由两个部分组成:①公司内部系统,包括内部环境营造、员工教育及员工行为规范等;②公司外部系统,包括产品宣传活动、服务活动、广告活动、促销活动、公共关系和公益性活动等。

1)公司制度设计

公司的行为常常被公司制度所规范,公司制度的制定与实施可以反映出公司的不同行为。公司制度是以文字形式规定的有关公司生产、经营、管理活动的各种规则、程序、办法、条例等的总称。公司制度是公司各项活动的规范和准则,具有公司法规的性质,带有明显的强制性和约束性,对员工的行为举止起着很大的影响,对公司形象的塑造具有特别重要的作用。特别是在创业公司初期运作中，运用各种制度规范公司及员工的行为，不仅有助于协调公司上下的步伐，更有助于贯彻公司领导的旨意，强化公司的经营管理。

公司制度的设计要符合公司的理念，要与公司实际相结合，要刚柔相济、宽严有度，要条理分明、简明扼要。

公司制度是一个由多方面制度构成的制度体系，主要有工作制度、责任制度和特殊制度。

工作制度是公司对各项工作运行程序的管理规定，是公司各项工作正常有序进行的必要保证。

责任制度是明确各部门各岗位职责和职权的制度。责任制度的最大特点是把各项规章制度的规范要求综合地、集中地体现在处于不同岗位的每个人的工作上。

特殊制度是公司个性特征的体现，是公司区别于其他公司的独特之处。特殊制度设计有利于塑造鲜明的、与众不同的公司形象，例如一些公司的员工民主评议领导制度、领导访问员工制度、员工与领导对话制度等。

引经据典

华为的“人无为而制度有为”

管理学中有一个观点：管理控制的最高境界就是不控制也能达到目标。这实际上就是老子所说的：“无为而无不为。”制度就是为了使公司达到“无为而治”的境界。任正非在《华为的红旗到底能打多久》一文的最后讲到了“长江水”：即使我们睡着了，长江水照样不断地流，不断地优化，再不断地流，再不断地优化，循环不止，不断升华。这就是最好的无为而治。这种无为而治就是我们要追求的目标。如何让企业管理像“长江水”一般循环不止，不断升华？这主要依靠制度设计，通过制度把各方利益凝聚在一起，然后在社会各界合力推动下，制度就会自动达成目标。

人的无为，必须建立在“制度有为”的基础之上。而有效的制度设计，又必须建立在对人“自利”本性的把握上。华为的成功实际上就是对企业管理制度的重视以及对人性底层动机的深刻洞察。华为在人力资源管理上的有效做法就是提高各方面福利，同时加强纪律制约；两手抓，两手都很硬。

2)公司规范设计

规范是约定俗成或明文规定的标准。公司规范是公司有意识地提出的员工在公司共同工作的行为和习惯的标准。规范的强制性弱于制度，但它带有明显的导向性和约束性。公司规范的倡导和推行，可以形成员工的自觉意识，使员工的行为举止和工作习惯朝着公司所期望的方向和标准转化。

公司规范设计须注意员工的行为规范要与公司理念和规章制度保持一致，要有较强的针对性，行为规范要合情合理。

公司规范设计的内容包括仪容仪表、岗位纪律、工作程序、待人接物以及环境与安全、素质与修养等方面。

即问即答："伍记商号"创业初期需要建立制度和规范吗？为什么？

3)公司活动设计

借助公司活动树立公司形象是众多公司普遍采用的方式。这种行为具有媒体权威性高、传播面广、传播快等特点。公司可以通过组织社团性的文化、学术、技术交流、产品推广、公益等活动来展示公司的社会形象。

公司活动的设计要体现公司理念，充分展现公司的精神，既客观自然，又不哗众取宠，且随机制宜地设计一些活动。

3. 视觉识别(visual identity，VI)

●视觉识别是指使公司区别于其他公司的独特视觉要素。

视觉识别主要包括公司标志、标准字、标准色等基本要素以及环境应用要素。这是公司识别系统的第三个层面，是社会公众最熟悉的公司识别方式，也是公司形象设计中的亮点。

视觉识别是公司表层形象的载体，可以最直接、最迅速地给社会公众留下"第一印象"。要让公众在"第一印象"中迅速了解公司的行业特色和经营特色，了解本公司优势，就必须按公司文化的总体设计思路，对公司感性的外观形象进行设计，包括办公场所、办公用品、公司标志、印刷字体、商标、广告与宣传、产品与包装、展览与展示以及员工的着装、仪表、态度与行为等等。

许多公司引进 CI 战略，在这一方面已经取得了巨大成效，其公司标志、商标、广告语等具有明显的个性特征，很容易被人识别。

公司视觉识别的标识必须具有被识别的独特性，独树一帜，以有别于其他公司，其识别标志必须具有鲜明的特色，公司中有关的显示物所显示的图案、色彩、文字都用同一个统一的识别标识，而且这个视觉识别标识还应具有魅力。因此，公司视觉设计应注意视觉识别的独特性、鲜明性、统一性和魅力性。

做好公司视觉识别工作，可以突出公司的形象，激发公司员工的自豪感和责任心。

引经据典

公司商标设计

商标是用于商品或服务的标记，是区别于他人商品或服务的标志，具有特别显著性的区别功能，从而便于消费者识别。商标设计是指商标创意的体现和表达，是用文字或艺术手段将商标构思具体化、成果化。商标是一个企业在成立的时候为自身形象打造的一个缩影，是结合企业的名称、企业经营种类、地理位置及企业文化构思设计出来的。

商标是一种艺术创造，是由文字、图形、字母、数字、三维标志和颜色等组合成的可视性标志。使用商标的目的就是与他人的商品或服务有所区别，便于消费者识别。所以，注册商标所有人对其商标具有专用权且这种权利受到法律的保护，未经商标权所有人的许可，任何人不得擅自使用与该注册商标相同或相类似的商标，否则，即构成侵犯注册商标权所有人的商标专用权，将承担相应的法律责任。当企业发展强大到一定程度，这个商标慢慢地可以成为驰名商标。

★**重要结论**

良好的公司形象是公司的一种无形资产和潜在的利润增长点，是公司竞争取胜的利器。但是公司形象的塑造并不是一朝一夕的事情，涉及公司的方方面面。因此，在进行公司形象设计时，一定要全面考虑、精心设计。应该把握以下几个要点：要着眼未来，立足于公司战略；把 CI 设计作为整合公司资源，提高其竞争优势的重要手段；将 CI 作为提高公司经营管理水平的一个依靠；CI 设计是一种有效的投资行为；CI 的价值在于有效推广，既要重视设计，又要重视实施。

知识小结

（1）公司设立与公司成立二者并不相同。公司设立是为组建公司并取得法人资格而必须采取和完成的法律行为。公司成立则是指公司完成申请设立登记程序，经登记机关审核发给执照，取得法人资格的一种状态。

（2）公司设立的目的是希望通过其运作，将公司“做大做强”，成为“长寿”公司。

（3）公司从成立到消亡，往往需要经历诞生、成长、成熟、衰退四个阶段。

（4）公司诞生阶段其运作的主要工作包括：办理税务登记、建立顶层组织机构、招聘相关人员、设计公司形象等。

（5）公司在取得企业营业执照的 30 日内，需要向公司所在地的税务机关申请办理税务登记，以履行向国家缴纳各种税金的义务。

（6）根据《公司法》的相关规定，有限责任公司的顶层组织机构包括股东会、董事会、监事会，这三个组织机构各自独立、责任明确、相互制衡，保证公司有效运作。

（7）公司人员招聘的准备工作主要包括：分析招聘需求、确定空缺岗位的任职资格和条件、制订招聘计划。

（8）公司人员招聘的实施包括招募、选拔、录用等工作。

（9）创业公司初期的人员招聘渠道主要有：网络招聘、校园招聘、中介机构、熟人推荐。

（10）公司形象就是社会公众对公司进行理念、行为、视觉识别后，对公司给予的整体评价与一般认定。

（11）公司形象是公司的一种无形资产和潜在的利润增长点，塑造公司形象是公司文化建设的核心。

（12）公司形象设计的内容包括理念识别、行为识别和视觉识别三个层面。

（13）理念识别包括公司愿景设计、公司宗旨设计、公司价值观设计、公司精神设计等内容。

（14）行为识别的主要功能是将公司的理念付诸实践，广泛传播。

（15）行为识别的主要内容包括公司制度设计、公司规范设计、公司活动设计。

(16)视觉识别是公司表层形象的载体,可以最直接、最迅速地给社会公众留下"第一印象"。

(17)视觉识别主要包括公司标志、标准字、标准色等基本要素以及环境应用要素。

知识测试

(1)公司的定义、特征及分类。
(2)公司设立的要件及流程。
(3)有限责任公司和股份有限公司的差异。
(4)初创公司的具体运作内容。
(5)公司形象的表现形式。

客观题测试

能力及素质训练

一、素质测试

创业潜力测试

你的创业潜力如何?测试结果:________________。

二、实训任务

(一)实训目的

通过筛选创业项目,确定创业公司主营业务。熟悉《企业名称登记管理规定》的相关要求,能拟定公司名称、初步设计企业视觉识别标志。

(二)具体任务清单

1. 筛选创业项目

● 根据模拟创业公司的创业团队的市场调查情况,结合团队自身资源,确定三个创业备选项目,列出选择原因并进行最终筛选。

____

____

____

2. 拟定创业公司名称

● 按照《企业名称登记管理规定》的具体要求,拟定至少三个备选企业名称。

____

____

____

3. 设计企业商标(Logotype)

- 为模拟创业公司设计商标（LOGO）。

三、案例分析

案例 1：王女士的经营故事

上海有一条主营家居商品的商业街，在这里经营店铺的王女士讲述了她的经营故事。这里的家居店大多是跟着某知名品牌家居店 A 迁过来的，一般消费者去了 A 以后，就会到这里来寻找一些和 A 里相似但更加便宜的产品。例如床垫，A 的价格大约为 2000 元一个，而其他专卖店档次相当的床垫只卖 1000 元左右。专卖店老板王女士说："原来我们这里生意很好，一天就可以卖掉十几个床垫。后来 A 搬到了另外一条街，这里的人流量就少了，生意也随之减少了。"

自从 A 搬走后，这条街上大部分的家居店都搬走了，只剩下几家服饰店和餐馆，显得有些冷清。而在一街之隔的 A 旁，却又是另外一番景象：除了人群熙熙攘攘，许多商家有意把自己店铺的闭店时间推迟到晚上 9 点，以配合 A 的闭店时间。王女士表示："我们不是没想过把专卖店再搬到 A 旁，只是因为周围的租金偏高，而且店面也少，所以才迟迟没有做决定。"不可否认，地段还是很重要的。

参考答案

分析问题：

（1）王女士的生意由多变少的原因是什么？

（2）王女士是否应该换店址？哪些因素会左右她的决定？

案例 2：海尔的自主经营体和员工创客化

2013 年，海尔集团提倡进行企业平台化、员工创客化、用户个性化的"三化"改革。企业平台化就是总部不再是管控机构，而是一个平台化的资源配置与专业服务组织。

海尔集团创始人张瑞敏认为，海尔要实现转型升级就必须砸碎旧组织，要用互联网思维来做产品和服务，用互联网思维做管理，并且提出管理无边界、去中心化，后端要实现模块化、专业化，前端强调个性化、创客化。

在互联网时代，要充分发掘和发挥员工的创造力。小人物也可以创造大价值，只要给资源、给政策、给支持，普通员工或许就能做成功一个项目或者一个企业。这种做法延续下去，将来海尔有可能变成一个创业集合体、一个企业平台。值得注意的是，现在海尔有很多新型的公司就是员工创业的成果。

"去中心化"就是企业不再强调"以某某某为核心"，员工只是任务执行者，现在是强调

“人人都是 CEO”,人人都成为自主经营体,员工也可以去做 CEO 做的事情。管理者则要从发号施令者转变为资源的提供者和员工的服务者。海尔提出,企业与员工是利益共同体,共创价值,共享利益。员工只要超越了应为公司创造的价值,就可以分享超值的利益。

分析问题:

(1)海尔的“三化”改革给企业带来哪些变化?

(2)小微企业是否可以借鉴学习海尔“三化”改革制度?

参考答案

情境 3　制订公司经营计划

学习目标

知识目标：

（1）了解计划、目标、决策的定义，清楚计划和决策的类型；

（2）了解计划和决策的重要性、企业的内外部经营环境、滚动计划法；

（3）理解计划工作的原理、目标的性质、目标制定原则、决策的程序；

（4）理解目标制定的依据和程序、目标管理的特征、定性决策方法；

（5）掌握计划工作的内容、SWOT 分析方法、目标管理实施过程、定量决策方法。

能力目标：

（1）能结合实际情况进行工作计划的制定，体现 5W1H 的具体内容；

（2）能应用 SWOT 分析法对经营环境进行综合分析，为企业经营决策提供建议；

（3）能依据 SMART 原则制定企业经营目标，并为企业实施目标管理提供建议；

（4）能运用定性和定量决策方法进行管理决策，解决实际管理问题。

素质目标：

（1）具有求真务实、实事求是的职业品德，能够根据实际情况制定目标、做出决策；

（2）具有挑战意识，在目标设定中怀抱梦想，激励自己向着目标努力奋斗；

（3）具有自我管理意识，能够将工作进行量化，以便准确衡量自己的工作成效；

（4）具有长远的眼光和规划意识，并能够脚踏实地执行自己的规划。

思政主题及案例：

（1）思政点拨——怀抱梦想，脚踏实地：《隆中对》中诸葛亮的运筹帷幄；

（2）思政点拨——实事求是，肯奋斗："两个一百年"，铸就中国梦；

（3）思政点拨——怀抱梦想，敢担当："农村包围城市，武装夺取政权"的战略决策。

知识结构图

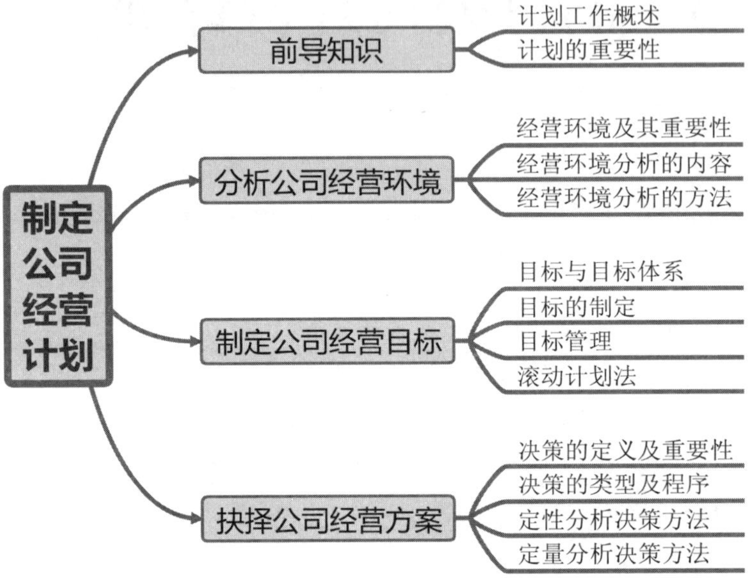

知识结构图详版

学习导入

背景资料:李工等 5 位同学在大学城里顺利地租到了一间铺面房,共同集资的 10 万元也全部到账,创业公司获得了营业执照,并办理了税务登记,兼职学生也招聘到位,公司门店销售和网上销售终于开通了。他们把公司正式取名为“伍记商号”,将销售门店命名为“学创超市”,将网络商店命名为“廉货满仓”。开业伊始,他们采取了许多促销措施,生意异常火爆。由于没有预料到生意会这么好,导致很多商品断货,又不能及时补齐货品,失去了不少买卖,也引起买主的不满。“伍记商号”由于没有周密的经营计划,导致经营非常混乱,5 位同学疲于应付,工作非常辛苦。另外,“伍记商号”由于没有明确的成本控制和利润获取目标,一味地低价销售,致使头一个月的经营出现亏损状况。在其他商店也纷纷降价促销的情况下,“伍记商号”的营业额迅速下降,面临第一次经营危机。

视频资源
学习导入

思考问题:“伍记商号”为什么会出现“赔本赚吆喝”现象?“伍记商号”应该如何面对竞争对手?“伍记商号”如何摆脱这次经营危机?“伍记商号”能否茁壮成长?

解决问题:完成本情境的相关学习(工作)任务;完成本情境相关理论知识的学习。

前导知识

任何一个组织的宗旨与使命都需要通过管理工作来实现,具体来说,就是通过计划、组织、领导、控制这四项基本工作使组织的功能和作用得以发挥,并维持组织的生存和发展。

一、计划工作概述

在对组织进行管理的过程中,需要将组织的宗旨与使命在时间与空间两个维度进行展开和细化:一方面将组织宗旨与使命分解为短期、中期、长期的目标及行动安排;另一方面将组织宗旨与使命转化为组织内部各个职能部门、管理层次以及每个成员的目标与行动安排。这就是管理的计划工作(职能)。计划是管理的首要工作(职能),凡事预则立,不预则废,计划为管理的其他工作(职能)提供方向和路径。

(一)计划的定义

古典管理理论的代表人物法约尔指出:“管理应当预见未来,人们在行动之前就知道可能做什么,要求做什么。如果没有计划,会导致事业的毁灭。”

现代管理理论的代表人物孔茨认为:“计划工作就是预先决定做什么、如何做和谁去做。计划工作就是在我们所处的地方和要去的地方之间铺路搭桥。”

●计划就是组织通过对内外环境的调查、分析、预测,制定出一定时期要达到的目标和行动方案,用以统一和指导组织内部各个单位、各类人员的活动。

计划有广义和狭义之分,广义的计划包括制订计划、执行计划和检查计划这三项工作,狭义的计划就是制订计划。本教材主要介绍制订计划的相关工作,并以公司这种组织形式为例,说明制订经营计划的三项主要工作,即环境分析、确立目标、抉择方案。公司经营计划制订的原则、程序和方法同样适合其他类型组织的各种计划的制订。

(二)计划的类型

计划是组织对未来活动的安排,任何一个组织都需要通过制订各种形式的计划来确定组织的未来目标,解决未来会面临的各种问题,所以,计划的种类很多,可以按照不同的标准对其进行分类,计划的类型见表3-1。

表3-1　计划的类型

分类标准	类型
时间	短期计划、中期计划和长期计划
职能	生产计划、销售计划、财务计划和人力资源计划等业务计划
内容	综合计划和专项计划
性质	战略性计划和战术性计划
明确性	指导性计划和具体性计划
层次	使命、目标、战略、政策、程序、规则、方案和预算等

拓展阅读
计划的类型详细说明

(三)计划工作的内容

计划工作的内容可以概括为六个方面,即5W1H。

1.“做什么”(What)

“做什么”就是要明确一定时期组织的目标和行动方案以及具体任务和相关要求。例如,一个公司在未来5年要实现什么样的战略目标;公司年度生产计划的任务主要是确定生产哪些产品,生产多少。

2.“为什么做”(Why)

“为什么做”就是要论证实现组织目标和行动方案的可能性和可行性,也就是说要提供制订计划的依据。管理人员对组织的宗旨、目标和战略了解得越清楚,认识得越深刻,就越有助于他们在计划工作中发挥主动性和创造性,保证计划目标及行动方案的切实可行。

3.“何时做”(When)

“何时做”就是规定计划中各项工作的开始时间、工作进度和完成时间,以便管理人员对计划目标进行有效的控制,从时间上保证目标的实现。

4.“何地做”(Where)

“何地做”就是规定计划的实施地点、设施等物质条件。管理人员通过了解计划实施的环境条件和限制因素,从空间上保证目标的实现。

5.“谁去做”(Who)

“谁去做”计划不仅要明确规定目标、任务、地点和进度,还应规定由哪个部门、哪个人负责,从人员上保证目标的实现。例如,公司准备开发一种新产品,要经过产品设计、样机试制、小批试制和正式投产几个阶段。在计划中要明确规定每个阶段由哪个部门、哪个人负主要责任,哪些部门协助,各阶段由哪些部门和哪些人员参加鉴定和审核等。

6.“怎么做”(How)

“怎么做”就是制定实现计划的措施和方法以及相应的政策和规则,对人力、物力、财力等资源进行综合平衡、合理分配和集中使用,对各种派生计划进行综合平衡等。

二、计划工作的重要性

计划工作对于组织具有十分重要的意义。具体来说,计划工作的重要性主要表现在以下几个方面。

(1)给组织提供方向。通过清楚地确定目标和如何实现这些目标,可为未来的行动提供一幅路线图或行动图,从而减少未来活动中的不确定性和模糊性带来的冲击。

(2)有效配置资源,使浪费和冗余减至最少。实现目标可能有多条途径,事先进行分析,有助于对有限资源做出合理的分配,借助计划还可以克服由于资源的短缺和未来情况的不确定性所带来的困难,使一些本来无法或难以有效实现的目标得以实现。

(3)适应变化,防患于未然。未来的不确定性不可能完全消除,通过事先对未来可能发生的各种可能性的预计,有助于及时预见危险、发现机会,早做准备。

(4)提高效率,调动积极性。由于目标、任务、责任明确,可使计划得以较快和较顺利地实施。通过清楚地说明任务与目标之间的关系，培养计划执行者的主人翁精神。

（5）为控制提供标准。通过事先明确要做什么、由谁做、要求做到何种程度等，为事中和事后控制提供标准，有助于提高控制的有效性。事实上，没有计划就不可能进行控制。

即问即答： 很多人在工作中常常不做计划，理由是计划不如变化快，所以没必要制定计划。你是如何理解的？

知识小结

（1）计划是管理的首要工作（职能），其主要内容就是将组织的宗旨与使命在时间与空间两个维度进行展开和细化。

（2）计划贯穿于组织管理全过程并为其他管理工作（职能）提供方向和路径。

（3）计划有广义和狭义之分，广义的计划包括制订计划、执行计划和检查计划，狭义的计划就是制订计划。

（4）计划可以按照时间、职能、内容、性质、层次等不同的标准进行分类。

（5）计划的内容包括六个方面（5W1H），即“做什么”“为什么做”“何时做”“何地做”“谁去做”“怎么做”。

（6）计划可以给组织提供方向，有效配置资源，适应变化，提高效率，为控制提供标准。

子情境 3.1　分析公司经营环境

学习情境

学生以小组合作的方式，通过自学、社会调查、网络资源搜集，在教师的要求和指导下，模拟分析公司经营环境。

学习任务

目的：训练公司经营环境分析能力。

内容：公司经营环境的 SWOT 分析。

方式：讨论、分析、操作。

成果：做出公司经营环境分析报告。

相关知识链接

一、经营环境及其重要性

根据管理系统理论的观点,公司是社会系统的子系统,并具有开放性的特点,所以社会系统中的各种环境因素会对公司的生存和发展产生重大的影响和制约作用。因此,在公司经营管理工作中不得不考虑其内部和外部环境所产生的各种影响。就管理计划工作而言,公司确定目标及实施计划,一定是建立在对环境的分析的基础之上的,公司一方面需要发现外部环境提供了哪些机会,同时会使其面临哪些威胁;另一方面需要发现内部环境有哪些优势,同时存在哪些劣势。例如,某房地产开发公司通过对外部环境的市场和消费者需求因素的调查与预测,发现未来 5 年至 10 年的时间里,开发别墅项目将有利可图,但是,进一步分析公司内部环境的资金、技术、品牌等因素后发现,它们很难做这个项目,因此,这个公司不可能将开发别墅项目作为其未来的经营管理目标。

●经营环境是指存在于公司内部与外部的影响管理实施和功效的各种力量、条件和因素的总和。

经营环境是公司生存与发展的土壤,它既为公司经营活动提供机会和条件,也对公司的经营活动产生制约作用。而且,环境是客观存在和不断变化的,大多数情况下是不以人们的意志为转移的。因此,对影响公司经营管理的内外部环境的调查、分析和预测有助于公司经营目标的制定和实现。

引经据典

实体书店的困境

随着电商的高速发展和新兴阅读媒介的悄然兴起,使一部分读者转向价格更加优惠的网上购书和阅读更加便利的电子书籍,导致在实体书店消费的顾客日益减少,销售量明显下降。全国工商联书业协会的一组数据显示,在过去的十几年中已经有超过 50% 的实体书店先后倒闭,传统书店的生存陷入了困局。这一现象引起了民众和政府对实体书店的关注,因此实体书店的逆袭一度成为公众关注的焦点。总体来说,实体书店经营环境既有机遇又有挑战,但挑战明显大于机遇。由于人们生活习惯和行为心理的变化,使他们对实体书店建筑空间的物质、精神、情感的要求日益提高,实体书店成为人们需要捍卫的精神家园。在这样的环境下,实体书店的空间形态与其他消费空间相比显得更为复杂和独特,其空间设计面临着更高的挑战。

二、经营环境分析的内容

一般来说，公司经营环境可分为外部环境和内部环境两大类。外部环境是指那些公司不能控制的环境因素，包括政治、经济、文化、科技、自然等宏观环境方面的因素和供应商、顾客、竞争者、管制机构等微观环境方面的因素。内部环境是指存在于公司内部且其能够控制的环境因素，包括资源条件、营运范畴、公司制度与组织结构、公司文化等方面。

（一）外部环境分析的内容

虽然，公司经营的外部环境属于不可控制因素，但公司可以通过各种方法和途径认识它们，从而为确定目标和实施计划提供切实可行的依据。

外部环境可以分为一般环境和具体环境，一般环境往往通过具体环境对公司经营管理产生直接或间接的影响。

1. 一般环境

一般环境，通常也称宏观环境或社会大环境，是指那些客观存在于公司之外，在任何时期对所有的公司都能产生影响的外部环境因素，主要包括政治法律环境因素、经济环境因素、社会文化环境因素、科学技术环境因素和自然资源环境因素五大类。一般环境的影响常常是广泛的，会影响到存在于环境之中的所有公司，并且在大多数情况下，一般环境的影响是公司管理者无法控制的，因此，对它的适应和利用是最常用的应对策略。

2. 具体环境

具体环境，也称微观环境或任务环境，是公司在特定条件下面临的现实环境，这些环境因素与实现公司目标直接相关，由对公司绩效产生积极或消极影响的关键要素组成。与一般环境相比，具体环境对公司的影响更明显，也更容易被公司管理者识别、影响和控制。每个公司面临的具体环境因素是有差异的，通常公司经营管理面临的具体环境因素主要包括供应商、顾客、竞争者、管制机构等方面。

相对于一般环境，具体环境的变化将直接提高或降低公司的效益，公司管理者更注重对具体环境的研究和分析，主要原因在于具体环境比一般环境更容易被识别，并且一般环境的变化对公司的影响往往需要通过具体环境对公司的作用表现出来。

思政点拨—怀抱梦想，脚踏实地

《隆中对》中诸葛亮的运筹帷幄

“三顾茅庐”是一个家喻户晓的三国故事，其中诸葛亮的《隆中对》更是古今中外战略分析和战略制定经典中的经典。短短300余字浓缩了战略分析、目标确定和路径选择，分析中夹带着目标，目标里包含着路径。诸葛亮在“群雄并起、汉室待兴”的宏观环境下，运筹帷幄，提出：今操已拥百万之众，挟天子而令诸侯，此诚不可与争锋；孙权据有江东，已历三世，国险而民附，贤能为之用，此可以为援而不可图也。荆州和益州乃用武之地，应利用荆州刘表、益州刘璋不能守成的机会，建立起可靠的根据地，与曹操、孙权三分天下。这对于当时除拥有“帝室之胄”“信义”等“仁”之外,屡战屡败、屡败屡战,缺人、缺枪、缺地盘、在迷茫中徘徊的刘备集团无疑指明了战略方向。刘备集团之后的种种攻略皆基于此,最终刘备在诸葛亮的协助下实现了三分天下有其一的霸业。

作为当代青年,我们要以诸葛亮为榜样,既要有胸怀天下的豪情,也要在决策前立足实际,对所处环境进行客观分析,制定有效的理想实现路径,以践行习近平总书记在二十大报告中对我们期望——怀抱梦想又脚踏实地,不断提升自己的职业能力,朝着第二个百年奋斗目标前进,为全面推进中华民族伟大复兴努力!

拓展阅读
《隆中对》全文

文献参考:https://zhuanlan.zhihu.com/p/48688912

★重要结论

外部环境分析的目的和实质是为公司找出未来经营管理的机会和面临的威胁,以便做到“趋利避害”。外部环境会给每一个公司提供经营管理的机会,关键在于如何发现和利用机会。如果公司能够有效地把握机会,就有可能取得经营管理的成功。当然,外部环境也会给每一个公司带来威胁,如果公司不能避开威胁,会导致公司经营管理产生危机。

引经据典

顺应时代发展的新零售

2016 年,有人提出电商时代很快会结束,未来的十年、二十年将没有电子商务这一说,只有新零售。的确,对于实体经济或是电商而言,外部市场环境已经明显发生变化,用户需求从为了方便省时的传统线下转移到线上,演变为需要享受线下尊贵体验,同时又满足线上购物方便的新追求;且竞争对手已经把单一的线上或者线下购物完美结合,打造线上线下一体化模式。如果对于用户的需求变化和竞争对手的战略调整都漠不关心,毫无疑问,就会上演“温水煮青蛙”的结局。

在市场环境变化中,传统零售企业应该何去何从呢? 盒马鲜生给出了答案。为了顺应环境的变化,阿里巴巴重构线下超市,形成新零售业态。盒马鲜生既是超市,又是餐饮店,也是菜市场。其服务人群定位于三类:一是白天上班,晚上大部分时间在家的用户;二是基于办公室场景用户推出针对性便利店或轻餐;三是周末会带孩子逛超市的用户。在整个零售行业市场萎靡的情况下,盒马运用大数据、移动互联、智能物联网、自动化等技术及先进设备,实现人、货、场三者的最优化匹配,实现了用户月购买次数 4.5 次,单店坪效是传统超市的 3~5 倍,线上订单超过 50%,线上商品转化率高达 35%,远高于传统电商。盒马的成功,给其他电商企业和传统零售商上了一堂课。顺应时代的发展,精准把握客户需求的变化,是企业长期生存和发展的基石。

视频资源
环境分析:你在一个什么样的局里?

（二）内部环境分析的内容

公司不能孤立地看待外部环境的影响，而必须结合自己的内部环境来识别外部环境给公司带来的机会和威胁。内部环境是公司内部的与经营管理目标有重要关联的因素，是公司开展经营管理活动的基础，是制定总体目标的出发点、依据和条件，是竞争取胜的根本。《孙子兵法·谋攻篇》曰："知己知彼，百战不殆；不知彼而知己，一胜一负；不知彼不知己，每战必殆。"公司内部环境分析的内容包括很多方面，下面主要介绍与公司经营目标确立有密切关系的四个内容。

1. 资源条件

公司内部的资源条件是指公司在生产经营过程中的全部投入，是人、财、物等各种资源的有机结合。

2. 营运范畴

公司的营运范畴主要包括产品生产、营销、供应等活动及其管理，以及技术、质量、财务、人力资源的管理等活动。透过这些营运功能的分析，就可以挖掘出公司的竞争优势，并发现隐忧。

3. 公司制度与组织结构

科学有效的结构与体制本身就是公司的竞争优势。结构与体制的僵化与落后是公司最大的隐忧。

4. 公司文化

公司文化主要涉及精神、士气、人际关系、凝聚力与向心力等。优秀的公司文化是其他公司难以复制的竞争优势。

★重要结论

内部环境分析的目的和实质是为公司找出未来经营管理的优势和劣势，以便做到"扬长避短"。每一个公司的内部环境因素既有有利的方面，也有不利的方面，关键在于需要结合一定时期的外部环境去识别它们，即哪些是可能取得经营管理成功的有利条件；哪些是可能导致经营管理失败的不利条件。

即问即答：怎样理解《孙子兵法》中的"多算胜，少算不胜"这一说法？

三、经营环境分析方法

公司管理计划工作的关键是制定经营目标，而制定目标的基础是分析公司在一定时期所面临的外部环境和内部环境。只有通过内外部环境分析，发现外部的机会和威胁以及内部的优势和劣势，才能使公司制定的目标做到趋利避害、扬长避短。

公司经营环境分析需要借助一定的方法，SWOT 分析法是一种最常用和最有效的方法。

★ 1. 基本原理

视频资源
SWOT 分析：知己知彼、百战不殆

SWOT 分析法就是对公司经营管理的内部环境和外部环境进行对照比较分析的方法：针对内部环境的分析能找出优势和劣势；针对外部环境的分析能找出机会和威胁。为什么要强调内部环境和外部环境的对照分析，其原因就在于公司在外部环境中所拥有的机会与面临的威胁，一定是相对于其内部环境优势与劣势而言的，二者是相辅相成的关系。S 代表优势(strength)，W 代表劣势(weakness)，O 代表机会(opportunity)，T 代表威胁(threat)，其中，S、W 是内部因素，O、T 是外部因素。根据对照比较分析的结果，可以确定公司的经营管理目标、战略机会和行动方案。SWOT 分析模型见表 3-2。

表 3-2　SWOT 分析模型

	优势	劣势
优势与劣势	擅长什么 有什么新技术 能做什么而竞争者做不到 与竞争者有什么不同 客户为什么来 ……	什么做不到 缺乏什么技术 竞争者哪些方面比我们做得好 竞争者有什么特色 不能够满足何种顾客 ……
	机会	威胁
机会与威胁	市场中有什么机会 可以获得什么技术 可以吸引什么样的新顾客 怎样可以与众不同 未来的发展 ……	市场有什么改变 竞争者在做什么 赶不上顾客需求的变化 整个国家经济形势前景难测 威胁公司生存的因素 ……

2. 分析步骤

(1)对公司内部环境进行分析，找出公司拥有的优势与劣势。消除内在障碍，培养竞争能力。优势与劣势既可以相对于公司目标而言，也可以相对于竞争对手而言。

(2)分析公司面临的外部环境，发现当前或将来可能出现的机会或威胁。抓住机遇，规避风险。这些机会与威胁有可能来自与竞争无关的外部环境因素的变化，也可能来自竞争对手方面的力量与因素的变化，或二者兼有。

(3)将公司外部环境中的机会和威胁与公司内部优势和劣势进行匹配，为制定目标、拟订计划提供帮助和支持。

3. 结果运用

SWOT 分析存在四种组合：SO、WO、ST、WT。公司的高层管理者应该在确定内外部各种因素的基础上，对各种组合进行分析，在完成环境因素分析和 SWOT 矩阵的构造后，把资源和行动集中在自己的强项和机会最多的地方，制定出相应的行动计划。

(1)SO 战略(优势 + 机会):发挥内部优势,利用外部机会。当企业的内部优势与外部机会一致并相互适应时,组织可以用自身内部优势撬动外部机会,将优势与机会充分结合起来。然而,机会往往是稍纵即逝的,因此管理者必须敏锐地捕捉机会,把握时机,以寻求更好的发展。

(2)WO 战略(劣势 + 机会):克服内部劣势,利用外部机会。当环境提供的机会与组织的内部优势不契合,组织的优势即使再大,也得不到发挥,因为劣势会妨碍、阻止、影响与控制机会。在这种情形下,组织就需要提供和追加某种资源,以促进内部劣势向优势转化,从而迎合或适应外部机会

(3)ST 战略(优势 + 威胁):利用内部优势,回避外部威胁。当环境状况对组织的内部优势构成威胁时,优势得不到充分发挥,会出现“优势不优”的局面,导致优势的程度降低。在这种情形下,组织必须回避威胁,以发挥优势。

(4)WT 战略(劣势 + 威胁):减少内部劣势,回避外部威胁。当组织的内部劣势与组织的外部威胁相遇时,组织将面临严峻挑战,如果处理不当,可能直接威胁组织的生存。

★应用范例

1. 例题

友友百货公司欲确立是否进入某省会城市中心广场的目标。

(1)外部环境资料。中心广场位于火车站旁,是各特快列车、一号地铁线、几十路公交车的始发站,总建筑面积为 197476 平方米。该项目第一期为 84217 平方米的大型购物中心和地下车库,其中负 2 层和负 3 层是共 20800 平方米的地下车库,负 1 层和 1~7 层共 63417 平方米,为超市和大型百货公司, 2012 年 1 月已交付使用。第二期为 109075 平方米,高达 50 层,是可以容纳 1 万人的甲级写字楼项目。中心广场经过几次宣传,有一定的市场知名度。但是周边的综合商业设施非常少,缺少复合的商业价值和浓郁的商业氛围。不过,随着周边酒店、写字楼的兴建,办公等商务氛围逐渐加强,能够聚集高端客户。

(2)内部环境资料。它是某市本土的一家民营百货公司,现在广州、南海、衡阳、岳阳各有一家分店。其中,广州店属直营形式,其他三家店都是采取品牌及管理输出的形式。该百货公司在百货连锁经营方面有一定的成功经验,提供的二线名牌商品对白领阶层有一定的吸引力,有与零售商业巨头合作的经验。产品属于中档、大众性的百货商品,稀缺性较差。商场经营的特色不明显,辐射的半径范围在 1.5 千米以内,营销手段平常,缺少亮点。该百货公司计划采用直接投资、自己经营的方式,希望在中心广场打造一家购物中心。

2. 解答

根据友友百货公司的内部和外部环境,运用 SWOT 分析法,列出内部环境的优势和劣势,外部环境的机会和威胁,见表 3-3。

表 3-3　友友百货公司 SWOT 分析

优势与劣势	优势	劣势
	在百货连锁经营方面有一定的成功经验 提供的二线名牌商品对白领阶层有一定的吸引力 有与零售商业巨头合作的经验	产品属于中档、大众性的百货商品,稀缺性较差 商场经营的特色不明显,辐射的半径范围在 1.5 千米以内 营销手段平常,缺少亮点
机会与威胁	机会	威胁
	中心广场的商场层次高 经过几次的市场宣传,有一定的市场知名度 地铁、铁路、公交车均于此设站,形成窝斗状,商业聚集后不易分散 属于高档商务区,消费者对商品的稀缺性和层次性有一定的要求 周边酒店、办公等商务氛围逐渐加强,能够聚集高端客户	火车站的地理位置属于绝地,没有放射功能 来往的“人流量”非常大,但“人留量”非常少 周边的综合商业设施非常少,缺少复合的商业价值 缺少浓郁的商业氛围

分析结果表明,未来市场存在的机会有:能够聚集高端客户,对商品的稀缺性和层次性有一定的要求;中心广场已经有一定的知名度,商业聚集后不易分散等。但是相对于友友百货公司的内部环境来说,其并不能满足高端客户的需求,能够提供的二线名牌商品对白领阶层有一定的吸引力,但这部分消费者并不在中心广场周围;虽然火车站的“人流量”非常大,但“人留量”非常少,坐火车的人进百货商场购物的并不多。因此,友友百货公司不会拥有因此,友友百货公司不会拥有占领未来市场的机会,需要采用 WT 战略,减少劣势的影响,回避威胁。所以,该公司最终不会进入中心广场。

知识小结

(1)计划工作的关键是制定目标,而制定目标的基础是环境分析。

(2)环境分析包括外部环境分析和内部环境分析。

(3)外部环境分析的内容主要包括政治法律、经济、社会文化、科学技术、自然资源等因素。

(4)内部环境分析主要包括资源条件、营运范畴、组织结构、组织文化等条件。

(5)通过外部环境分析,发现机会和威胁;通过内部环境分析,找到优势和劣势。只有在此基础上制定组织目标,才能做到“趋利避害、扬长避短”。

(6)外部环境和内部环境需要对照进行分析,所采用的方法是 SWOT 分析法。

子情境3.2 制定公司经营目标

学习情境

学生以小组合作的方式，通过自学、社会调查、网络资源搜集，在教师的要求和指导下，模拟制定公司经营目标。

学习任务

目的：训练公司经营目标制定能力。

内容：公司经营目标的制定和管理。

方式：讨论、分析、操作。

成果：制定出公司经营目标及实施方案。

相关知识链接

一、目标与目标体系

任何一个公司都应该有自己的经营管理目标，目标是每一个公司及其成员在一定时期内一切活动和行为的出发点和归宿点。制定目标是计划工作的一个关键环节。

（一）目标的定义

● **目标是公司目的或宗旨的具体化，是一个公司在一定时期内努力要取得的预期成果。**

目标不仅是一个公司的基本特征，还表明一个公司存在的意义。尽管不同的公司目标各异，但有一点是共同的，那就是追求效率，也就是要以最少的资源投入来实现最大的产出，如果一个公司不能做到这一点，也就丧失了自己存在的价值。

当公司制定出了明确的目标，也就规划出了人力、物力、财力这些资源的使用方向，最大限度地实现目标也就有了保证。由此可见，制定目标在计划工作中具有非常重要的意义。

（二）目标的性质

从管理学的角度来看，公司的目标具有独特的属性，因而在制定目标时，必须把握目标的这些属性。一般来说，目标具有以下属性。

1. 目标的结构性

公司一般分为若干管理层次及若干管理部门，这就要求为每个层次、部门设立目标。只有每个层次、部门实现了自己的目标，公司的总体目标才能实现，因此，这些目标构成了公司的目标体系。

公司目标体系包括纵向结构和横向结构。

从公司目标体系纵向结构上看,不同管理层次之间存在着目标的衔接问题,即公司的总目标、中层目标和基层目标的衔接。纵向结构是一种由上至下的层层分解关系,也是由下至上的层层保证关系。

从公司目标体系横向结构上看,在同一管理层次的各个部门之间也有目标协调与组合问题。各职能部门的工作角度与利益不同,它们的目标之间可能产生冲突,公司必须进行很好的协调与衔接以形成合力。目标的这一属性要求管理者要将公司总目标加以分解落实,并注意同一层次不同部门的目标之间的协调。目标体系自始至终把最大限度地实现总目标放在首位。公司目标结构如图 3-1 所示。

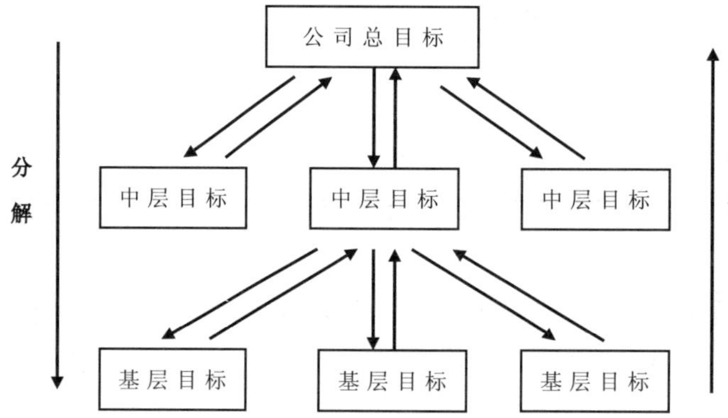

图 3-1 公司目标结构

2. 目标的时间性

这一属性表明实现目标的时间有长有短。一般来说,目标分为短期目标、中期目标、长期目标。许多公司为不同的时期制订不同的计划,这种做法就是考虑到了目标的时间性。目标的时间划分是相对而言的,但要注意它们之间的相互联系。一般来说,只有优先确定长期目标之后,才能确定中、短期目标,以利于公司的长期、持续和协调发展。

思政点拨—怀抱梦想,敢担当

"两个一百年",铸就中国梦

实现中华民族伟大复兴是中华民族近代以来最伟大的梦想。在中国共产党的领导下,中华民族伟大复兴展现出前所未有的光明前景。

目标指引方向,规划决定未来。2012 年,中共十八大以"两个一百年"作为奋斗目标,铸就中国梦,向中国人民发出了向实现"两个一百年"奋斗目标进军的时代号召。"两个一百年"自此成为一个固定关键词,成为全国各族人民共同的奋斗目标。两个一百年分别是:第一个一百年,到 2021 年我党成立 100 年时全面建成小康社会;第二个一百年,到 2049 年新中国成立 100 年时建成富强、民主、文明、和谐、美丽的社会主义现代化强国。2017 年党的十九大报告清晰擘画全面建成社会主义现代化强国的时间表、路线图。在 2020 年全面建成小康社会、实现第一个百年奋斗目标的基础上，再奋斗 15 年，在 2035 年基本实现社会主义现代化。从 2035 年到 21 世纪中叶，在基本实现现代化的基础上，再奋斗 15 年，把我国建成富强、民主、文明、和谐、美丽的社会主义现代化强国，逐步并最终顺利实现中华民族伟大复兴。

对于当代青年而言，实现“两个一百年”奋斗目标，将贯穿我们成长发展的全过程，可以说当代青年的个人发展与国家发展基本同步，是推动国家发展责无旁贷的重要力量。因此，为实现中国梦而奋斗，既是时代赋予我们的历史使命，也是自我实现全面发展的最好舞台！

文献参考：习近平在中国共产党的十八次、十九次全国代表大会上的报告

3. 目标的多样性

任何一个公司在同一时期都有多重任务，所以要实现的目标多种多样，目标的多样性要求管理者应该从公司的不同角度和不同的方面设计目标，并注意协调和平衡这些目标。当然，公司的目标并非越多越好。相反，应当尽量减少目标的数量，尽量突出主要目标。

4. 目标的次序性

目标的多样性决定了目标之间存在优先次序问题，即在多个目标中，特别是平行目标之间，如何根据目标的重要程度排列出优先次序。应该根据公司的总目标，结合各目标之间的内在联系，区分轻重缓急，科学合理地加以排列。确定目标的优先次序是极为重要的，因为任何公司用以实现目标的资源都是有限的，公司必须以合理的方法来分配其有限的资源，以保证目标的有效实现。

二、目标的制定

目标制定是计划的一项重要工作，也是一项困难、复杂的工作。制定目标必须树立系统思想，遵循一定的原则，要有可靠的依据，按照科学的程序进行。

视频资源
SMART 原则助力目标达成

（一）目标制定的 SMART 原则

SMART 是五个英文单词的首字母：S（specific，具体性），M（measurable，可衡量性），A（attainable，可达成性），R（relevant，结果相关性），T（time-bound，时效性）。

1. 具体性原则

目标应该是非常清晰具体的，而不是抽象模糊的。目标应该是“增长 6%”“4 小时内响应客户需求”这样明确的描述，而不是“我们要保持快速增长”“我们要提供优质服务”这样比较含糊的说法。

2. 可衡量性原则

目标一定要可以衡量。目标要尽可能量化，量化的目标能让员工更清楚地明白目标的内容，也有利于管理者在整个工作进行过程中不断对进度加以考核。如果一件事情在发展过程中没有办法衡量，管理者其实就失去了对它的控制。同时，目标量化以后就具有了良好

的可比性,以便检查和评价目标的实现程度。

3. 可达成性原则

目标的制定要充分考虑主客观条件,制定出的目标要有很强的操作性和可行性。一个切实可行的目标,会对员工产生激励的作用,促使员工积极和努力地去实现目标。如果目标太宏大,员工在达成过程中,压力太大,很可能在这个过程中就放弃了,所以完全超越员工个人能力的目标是没有意义的。但毫不费力就能达到的目标也无法产生激励作用。总之,要科学合理地设置目标,目标既要是有一定难度的目标,同时又要是经过员工努力就可能实现的目标,让员工“跳一跳就能够得着”。

引经据典

一位马拉松运动员连续夺冠的秘密

目标太宏大,会导致人们在实现目标的过程中产生放弃的念头,因此,当我们的目标太宏大时,可以通过目标分解,把宏大的目标分解为一个个可达成的小目标,当每个小目标均达成时,宏大的目标也就实现了。

有一名著名的马拉松运动员,曾经连续两年在国际马拉松比赛中夺冠。他在自传中写道:“每次比赛之前,我都要乘车把比赛的路线仔细地看一遍,并把沿途比较醒目的标志画下来,比如第一标志是银行,第二标志是一棵古怪的大树,第三标志是一座高楼……这样一直画到赛程的结束。比赛开始后,我就以百米冲刺的速度奋力地向第一个目标冲去,到达第一个目标后,我又以同样的速度向第二个目标冲去。40 多公里的赛程,被我分解成几个小目标,跑起来就轻松多了。开始我把我的目标定在终点线的旗帜上,结果当我跑到十几公里的时候就疲惫不堪了,因为我被前面那段遥远的路吓到了。”

4. 结果相关性原则

制定目标时要使总体目标、部门目标、具体目标保持最终结果上的协调一致,以便形成完整的体系,各目标不可相互矛盾和脱节。有效的目标必须和最终结果直接相关,这样,管理者才能够真正地了解和控制员工的工作业绩。如果要在“回访客户数量”和“客户增长率”上确定目标的话,后者就能直接为“销售业绩增长”的最终结果服务。

5. 时效性原则

目标一定要有时间的限制,没有时限的目标无法进行进度控制,失去控制的工作是没有意义的。

(二)制定目标的依据

(1)依据本公司的使命和宗旨,这是制定目标的最基本依据。

(2)依据上一个计划期未实现目标的问题及出现的新问题来确定目标。

(3)依据对公司外部环境的适应来确定目标。

(4)依据上级部门提出的要求、部署或社会形势要求制定目标。

(5)依据与国内外先进水平比较的差距来制定目标。

(三)制定目标的程序

制定目标的基本程序可以分为“由上而下”“由下而上”“上下结合”等几种方式。规模较小、业务简单的公司一般采用“由上而下”的方式,规模较大、业务复杂的公司一般采用“由下而上”的方式,但大多数公司在多数情况下会采用上下结合、几上几下的方式。

即问即答: 在大学阶段,你为自己制定的目标是什么?它们有没有时间顺序?你认为它们能够实现吗?

知识小结

(1)目标是组织目的或宗旨的具体化,是组织在一定时期内努力要取得的预期成果,也是组织一切活动和行为的出发点和归宿点。

(2)目标具有结构性、时间性、多样性、次序性等属性。

(3)目标制定的最基本依据是组织的使命和宗旨。

(4)目标制定应该遵循SMART原则:具体性原则、可衡量原则、可达成性原则、结果相关性原则、时效性原则。

(5)制定目标的基本程序可以分为“由上而下”“由下而上”“上下结合”等几种方式。

相关技能要求

一、目标管理

目标管理是由美国管理学者彼得·德鲁克于1954年首先提出来的,其在《管理实践》一书中明确指出:“公司的宗旨和任务必须转化为目标,管理者必须通过这些目标对下级进行领导,以此来保证公司总目标的完成。”

(一)目标管理的定义

目标管理既是一种计划方法,也是一种控制手段。

●目标管理是指以制定和实现目标为中心,被管理者自主控制达标过程,管理者实行最终成果控制的一种计划与控制管理方法。

目标管理以“目标”作为公司管理一切活动的出发点、归宿点和手段,并贯穿一切活动的始终。

(二)目标管理的特征

目标管理完全改变了管理就是对管理过程进行严格监督、控制的观念,提倡运用科学的目标体系来进行激励和控制,充分发挥被管理者的自我控制能力,让被管理者自觉、自愿、自主地去实现目标,体现了“行为科学”理论的要求,符合“以人为本”这一现代管理理念。目标管理与传统管理方式相比,有以下三个鲜明的特征。

1. 重视人的因素,强调员工的自我管理

首先,目标管理是一种“员工参与式”的民主管理方式。在制定目标时,充分尊重员工的意愿,增强其责任感和工作兴趣,在实现目标的过程中更要求员工实行自我控制;另外,目标管理是一种“主动型”管理方式,鼓励员工自觉实现目标,以自我控制代替被动从属,强调充分发挥人的潜能。正是因为目标管理让员工感到工作有方向、成效有考核、优劣有比较、奖惩有依据,才激发出了员工工作的自觉性和主动性,更好地保证了目标的实现。

2. 重视目标体系建立的科学性

目标管理是通过目标的制定、分解和落实来保证目标实现的一种管理方法,因此,实行目标管理的核心环节,就是根据公司的总体目标,通过让全体员工共同参与,在公司内部建立起相互联系的一个目标体系。由于目标管理在目标制定过程中采用了由上而下、由下而上这一方式,即上下级在一起共同制定目标,所以目标的实现者同时也是目标的制定者,这使目标更加准确和切实可行,保证了目标体系建立的科学性。同时,依靠目标的激励性和刚性约束可以保证目标更好实现和完成。

3. 重视成果评价

目标管理并不过分关注完成目标的过程,而是重视目标完成的成果。员工完成目标的成果与员工的奖励、职务晋升、薪酬和福利待遇直接挂钩。这样就大大调动了员工完成目标的积极性,激发出了员工完成目标的经济和精神动力。在评价员工完成目标成果的同时,还要分析员工完成或未完成目标的原因,这样可以发现问题症结所在,总结正反两个方面的经验教训,有利于今后目标管理的改进和提高。

(三)目标管理的实施过程

目标管理的实施包括目标制定、目标实施和目标成果评价三个阶段。

1. 目标制定

1)目标体系的建立

一般来说,公司的高层领导人负责制定公司的总体目标,再要求其直接下属主管以总目标为依据,制定出建议性部门目标,然后高层领导人对建议性部门目标进行综合平衡,经过反复协商,就部门目标和考核标准达成一致。此过程一直持续下去,直到制定出基层岗位的具体目标为止,并且各目标要保持相互间的协调,构成完整的目标体系。

2)目标的分解和落实

目标的分解和落实即把以总目标为核心的目标体系分解为分目标落实到每个部门、每个人。

3)实现目标的行动方案的制定

这一过程要认真分析实施目标的主观和客观条件,找出目标展开的问题点,制定系统的目标实施方案。

2. 目标实施

1)权限下放

在目标实施过程中,上级应对下级充分授权和信任,让下级拥有完成目标的必要的权力。实现目标的途径和方法由下级自由选择。

2)自我控制

下级在目标实施过程中,要充分发挥自己的主动性和能动性,通过自我控制,努力实现目标。

3)实施过程的检查与控制

检查一般实行下级自查报告和上级巡视指导相结合的办法。通过检查能及时了解目标实施的进展情况和发现存在的问题,以便及时处理和解决,实行目标实施的动态控制。

3. 目标成果评价

在目标责任期结束时,公司需要对目标成果进行评价,通常会采用自我评价和上级评价相结合,共同协商确认成果的方法。目标成果评价有三项基本指标:“达到程度”“复杂困难程度”“努力程度”。

★重要结论

目标管理的实质就是从三个方面来保障目标的实现:一是在目标制定环节,让员工参与目标的制定,以保障目标的切实可行;二是在目标实施环节,充分信任员工,发挥员工的主动性,让员工选择适合自己的工作方式去实现目标,当然,在这个过程中,管理者需要为员工排忧解难;三是在目标的考核环节,将员工完成目标的状况与员工的切身利益挂钩,使员工有完成目标的热情和动力。

在计划工作中,制定目标至关重要,而实现目标更重要。目标管理无疑是保障目标实现的一种有效方法。

引经据典

目标管理的魅力

曾经有一家出现巨额赤字、濒临破产的企业,在一位善于运用目标管理的企业家手上起死回生。在这位企业家的带领下,公司从总体目标到各部门目标,再到各员工目标,层层设定,一步一步地实施目标。整个公司在这种有目标、有方向、有动力的状态下运行,凝聚了公司全部力量,走出了困境,走向了辉煌。

该公司在制定目标时强调:①员工的目标和企业的目标保持一致;②每个人都要制定对于自己而言切实的目标。另外在制定目标时还遵循了以下原则:目标数量不宜过多、目标的内容具体明确、目标难度以略高于本人能力为准、不能失去长远的观点等。

该公司在目标管理实施过程中，坚持少而精主义和能力主义。此外在实施过程中还坚持信任下级的原则，适当下放权限，上下级之间建立信任；最后，依据达到程度、困难程度、努力程度三个要素进行成果评价，通过兑现相应的奖励，保证目标管理的有效性。

该公司的目标管理，还有一个重要的前提，就是相信每个人的能力和积极性，恰如其分地明确每个人的工作和任务，通过权力下放和自我控制，确立好整体的目标体系以及每个人的目标体系。在目标管理的最后阶段，实施成果评价，并与绩效考核挂钩，给予相应的奖惩措施，提高员工的积极性。

视频资源
目标管理 MBO：解脱管理者，激发员工内驱力

即问即答：如何保证你在大学阶段的目标得以实现？

二、滚动计划法

我们常说“计划没有变化快”，有些人甚至因此放弃了做计划。滚动计划法是一个既能让我们对未来有所规划，又能让我们定期修订计划以适应新环境的方法。

视频资源
滚动计划法：让计划赶上变化

(一)滚动计划法的定义

滚动计划法是按照“近细远粗”的原则制订一定时期内的计划，然后按照计划的执行情况和环境变化(内外部环境)，调整和修订未来的计划，并逐期向前推移，使短期计划和中期计划结合起来的一种计划方法。简言之，它是一种定期修订未来计划、让计划赶上变化的方法，如图 3-2 所示。

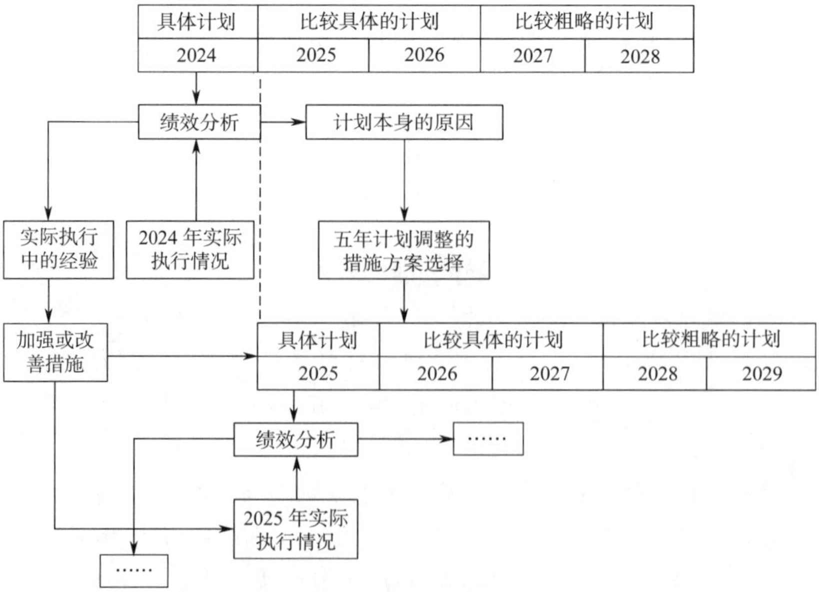

图 3-2 滚动计划法图解

（二）滚动计划法的工作原理

从图 3-2 可以看出，在计划编制过程中，近期计划制订得较细、较具体，远期计划制订得较粗、较概略。在一个计划期终了时，根据上期计划执行的结果和产生条件，市场需求的变化，对原计划进行必要的调整和修订，并将计划期顺序向前推进一期，每次修订都使整个计划向前滚动一个阶段，如此不断滚动、不断延伸。

（三）滚动计划法的优势

滚动计划法虽然使得计划编制工作的任务量加大，但在计算机已被广泛应用的今天，其优点十分明显。

（1）把计划期内各阶段以及下一个时期的预先安排有机地衔接起来，而且定期调整补充，从方法上解决了各阶段计划的衔接和符合实际的问题。

（2）较好地解决了计划的相对稳定性和实际情况的多变性这一矛盾，使计划更好地发挥其指导生产实际的作用。

（3）滚动计划法大大增强了计划的弹性，这对环境剧烈变化的时代尤为重要，它可以提高组织的应变能力，使企业的生产活动能够灵活地适应市场需求，把供产销密切结合起来。

（四）滚动计划法的应用注意事项

（1）滚动计划法既可用于编制长期计划，也可用于编制年度、季度生产计划和月度生产作业计划。不同类型的计划的滚动期不一样，一般长期计划按年滚动；年度计划按季滚动；月度计划按旬滚动等等。

（2）滚动间隔期的选择要适应企业的具体情况。如果滚动间隔期偏短，则计划调整较频繁，好处是有利于计划符合实际，缺点是降低了计划的严肃性。一般情况是，生产比较稳定的、以大量大批生产为主的企业宜采用较长的滚动间隔期，生产不太稳定的、以单件小批生产为主的企业则可考虑采用较短的间隔期。

技能要点

（1）目标管理是以制定和实现目标为中心，被管理者自主控制达标过程，管理者实行最终成果控制的一种现代管理方法。

（2）目标管理既是一种计划方法，也是一种控制手段。

（3）目标管理重视人的因素，体现了“行为科学”管理理论的要求。

（4）目标管理强调从目标制定、目标实施和目标成果评价三个阶段来保证目标的实现。

（5）滚动计划法是按照“近细远粗”的原则制订一定时期内的计划，然后按照计划的执行情况和环境变化（内外部环境），调整和修订未来的计划，并逐期向前推移，使短期计划和中期计划结合起来的一种计划方法。简言之，它是一种定期修订未来计划、让计划赶上变化的方法。

子情境 3.3 抉择公司经营方案

学习情境

学生以小组合作的方式,通过自学、社会调查、网络资源搜集,在教师的要求和指导下,模拟抉择公司经营方案。

学习任务

目的:训练公司经营方案决策能力。

内容:公司经营方案的分析、评价、抉择。

方式:讨论、分析、操作。

成果:决策出公司经营方案。

相关知识链接

一、决策及其重要性

(一)决策的定义

当公司经营目标确定以后,需要制定实现目标的各种方案,由于实现公司经营目标的方案不是唯一的,而是可能存在多个可行方案,正所谓“条条大路通罗马”,因此,管理者要运用决策的手段对各个备选方案进行分析、评价、抉择和实施。

●决策就是依据评定准则和标准,对实现公司经营目标的各种行动方案进行分析、评价,选择出满意的行动方案,并付诸实施的活动过程。

我们可以从以下几个方面去理解决策的定义。

(1)目的性。决策总是为了实现一定的目标或解决一定的问题,目标的实现与否能衡量决策的成败。

(2)超前性。任何决策都是针对未来行动的,这就要求决策者要有“超前意识”,预见事物未来发展变化趋势。

(3)选择性。决策的实质是做出选择,因此,用于决策的备选方案一定是两个以上且可以相互替代的。

(4)可行性。决策是为了将方案付诸行动,选择不能够实施的方案是毫无意义的。

(5)过程性。决策是一个活动过程,不是马上可以完成的,所以,要求决策者综合考虑、反复思量、权衡利弊,才能最终完成。

（二）决策的重要性

现代管理学家斯蒂芬· P. 罗宾斯认为："管理者工作的实质就是决策。"由此可见，决策在管理工作中的重要性。决策的重要性主要体现在以下几个方面：①决策是计划的核心；②决策关系到公司生存与发展；③决策贯穿整个管理活动过程。

思政点拨—实事求是，肯奋斗

"农村包围城市，武装夺取政权"的战略决策

1927 年，中共中央在湖北汉口召开了八七会议，制定了武装反抗国民党的总方针，但是由于国际共产主义运动史上历次无产阶级斗争皆是在大城市发动，加之共产国际的影响，全党对于这一时期革命的共识是以城市为中心。无论是南昌起义、秋收起义还是广州起义等，起义的目标都是夺取中心城市，但各个起义均以失败告终。1927 年 9 月，秋收起义失败后，毛泽东主持召开会议，否定了夺取长沙的主张，决定把起义部队向南转移到敌人力量薄弱的农村地区，从进攻大城市到进攻农村地区，这是中国革命史上的重大转折。与此同时，中国共产党领导的各地革命武装也纷纷在农村建立革命根据地。通过艰难的探索，到 1930 年上半年，逐步明确了大革命失败后中国革命的前进方向，农村包围城市、武装夺取政权的道路得以确立。

以毛泽东为主要代表的中国共产党人选择农村包围城市、武装夺取政权的革命道路，完全是从中国的实际出发，在领导中国革命实践中逐步摸索出的一条具有中国特色的发展道路。当代青年在面对问题时，也要立足实际，敢想敢为，敢冲敢闯，在实现中国梦的伟大实践中创造无愧于这个时代的精彩人生！

文献参考：https://www.tuliu.com/read-132691.html

二、决策的类型

按照不同的标准，可以把决策划分为不同的类型。

（一）按决策的重要程度划分

1. 战略决策

战略决策是指直接关系到公司的生存和发展，具有全局性、长期性、方向性的决策。战略决策主要解决"做什么"的问题，例如公司的投资方向、市场开发、公司结构变革等问题。

2. 战术决策

战术决策是指战略决策的具体实施和执行决策。战术决策主要解决"如何做"的问题，不直接决定公司命运，但会影响公司目标的实现和工作效率的高低。

(二)按决策的重复程度划分

1. 程序化决策

程序化决策是指在日常管理中以相同的形式重复出现的决策,能按规定的程序、方法和标准进行的决策,例如请假手续的办理、日常任务的安排等。

2. 非程序化决策

非程序化决策是指管理中首次出现的或偶然出现的非重复性的决策。这类决策并无先例可循,随机性和偶然性大,例如公司重大投资项目、公司的合并或分立等。

(三)按决策主体划分

1. 个体决策

个体决策指整个决策过程由一个人完成的决策。个体决策具有决策迅速、责任明确、花费的时间和精力比较少的特点。

2. 群体决策

群体决策指整个决策过程由两个人以上的群体完成的决策。群体决策耗时复杂,但可以提供完整的信息以及做到集思广益。

视频资源
定性决策之一:如何降低集体决策风险?

(四)按决策的可控程度划分

1. 确定型决策

确定型决策是指决策方案未来会出现哪一种结果是确定的这样一种决策。

2. 风险型决策

风险型决策是指决策方案未来会出现哪一种结果不能确定,但是知道会出现哪些结果以及每一种结果出现的概率的决策。

3. 不确定型决策

不确定型决策是指决策方案未来会出现哪一种结果不能确定,但是知道会出现哪些结果且不知道每一种结果出现的概率的决策。

下面通过一个具体实例来说明这三种决策类型。

★应用范例

1. 例题

"伍记商号"因生产经营需要增加固定资产投资 500000 元,希望从国有商业银行申请这一笔长期贷款,工商银行、建设银行、农业银行都愿意提供贷款,其贷款年利率分别是 7.8%、7.6%、7%,工商银行、建设银行实行的是固定利率,农业银行实行的是浮动利率,浮动率为 ±20%。

2. 解答

(1)如果"伍记商号"选择固定利率,这就属于确定型决策,即决策的时候,就已经知道决策所产生的必然结果,也就是向工商银行贷款每年支付 39000 元利息,向建设银行贷款每年支付 38000 元利息,比较一下支付利息的多少,就会选择建设银行。

（2）如果“伍记商号”选择浮动利率，由于并不完全知道决策所产生的必然结果，这种决策就属于不确定型决策或风险型决策。

如果能够预测出未来利率上涨的概率为30%，下降的概率为50%，不变的概率为20%，这时的决策就属于风险型决策。

如果只能够预测出未来利率要么上涨，要么下降，要么不变，但并不知道上涨、下降、不变的概率，就属于不确定型决策。

即问即答：购买国债、购买股票、投资艺术品、投资房地产分别属于何种类型的决策？为什么？

三、决策的程序

在管理工作中，管理者需要做出大量的决策，为了提高决策的有效性，防止因盲目决策、草率决策可能给公司带来的损失和浪费，需要按照科学的程序进行决策，即按照发现问题、分析问题、解决问题的工作流程进行决策。这一工作流程包括七个环节，如图3-3所示。

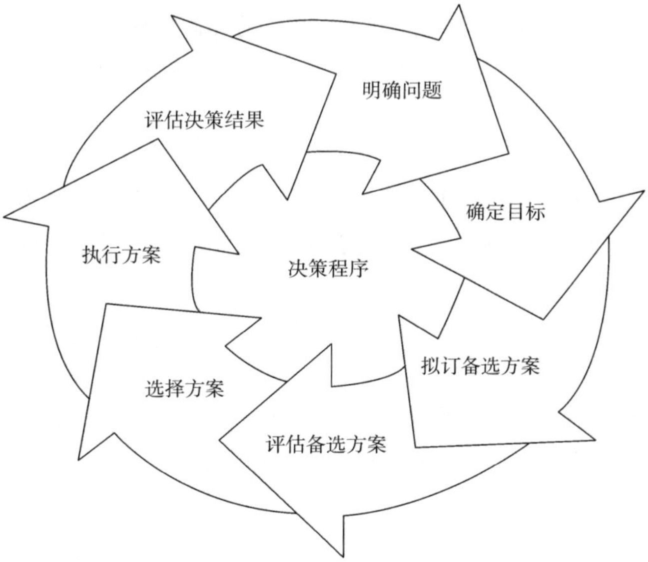

图3-3　决策程序

（一）明确问题

明确问题是决策过程的起点，是决策的前提。决策过程中明确的问题是指公司的“期望目标”与“实际情况”之间的差距，这种差距的大小及其所在原因就是公司进行相应决策的目的所在。只有明确了决策要解决的问题并追查到问题根源，才能为后续决策环节奠定良好的基础。

(二)确定目标

决策目标是根据上一个阶段所明确的有待解决的问题来确定的。在目标确定过程中,只有把所要解决问题的性质、结构、症结及其原因分析清楚,才能有针对性地确定出决策目标。

确定目标要注意目标的多样性,分清目标的先后次序、轻重缓急,不要遗漏无形目标、社会目标、隐性目标等。

(三)拟订备选方案

在明确了问题、确定了目标以后,需要寻找解决问题的对策和方法,这就是拟订实现目标的各种备选方案。由于实现目标的方案不是唯一的,所以,应该尽可能罗列所有方案,一般来说,方案的数量越多、质量越好,选择的余地就越大,决策的有效性就越高。

(四)评估备选方案

当一组备选方案形成后,需要对每一个备选方案的利弊进行权衡。对各个备选方案进行评估的关键是确定定义方案优劣的标准,成功的决策者往往从合法性、伦理性、经济性、技术性、相容性等标准对方案进行利弊评估。

(五)选择方案

在完成了对备选方案的详细评估以后,就是对各个备选方案进行排队,并从中选择一个满意的方案。值得注意的是,在方案选择过程中,需要克服决策者的认知偏见和某些思维缺陷。

(六)执行方案

选中方案以后,需要将其付诸实施。执行方案是决策的落脚点,任何方案只有得到实施才有实际的意义,任何不能执行的决策都是对决策的否定。

(七)评估决策结果

决策过程的最后一步是评估决策的结果,看问题是否得到解决、选定的方案的实施结果是否达到期望的效果。

★应用范例

1. 例题

中华经济管理职业学院两年一度的校园艺术节要开幕了。校园艺术节是学校的一个盛会,学校各级领导都很重视,同学们也非常珍惜这样一个能够展现自己青春活力和精神风貌的舞台。工商管理系的学生会干部们早早地就投入校园艺术节的表演节目准备中,请编导、选演员,忙得热火朝天。但是,学生会干部们面临一个决策问题,就是表演节目的服装怎么解决?

2. 解答

（1）明确问题。由于工商管理系参加艺术节节目表演具有团体性，需要的舞台服装比较多，而且服装的统一性和美观性会直接关系到表演效果。从哪里获取演出服装，这就是需要明确的问题。

（2）确定目标。工商管理系每年的学生活动都有一定的经费投入，但由于年初组织了一些大型学生实践活动，导致学生活动费用非常紧张，所以，花较少的钱达到最好的舞台效果是解决服装问题的目标。

（3）拟订备选方案。舞台服装的获取有两个方案：一是从市中心专门的舞台服装租赁店租用；二是从本学院团委处租用。

（4）评估备选方案。从上述两个备选方案来看，如果去市中心租赁服装，那里的舞台服装品种很多，颜色鲜艳，舞台效果好，但费用高，租赁时间有限制。如果到学校团委处租赁服装，那里的服装大多是学校艺术团的表演服装，当初购买的时候也是很不错的，但因为缺乏专门的保管与维护，所以服装显得有些陈旧，有些服装的饰物要自己缝制修补，但费用低，距离近，借还方便。

（5）选择方案。通过调查和分析，学生干部们对两套方案进行了对比，首先，去年校艺术团代表全校去省里参加比赛的那套服装和本次系里准备的舞蹈节目很搭，并且租赁费用远远低于第一种方案，可以节约更多的活动资金；其次，对学校的服装进行清洗和缝制，也是对学校做出的一个贡献；再次，还节省了时间，可以更好地进行节目的准备。因此，选择第二种方案是解决服装问题的最佳方案。

（6）执行方案。随即，节目负责人前往团委处租赁了参与本次表演的12位演员的服装，并要求大家在节目表演前对服装进行清洗，有亮片等饰物掉落的情况自己要想办法解决，有物件缺少或不会缝制的由学生会后勤部统一解决。

（7）评估决策结果。校园艺术节顺利举行，工商管理系的舞蹈节目获得一等奖。校领导得知了同学们自愿清洗服装并进行修补的行为，对其给予了高度的肯定，并在全校范围内进行通报表扬。工商管理系的同学们都认为学生会干部做出了最英明的决策。

即问即答：你是按照什么程序选择一所大学的？你的选择正确吗？为什么？

知识小结

（1）决策贯穿于计划、组织、领导、控制整个管理活动过程。

（2）决策是计划的核心。

（3）决策就是从多个可行方案中选择出满意的方案的过程。

（4）决策按照不同的标准，可以划分为各种类型。

（5）决策需要按照明确问题、确定目标、拟订备选方案、评估备选方案、选择方案、执行方案、评估决策结果七个环节进行。

相关技能要求

决策方法

公司经营决策是一个十分复杂的过程,为了使决策更加科学和有效,决策者除了应该具备相应的素质以外,还必须在决策过程中采用行之有效的技术与方法,这些技术与方法包括定性分析和定量分析两类。

视频资源
定性决策之二:如何降低集体决策的风险?

一、定性分析决策方法

定性分析决策方法是基于人们的经验、能力和集体的智慧对决策方案进行分析、评价和判断,然后做出选择的决策方法。它主要针对决策方案中的无形目标、社会目标、隐性目标等非量化目标,以合法性、伦理性、相容性等决策标准做出评估。

常用的定性分析决策方法有以下几种。

(一)头脑风暴法

头脑风暴法的创始人是英国心理学家奥斯本。头脑风暴法是产生创造性决策方案的一种相对简单的方法。这种方法针对解决的问题,将相关的专家或决策人员聚在一起,让他们在宽松的氛围中,敞开思路、畅所欲言,寻求多种决策方案的思路。

该种决策方法的原则是:①会议由 10 个左右的相关人员参加,设 1 名记录员;②充分地说明策划的主题,不得附加约束条件;③参加人员各自发表自己的意见,对他人的建议不做批判;④建议不必深思熟虑,想法越新颖越好,越多越好;⑤鼓励独立思考,奇思妙想;⑥解除与会者的顾虑,创造自由发表意见而不受约束的气氛。

头脑风暴法最突出的特征是:参与决策的人面对面,所有人充分沟通,鼓励新奇,倡导创新思维,不加批判,地位平等。

引经据典

头脑风暴法在电力公司的应用

某地区的冬季异常寒冷,总是下大雪,高压输电线由于积雪太厚经常断裂,由此造成的停电损失极为严重。当地电力公司召开会议讨论如何清除高压输电线上的积雪。

会议主席鼓励大家畅所欲言,不管有什么想法都说出来。于是很快出现了几种建议,例如“加热电线将雪融化”,“在电线上附加振动装置,将雪抖落”。这时突然有人说:“让飞机绑着扫帚去扫雪。”多么荒谬的想法。有人忍不住笑出声来。但主席还是记录下了这个建议。会议继续进行,“将电线移到地下”,“在电线上加滑轮,使滑轮在电线上滑动来扫雪”,“飞机扫雪的想法很有意思,其实飞机经过时产生的气浪很大,足以将电线上的雪掀翻”。

这时，大家才意识到，也许飞机扫雪并没有那么荒谬。

最后，主席说："方案必须满足三个要求，一是执行要确保安全，二是必须在短期内完成扫雪，三是成本尽可能小。"对照这三个标准，大家发现，飞机扫雪在时间和成本上都优于其他方案，但安全性并不清楚。有关技术专家证实在没有强风的天气下，技术高超的飞行员能执行此任务，有强风时，电线上不会有积雪。于是，飞机扫雪的方案被采纳了。

即问即答：运用头脑风暴法，讨论如何从根本上解决大城市的交通拥堵问题？

（二）德尔菲法

德尔菲法是由美国兰德公司提出来的一种利用专家意见进行决策的方法。

其基本原理是邀请部分专家就有关的决策问题发表意见和建议。参与决策的专家互不见面，无须到现场，意见的发表与交流采取匿名的方式进行，避免了相互影响。

其实施步骤包括：①根据决策问题挑选咨询专家；②精心设计调查问卷，并寄给决策专家；③对收回的调查表及时分析，进行意见对比和汇总，归纳并适当补充材料和对调查问题加以修改，再次将其寄给决策专家；④视情况反复几次，一般经四轮反馈、分析归纳即可获得真实有用的信息；⑤对最终的调查信息进行必要的数据处理，并结合其他背景材料进行综合分析，形成满意方案。

德尔菲法最突出的特征是：参与决策的人"背对背"，以邮件形式多次参与调研，最终形成有价值的结果。

（三）名义群体法

多次群体法是以名义上的群体对决策方案进行讨论、分析和评价的一种决策方法。

其基本原理是针对决策参与人对决策问题不十分了解以及可能会出现严重的意见分歧，在决策人员互不通气的情况下，收集各种真实的意见和观点。

其实施步骤包括：①召集决策参与人，并告知他们决策问题及关键内容；②决策参与人独立思考，尽可能把自己的备选方案及意见写出来；③决策参与人对所有备选方案进行投票，得票最多的备选方案就是决策的最终结果；④管理者最后决定是否采纳决策方案。

名义群体法最突出的特征是：参与决策的人虽然面对面，但互不沟通，各自写出备选方案，大家一起投票。

（四）电子会议法

电子会议法是以计算机技术作为支撑的新型集体决策方法。

其基本原理是规模为 50 人左右的群体中的每个成员各有一台计算机终端，将决策问题通过计算机终端显示给决策参与人，他们再把自己的想法、观点显示在计算机屏幕上，任何人的评论均可通过网络共享。

其主要特点有:电子会议法具有匿名、诚实、快速等优势;决策参与人在不透露个人信息的情况下,可以尽量发表自己的意见;消除了闲聊、讨论偏题等问题,且不必担心打断别人的“发言”。

电子会议法最突出的特征是:参与决策的人“背对背”,直接沟通,匿名,快速有效。

二、定量分析决策方法

定量分析决策方法是基于数学模型、电子计算机等技术与手段对决策方案进行测算,然后根据测算的结果做出选择的决策方法。它主要针对决策方案中的量化目标,以经济性、技术性等决策标准做出评估。定量分析决策方法有很多,本教材主要介绍确定型、风险型、不确定型这三种决策类型的定量分析方法。

视频资源
定量决策:让决策有据可依

(一)确定型决策方法

所谓确定型决策,就是在决策的时候,已经知道决策所产生的必然结果,所以,每个备选方案的相关技术、经济指标很容易测算出来。因此,确定型决策就是对各个备选方案的技术、经济指标进行比较,从中找出相对最优或令人满意的方案。

由于公司经营管理的最高目标是利润最大化,基本目标是保本,因此针对公司经营管理方案的可行性与优劣进行的决策,就是测算方案保本与否及盈利水平如何。所以本子情境主要介绍确定型决策的盈亏平衡分析方法。

★ 1. 基本原理

盈亏平衡分析法是通过揭示经营方案中的销售量(产量)、成本、利润三者之间存在的关系以及盈亏变化规律,对经营方案进行定量分析的一种技术。盈亏平衡图如图 3-4 所示。

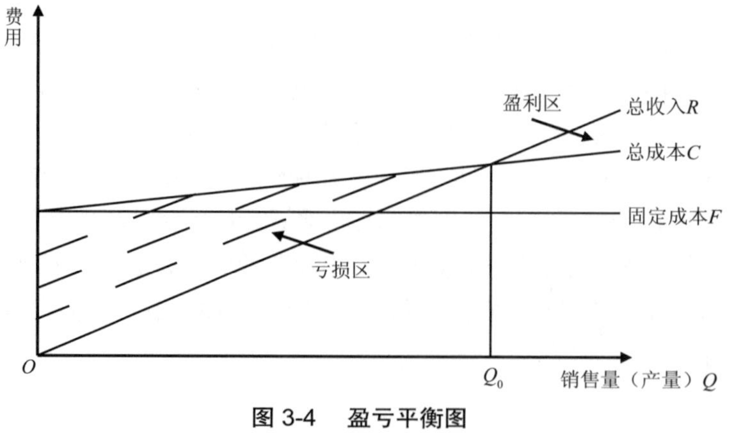

图 3-4 盈亏平衡图

2. 计算公式

利润 = 总收入 - 总成本

= 总收入 - 变动成本总额 - 固定成本总额

=(销售量 × 单价)-(销售量 × 单位变动成本)- 固定成本总额

$W=R-C=(Q\times P)-(Q\times V)-F=Q(P-V)-F$

式中：W——利润；

R——总收入；

C——总成本；

Q——销售量（产量）；

P——销售单价；

V——单位变动成本；

F——固定成本总额。

（1）假设一：公司处于不盈不亏（保本）状态时，利润为零，即 $W=0$。可由 $Q(P-V)-F=0$，推导出求盈亏平衡点的销售量（Q_0）的公式为：

$Q_0=F/(P-V)$

可得出：

盈亏平衡点的销售量 = 固定成本总额 /（单价 - 单位变动成本）

（2）假设二：公司处于盈利状态时，利润大于零，即 $W>0$。可由 $Q(P-V)-F=W$，推导出求实现目标利润（W）的销售量（Q_W）的公式为：

$Q_W=(F+W)/(P-V)$

可得出：

实现目标利润的销售量 =（固定成本总额 + 目标利润）/（单价 - 单位变动成本）

利用上述公式，可以测算产品单价、固定成本总额、销售量、单位变动成本的数量变化所产生的相应结果。

★应用范例

1. 例题

若“伍记商号”未来销售一种产品，预计单位变动成本（V）为 24 元，固定成本总额（F）为 60000 元，售价（P）为 30 元，每年销售量（Q）为 80000 件。求解以下问题。

（1）盈亏平衡点的销售量（Q_0）是多少？

（2）若售出 80000 件，可获利润额（W）为多少？

（3）若希望实现利润（W_1）450000 元，售价（P_1）应提高到多少？

（4）若利润实现 450000 元，售价不变，固定成本总额（F_1）应减少为多少？

（5）若利润实现 450000 元，其他不变，销售量（Q_1）应为多少？

（6）若利润实现 450000 元，其他不变，单位变动成本（V_1）应减少为多少？

2. 解答

（1）$Q_0=F/(P-V)=60000/(30-24)=10000$ 件

（2）$W=PQ-(F+VQ)=30\times 80000-(60000+24\times 80000)=420000$ 元

（3）$P_1=(W_1+F+VQ)/Q=(450000+60000+24\times 80000)/80000\approx 30.38$ 元

（4）$F_1=(P-V)Q-W_1=(30-24)\times 80000-450000=30000$ 元

（5）$Q_1=(W_1+F)/(P-V)=(450000+60000)/(30-24)=85000$ 件

（6）$V_1=(PQ-F-W_1)/Q=(30\times 80000-60000-450000)/80000\approx 23.63$ 元

(二)风险型决策方法

所谓风险型决策,就是在决策的时候,知道决策方案可能会产生哪些结果,而且可以预测出各种结果出现的概率,由于决策方案未来可能会出现决策者并不希望的结果,所以,这种决策就要承担一定的风险。针对风险型决策,决策者需要根据方案各种结果出现的概率与其损益值进行加权计算,比较各个备选方案的综合损益值,然后进行选择。风险型决策方法比较多,本情境主要介绍决策树分析法。

★ 1. 基本原理

决策树分析法是一种以树形图作为辅助进行各个方案的加权损益值计算和比较的决策方法,具有直观、方便决策等优点。决策树形图如图 3-5 所示。

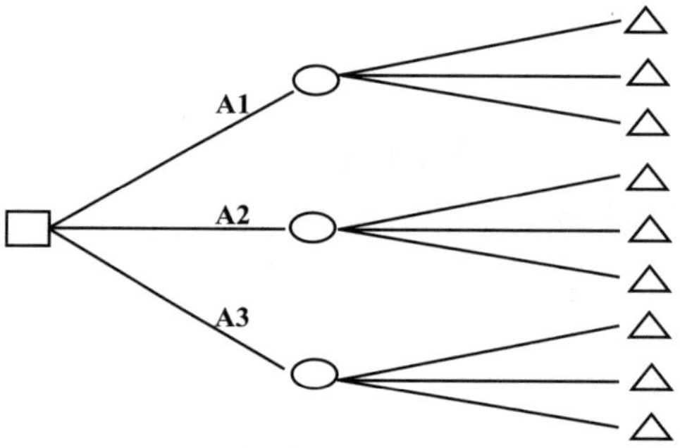

图 3-5 决策树形图

图中的□代表决策点,由决策点引出的若干条一级树枝叫方案枝,它表示备选方案的数目。

图中的○代表状态节点,由状态节点引出的分枝被称为方案概率枝,方案概率枝的数目表示方案可能出现的几种结果的数目,每个分枝上方要注明该结果出现的概率。

图中的△代表结果节点,可将每个方案在各种结果取得的损益值标注于结果节点之中。

2. 操作步骤

(1)绘制决策树。根据方案的数目和方案的各种结果及损益值,从左至右绘制出决策树形图。

(2)计算各备选方案的期望值和净收益。根据图中有关数据,计算各个备选方案在不同结果的综合损益值,即用各个结果的损益值乘以概率,然后相加起来。综合损益值扣掉投资额即可得到净收益。

(3)方案比较选择。比较各个方案的净收益,从中选择收益最大或损失最小的方案作为最优方案。舍弃的方案可在方案枝上画"//"符号,这一过程被称为剪枝。最后决策点只剩下一根方案枝,即为优选方案。

★应用范例

1. 例题

"伍记商号"已发展成为可以自产自销某些产品的中型公司,现需要对某一种产品的生产规模做出决策,有两个方案供选择:一是大规模生产;二是小规模生产。有关资料见表 3-4。

表 3-4　备选方案相关资料

方案及结果		年盈利（万元）	概率	投资额（万元）	有效期（年）
（方案一）大规模生产	销路好	100	0.7	300	10
	销路差	−20	0.3		
（方案二）小规模生产	销路好	40	0.7	140	10
	销路差	30	0.3		

2. **解答**

（1）绘制决策树，如图 3-6 所示。

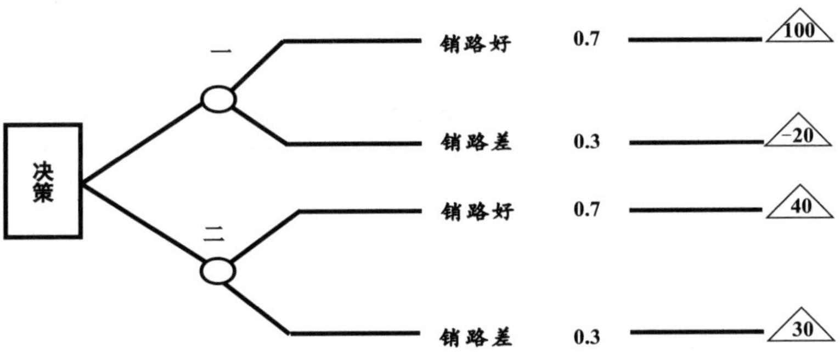

图 3-6　生产规模决策树形图

（2）计算净收益。

方案一净收益 =[0.7 × 100+0.3 ×（−20）] × 10−300=340（万元）；方案二净收益 =（0.7 × 40 + 0.3 × 30）× 10−140 = 230（万元）

（3）做出决策。

方案一的净收益比方案二多 110 万元，剪掉方案二，选择方案一，如图 3-7 所示。

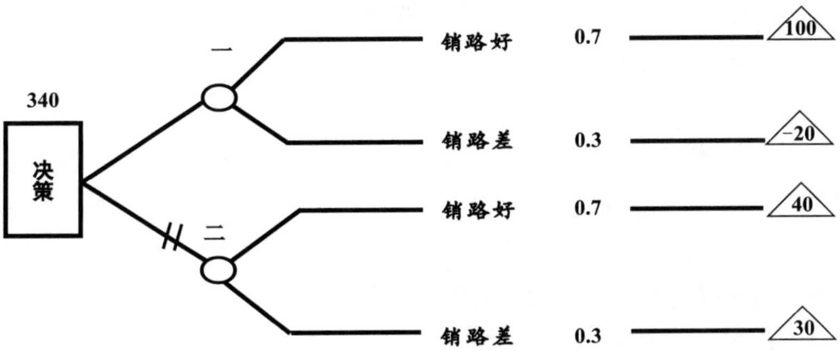

图 3-7　做出决策后的生产规模决策树形图

(三)不确定型决策方法

所谓不确定型决策,就是在决策的时候,知道决策方案会产生哪些结果,但是不知道各种结果出现的概率。风险型决策可以根据方案结果出现的概率进行相关测算,从而帮助决策者做出判断和选择。不确定型决策不能进行综合损益值和净收益的测算,所以,这一类型的决策更多的是凭借决策者对特定的决策问题所持有的观点和原则做出的。一般来说,决策者对待不确定型决策问题秉持的原则包括悲观、乐观、折中三种,下面通过一个具体实例来说明这三种原则。

例如,"伍记商号"准备开发新产品,需要从A、B、C三种产品里面进行选择。据市场预测,三种产品的销路可能会出现销路好、销路一般、销路差三种结果,三种产品在不同销路下的收益值见表3-5。

表3-5 各产品在不同销路下的收益值

方案 \ 收益(万元) \ 自然状态	销路好	销路一般	销路差
A产品	160	120	−40
B产品	240	100	−80
C产品	100	70	16

1. 悲观原则决策法

悲观原则决策法也称"小中取大法"。秉持这种决策原则,往往是决策者认为形势比较严峻,方案未来产生的结果出现最坏情况的可能性较大,因此不看好决策产生的结果,倾向于做出保守的决策,即从各个行动方案的最小损益值中选取最大值的方案为决策方案。

具体实施方法是:首先找出每个方案的最小损益值:A产品为−40万元,B产品为−80万元。C产品为16万元。然后比较各个方案的最小损益值,从中找出最大值:16万元。其对应的是C产品,故选择开发C产品。

2. 乐观原则决策法

乐观原则决策法也称"大中取大法"。与悲观原则恰好相反,在这种原则下,决策者设想任何一个行动方案都有收益最大的结果出现,非常看好决策产生的结果,倾向于做出乐观的决策,即从各个行动方案的最大损益值中选取最大值的方案为决策方案。

具体实施方法是:首先找出每个方案的最大损益值:A产品为160万元,B产品为240万元,C产品为100万元。然后比较各个方案的最大损益值,从中找出最大值:240万元。其对应的是B产品,故选择开发B产品。

3. 折中原则决策法

折中原则决策法也称"机会均等法",决策者对方案未来产生的结果不是持"最坏"或"最好"两种极端的态度,而是认为方案各种结果出现的概率均等,折中了两种极端的决策态度。

具体的实施方法如下。

首先，计算各个方案的平均损益值。

A 产品 =（160+120−40）× 1/3=80

B 产品 =（240+100−80）× 1/3≈86.67

C 产品 =（100+70+16）× 1/3=62

其次，比较各个方案的平均损益值，B 产品的最大，故选择开发 B 产品。

由于不确定型决策在做出时，决策者只知道决策方案会产生哪些结果，但是根本不知道各种结果出现的概率，上述决策实际是依据决策者对决策问题的一种态度和观点做出的，没有多大的数据支撑。所以，在做出不确定型决策时采用随机选择的方法也不失为一种简单、快捷的方法。

拓展练习
不确定型决策方法例题

技能要点

（1）决策的方法包括定性分析和定量分析两类。

（2）定性分析决策方法是基于人们的经验、能力和集体的智慧对方案做出选择的决策方法。它主要针对方案中的无形目标、社会目标、隐性目标等非量化目标，以合法性、伦理性、相容性等决策标准做出评估。

（3）常用的定性分析决策方法主要有：头脑风暴法、德尔菲法、名义群体法、电子会议法等。

（4）定量分析决策方法是基于数学模型、电子计算机等技术与手段对决策方案进行测算，根据测算的结果做出选择的决策方法。它主要针对决策方案中的量化目标，以经济性、技术性等决策标准做出评估。

（5）针对确定型、风险型、不确定型这三种决策类型所采用的定量分析决策方法是有所不同的。

（6）针对确定型决策，可以采用盈亏平衡分析法。其基本原理是通过揭示方案中的销售量（产量）、成本、利润三者之间存在的关系以及盈亏变化规律，对方案进行定量分析。

（7）针对风险型决策，可以采用决策树分析法。其基本原理是以树形图作为辅助进行各个方案的加权损益值计算，然后对备选做出比较和选择。

（8）不确定型决策主要依据决策者对待决策问题所秉持的悲观、折中、乐观三种原则做出。

知识测试

(1)计划工作的内涵及内容(5W1H)。
(2)SWOT 环境分析法的工作原理及实际应用。
(3)目标制定的 SMART 原则。
(4)目标管理的内涵、特征及实施过程。
(5)决策的程序。

客观题测试

能力及素质训练

一、素质测试

计划素养测试

你是一名称职的计划人员吗？测试结果:____________________

二、实训任务

(一)实训目的

通过让学生分析模拟创业公司的经营环境、制定公司经营目标、抉择公司的经营方案,训练学生的经营环境分析能力、公司经营目标制定与管理能力、公司经营方案决策能力。

(二)具体任务清单

(1)利用 SWOT 分析法对学生创办的模拟创业公司进行经营环境分析,确定公司发展战略并进行具体描述。

优势与劣势	优势 S	劣势 W
	1. 2. 3. 4. 5. 6. ……	1. 2. 3. 4. 5. 6. ……
机会与威胁	机会 O	威胁 T
	1. 2. 3. 4. 5. 6. ……	1. 2. 3. 4. 5. 6. ……

- SO 战略具体描述（提示：如何发挥内部优势，利用外部机会）。

- WO 战略具体描述（提示：如何克服内部劣势，利用外部机会）。

- ST 战略具体描述（提示：如何利用内部优势，回避外部威胁）。

- WT 战略具体描述（提示：如何减少内部劣势，回避外部威胁）

（2）在环境分析的基础上，进行头脑风暴，利用目标制定的 SMART 原则制定出符合模拟创业公司发展战略的经营目标及具体经营方案（至少三套实施方案）。

- 经营目标描述（提示：人、财、物、市场、客户、业务范围等）。

- 经营方案描述（提示：选择一个经营目标进行具体经营方案的制定）。

备选经营方案 1

备选经营方案 2

备选经营方案 3

（3）对模拟创业公司的具体经营方案进行分析、评价、抉择，决策出符合公司实际情况的经营方案，并进行模拟执行和评估。

● 利用定性、定量决策方法,评估备选方案,做出选择,说明选择的过程。

● 通过社会调查、网络资源搜集,在教师的指导下,梳理执行备选方案的过程中可能出现的问题。

● 模拟创业公司的团队成员一起讨论、评估决策结果。

三、案例分析

案例 1:制药公司失败的目标管理

某制药公司决定在整个公司内实施目标管理,根据目标实施和完成情况,一年进行一次绩效评估。事实上他们之前在为销售部门制定奖金系统时已经使用了这种方法。公司通过对比实际销售额与目标销售额,支付给销售人员相应的奖金。这样销售人员的实际薪资就包括基本工资和一定比例的个人销售奖金两部分。

销售大幅度提上去了,却苦了生产部门,他们很难完成交货计划。销售部抱怨生产部不能按时交货。总经理和高级管理层决定为所有部门和个人经理以及关键员工建立一个目标设定流程。为了实施这个新的方法,他们需要用到绩效评估系统。生产部门的目标包括按时交货和库存成本两个部分。

他们请了一家咨询公司指导管理人员设计新的绩效考核体系,并修改现有的薪资结构、制定新的奖金系统,该系统与年度目标的实现程度密切相连。

总经理期待着很快能够提高业绩。然而不幸的是业绩不但没有上升,反而下滑了。部门间的矛盾加剧,尤其是销售部和生产部。生产部埋怨销售部销售预测准确性太差,而销售部埋怨生产部无法按时交货。各部门互相指责,客户满意度下降,利润也在下滑。

参考答案

分析问题:

(1)结合目标管理的过程,分析这家制药公司的目标管理失败的原因。

(2)提出你的合理建议。

案例 2:企业建厂决策

相关资料显示:某企业为了扩大某产品的生产,拟建设新厂。据市场预测,产品销路好的概率为 0.7,销路差的概率为 0.3。该产品的生产有效期为 10 年。

方案及结果		年盈利	概率	投资额	有效期
方案 1:新建大厂	销路好	100	0.7	300	10
	销路差	-20	0.3		
方案 2:新建小厂	销路好	40	0.7	140	10
	销路差	30	0.3		
方案 3:分两步走	先建小厂,3 年后销路好时再扩建;需追加投资 200 万元,服务期为 7 年,估计每年获利 95 万元				

(1)根据决策备选方案的数目和对未来环境状态的了解,绘制出决策树图形。

(2)计算各个方案的期望收益值,请评估哪种方案最好?

(3)在决策树上做出决策。

参考答案

情境4 架构公司组织结构

学习目标

知识目标:

(1)了解组织的定义和功能及类型、组织工作的定义和内容及原理;

(2)理解部门设置的意义和方法、管理幅度和管理层次、集权与分权的相对性;

(3)掌握部门设置的方法、集权和分权的优缺点及影响因素;

(4)掌握高层结构和扁平结构的特点及影响因素;

(5)掌握直线制、直线职能制及事业部制三种常见组织结构的特点及适用范围。

能力目标:

(1)能运用部门设置方法,对企业进行部门设置给予建议;

(2)能结合管理幅度的影响因素,对企业划分管理层次给予建议;

(3)能结合影响集权和分权的因素,对企业上下级权力分配给予建议;

(4)能结合常见组织结构的特点,对企业进行组织结构设计给予建议。

素质目标:

(1)具有法治意识,能够自觉遵守法律法规及各项规章制度;

(2)具有分工与协作的意识,既能做好本职工作,又能服从组织安排;

(3)具有权责意识,能公平公正的运用权力,并愿意承担责任;

(4)具有团结协作、互利共赢的团队精神,能为组织目标的实现尽最大的努力。

思政主题及案例:

(1)思政点拨——公正守法、依法治国:我国国家机构体系;

(2)思政点拨——公正守法、合作共赢:我国的一站式政务服务;

(3)思政点拨——团结互助、合作共赢:10天建成火神山体现出中国速度。

知识结构图

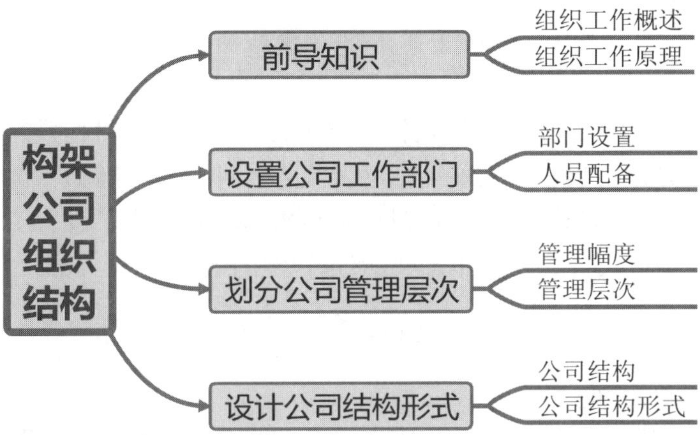

知识结构图详版

学习导入

背景资料:“伍记商号”经营初期,由于没有明确分工,大事小事都要大家一起商量及决定,经常会出现意见不一致的情况,使决策时间很长,贻误了不少商机,成员之间也产生了许多矛盾。由于公司经营管理问题没有专人负责,很多问题得不到有效和及时处理,使公司经营管理出现危机。为了改变这一状况,他们通过民主协商,推举李工担任经理,负责制订公司发展计划;江农负责财务,王兵分管进货,张科主管销售,刘烨负责网络技术,其他岗位主要通过招聘学生来兼职。由于有了明确的分工,大家各司其职,公司经营管理混乱的局面得到了根本的改变,公司经营扭亏为盈,摆脱了第一次经营危机。公司经过 3 年的发展,现已成为拥有 5 家实体店、3 个网络店,注册资本达 200 万元的中型销售公司。在公司未来 5 年的发展计划中,他们希望拓展一些新的经营领域,创立自己的产品和品牌。

思考问题:公司要实现这些计划,需要增加工作部门和人员吗?公司需要划分管理层次吗?公司是否需要重新架构组织结构?

解决问题:完成本情境的相关学习(工作)任务;完成本情境相关理论知识的学习。

视频资源
学习导入

前导知识

一、组织工作概述

如前所述,计划工作(职能)将组织的宗旨及目的转化为不同时期的目标及行动方案,而要实现组织的既定目标,必须开展相关的职能活动及投入各种资源,这就要求将这些职能活动及各种资源按照一定的空间和时间进行安排与组合,于是就产生了设置工作部门、划分管理层次、设计组织结构形式等管理工作,这些就是管理的组织工作(职能)。

(一)组织的定义

关于组织的解释包括两个方面。

(1)一般意义的组织,也就是名词意义上的组织,也称组织系统,是指为完成特定目标与任务而聚合的人群。例如,机关、学校、医院、公司等。

(2)管理学意义的组织,也就是动词意义上的组织。**●它是指为了实现组织目标,将开展的有关职能活动及投入的各种资源以有序和有效的方式进行组合的管理活动。这就是本情境中所指的组织工作(职能)。**

我们可以从以下几个方面去理解组织的定义。

(1)组织的目的就是实现组织目标。

(2)组织工作的有效程度决定着组织目标的实现程度。

(3)组织的实质就是采取有序和有效的方式组合有关活动及资源,使整个组织系统有序和高效运转。

(二)组织(系统)的构成要素

组织的构成要素分为有形和无形两种。对于一个组织来说,有形要素和无形要素都是组织存在的必要条件。

构成组织的有形要素包括:①人员;②职务;③职位;④关系;⑤生存条件。

构成组织的无形要素包括:①共同目标;②协作意愿;③信息沟通。

思考与讨论:公共汽车上聚合的人群能够看成一个组织系统吗?为什么?

(三)组织的功能

组织工作绝不仅仅是简单地把个体力量集合在一起,因为个体力量的简单集合可能会形成一个"抱团"的群体,也可能仅仅是形成一盘散沙而已。事实上,只有有效地利用群体的力量才可能完成单独个体所不能完成的任务,这才是组织的功能所在。具体而言,组织的功能包括以下几个方面。

(1)聚集功能。聚集功能即对人、财、物、信息等资源加以聚集汇总,以实现个人无法单独完成的目标，即通常所讲的“组织起来”。

（2）放大功能。放大功能就是利用聚集的各种资源，通过组织的安排及转换创造出新的功能和能量，在团队协作下产生“1+1>2”的效应。

（3）调节功能。组织既要为社会提供各种资源以影响社会，又要受外部环境的影响与制约。因此有生命力的组织必然能随时进行自我调节，以实现组织的自我发展与超越。

（四）组织的类型

众多的社会组织可分为不同的类型。按照不同的标准可以分为不同的类型。

按组织规模分类，可以分为小型组织、中型组织和大型组织。

按组织的社会职能分类，可以分为文化性组织、经济性组织和政治性组织。

按组织内部是否有正式的分工关系，可以分为正式组织和非正式组织。

（1）正式组织。正式组织是为了有效实现组织目标，而明确规定组织成员之间职责范围和相互关系的一种机构，其制度和规范对成员具有正式的约束力。正式组织是具有一定结构、同一目标和特定功能的行为系统。

（2）非正式组织。非正式组织是人们在共同工作或生活中，由于具有共同的兴趣和爱好，以共同的利益和需要为基础而自发形成的团体。非正式组织最大的特点是感情的联系和快速的信息沟通。因此，非正式组织的作用越来越受到管理者的重视。

想要感受一下非正式组织的力量吗？请扫描二维码观看视频《非正式组织的力量：别人为何拒绝你的红包？》。

视频资源

（五）组织工作的内容

组织工作主要通过对组织的资源与活动的整合，保证组织目标的实现，其具体工作内容包括以下几个方面。

（1）设置工作部门。即依据组织计划目标和任务要求，将工作和人员进行分类，按照分工与协作原则，设计出部门及工作岗位。

（2）划分管理层次。即根据组织规模、特点以及领导者的管理能力等因素划分管理层次。

（3）明确权责关系。即按照部门分工及管理层次，规定出各工作岗位的职责范围，并赋予其相应的权力。

思考与讨论：是什么原因促使一个生产工人每天准时到车间开动机器加工产品？

（4）配备人员。即依照组织各个职位的任职要求和员工的任职条件，将组织成员合理分配到相应的工作职位。

（5）建章立制。即将组织内部各个部门之间的权责划分、相互关系、沟通渠道等方面规范化,形成各种规章制度,并贯彻执行。

引经据典

七个人分粥的故事

有七个人曾经住在一起,每天分一大桶粥。要命的是,粥每天都是不够的。一开始,他们抓阄决定谁来分粥,每天轮一个。于是乎每周下来,他们只有一天是饱的,就是自己分粥的那一天。后来他们推选出一个道德高尚的人出来分粥。强权就会产生腐败,大家开始挖空心思去讨好贿赂分粥的人,搞得整个小团体乌烟瘴气。然后大家组成三人的分粥委员会及四人的评选委员会,但他们常常互相攻击,扯皮下来,粥吃到嘴里全是凉的。最后他们想出来一个方法:轮流分粥,但分粥的人要等其他人都挑完后拿剩下的最后一碗。为了不让自己吃到最少的,每人都尽量分得平均,就算不平,也只能认了。大家快快乐乐,和和气气,日子越过越好。同样是七个人,不同的分配制度就会有不同的工作风气。

(6)设计组织结构形式。即以一定的方式将组织的各个工作部门与管理层次联系起来,形成一个包括上下关系和平行关系的框架结构。

(7)开展组织变革。即根据组织外部和内部环境的变化,适时地改革组织结构,改变运作机制,促进组织的可持续发展。

引经据典

A 公司的组织变革

在科技、社会日新月异的今天,企业要想生存和发展,就必须根据内外环境的变化,及时调整组织结构,绝不能因循守旧、故步自封。在短短十几年时间里,A 公司的组织结构变了好几茬:从大船结构到舰队模式;从众多的事业部到整合为六大子公司;从六大子公司分而治之到统一平台……A 公司几乎每年都在变。但经过几次“折腾”,A 公司已经摆脱了大多数民营企业小作坊式的经营模式,走向大集团、正规化、协同作战的现代企业管理模式。通过调整,A 公司不断打破阻碍自己发展的瓶颈,从而不断走向成熟。

本教材以公司这种组织形式为例,重点介绍设置工作部门、划分管理层次、配备人员、设计组织结构形式等方面的工作内容。公司的组织工作原则、程序、方法同样适合其他类型的组织(系统)。

二、组织工作原理

组织工作就是在组织目标已经确定的情况下,将必须开展的各项活动及资源加以分类组合,划分出不同的管理层次和部门,将管理各活动所必需的职权授予各层次、各部门的主管人员,并规定这些层次和部门间相互配合与联系的方式。其目的就是要通过构建一个适于组织成员相互作用、发挥各自才能的良好环境，化解由于工作或职责履行所引起的各种冲突，使组织成员都能在各自的岗位上为组织目标的实现做出应有的贡献。因此，进行有效的组织工作应遵循以下基本原理。

（一）目标统一原理

组织设置工作部门、划分管理层次、设计组织结构形式，必须有利于组织总目标的实现，并且使目标能够分解落实到每个部门和个人。例如，高等职业学院的目标是为社会培养人才，那么，其建立起来的各个系、部、教务处、学生处、总务处等组织机构都是围绕学院培养人才这一目标而设置的，每个部门负责和承担自己的分目标任务，并将其进一步落实到每一个人。根据目标统一原理建立起来的组织机构才是一个有机整体，才能为保证组织目标的实现奠定组织基础。

（二）分工协作原理

组织在设置工作部门时，要实现业务活动和职能活动的分工与协作。分工可以提高管理专业化程度和工作效率。有分工就必然有协作，通过加强部门之间和部门内部的协作，提高组织整体效率。

引经据典

经济学家亚当·斯密论述劳动分工

英国古典经济学家亚当·斯密在《国富论》中指出：劳动分工能够带来巨大的经济利益。为了论证这个观点，他列举了一个制造扣针的例子。扣针的生产工序有 18 道，如果没有劳动分工，一个工人一天要生产出 20 枚，根本不太可能。他亲眼见到了这么一个工厂，18 道工序分别由 18 个专门工人完成，一天下来，平均每一个工人生产出了 4800 枚扣针。

即问即答：学习小组在开展学习任务过程中需要分工吗？怎样进行分工？

（三）权责一致原理

组织在划分部门职权和职责时，必须使二者对等。既要明确规定每一管理层次和部门的职责范围，又要赋予其完成职责所必需的管理权限。在组织工作中，应尽量避免只有职责没有职权，或者只有职权而无任何责任这两种倾向。比较有效的做法是将职责、职权形成规范，制定出章程和制度，做到“有章可循、有法可依”。

（四）统一指挥原理

组织的各级机构以及个人必须服从一个上级的命令和指挥，只有这样，才能保证命令和指挥的统一，避免多头领导和多头指挥，使组织最高管理部门的决策得以贯彻执行。上级指令从上到下逐级下达,不许发生越级指挥的现象,下级只接受一个上级的领导只向一个上级汇报并对他负责,这样,上下级之间就形成了一个“指挥链”,避免出现“多头领导、政出多门”等情况。

思考与讨论: 某公司安排一员工完成一项任务,他的上司告诉他可以在一个月内完成。而事隔两天,总裁亲自过问此项目,要求他在半月内完成。你认为该公司组织设计违背了什么原则?

(五)精干高效原理

组织设置工作部门时,在保证组织目标能够有效实现的前提下应力求减少管理层次,精简管理机构和人员。遵循精干高效原理需要做到以事为中心,因事设机构、设职务,做到人与事高度配合,避免出现因人设事、因人设职的现象,杜绝组织层次繁多、机构臃肿、人浮于事、铺张浪费、办事拖拉、效率低下等情况的出现。

拓展阅读
从新中国11次裁军,看中国军队强兵之路

(六)管理幅度适度原理

组织应该根据各种影响管理幅度的因素权变地确定各级主管人员直接指挥与控制的下级人数,并在组织规模一定的情况下确定合适的组织管理层次数。毕竟管理人员有效地监督、指挥其直接下属的人数是有限的,管理幅度过宽或过窄都不利于对下属的有效指挥与控制,所以,管理幅度存在一个合理的限度。

(七)集权与分权相结合原理

组织在分配上下级部门管理权力时,必须做到集权与分权相结合。上级部门应该集中的权力就必须集中起来,应该下放的权力就必须分配给下级,这样才能加强组织的灵活性和适应性。遵循实行集权与分权相结合原理,可以避免组织高层主管淹没于烦琐的事务当中,顾此失彼,防止官僚主义的产生;同时,也可以让下属充分发挥他们的聪明才干,调动他们的积极性,以保证管理效率的提高。

(八)稳定性与适应性相结合原理

已经建立起来的组织机构既要保持相对的稳定性,不要轻易变动,又必须因组织内外部环境的变化做出相应的调整和变革。这是因为:一方面要保证组织目标的实现,组织需要维持一种相对稳定的状态,组织越稳定,效率也将越高,组织结构及各部门职权范围的经常性改变会给组织的正常运行带来有害的影响;另一方面任何组织都是一个开放性系统,组织本身在不断变化,而且组织赖以生存的外部环境也在不断变化,当组织结构相对地呈现僵化状态,组织内部工作效率会降低,特别是当组织结构已经无法适应外部环境变化,导致组织陷入危机时,组织的调整与变革就不可避免了。

引经据典

高等学校设置学生就业处

在计划经济体制下，高等学校没有学生就业处这个机构，学校不需要解决学生就业问题，国家对所有毕业学生实行计划分配。随着计划经济体制转变为市场经济体制，对于学生就业，国家不再实行计划分配，学生就业问题通过人才市场来解决，在这种情况下，所有高等学校纷纷增设学生就业处这个机构，连北京大学、清华大学这些名牌大学也不例外。学生就业处担负着对学生进行就业指导，千方百计地帮助学生就业，并架起学校与用人单位之间的桥梁等工作。教育行政管理部门也把就业率作为一个非常重要的指标对学校进行考核。无论是学生还是家长，他们在填报高考志愿时，都会关注学校毕业生的就业率以及学校为学生就业所做的工作。

即问即答：如果高等学校没有设置学生就业机构会产生什么后果？为什么？

知识小结

（1）组织是管理的一项工作（职能），其主要内容就是在组织目标已经确定的情况下，将各项职能活动及资源加以分类组合，划分出不同的管理层次和部门，将管理各活动所必需的职权授予各层次、各部门的主管人员，并规定这些层次和部门间相互配合与联系的方式。

（2）组织可以从名词意义和动词意义两个方面去理解。

（3）组织的构成包括有形要素和无形要素。

（4）组织功能主要包括凝聚功能、放大功能和调节功能。

（5）组织工作应该遵循目标统一、分工协调、权责一致、统一指挥、精干高效、管理幅度适度、集权与分权相结合、稳定性与适应性相结合等原理。

子情境4.1　设置公司工作部门

学习情境

学生以小组合作的方式，通过自学、社会调查、网络资源搜集，在教师的要求和指导下，模拟设置公司职能部门。

学习任务

目的:训练公司工作部门设置能力。
内容:公司职能部门设置、部门人员配置。
方式:讨论、分析、操作。
成果:制定出公司职能部门设置方案。

相关知识链接

一、部门设置

管理工作的分工包括横向与纵向两个方面,横向分工的结果是设置工作部门,纵向分工的结果是划分管理层次。

(一)部门设置的实质

按照分工与协作原理,将组织为实现目标而开展的各项活动进行分类与组合,让不同类别与属性的活动分别归属一定的管辖区域,这就是部门的设置。部门在不同的组织里面有不同的表现形式:公司设置分公司、部、处等部门;省级政府组织划分厅、局、处、科等部门;学校有系、部、处、室等部门。部门设置的实质就是分类与组合,即“为了用同样多的努力生产出更多更好的产品的一种分工”。

部门设置的目的在于确定公司中各项任务的分配与责任的归属,以求分工合理、职责分明、任务到人。

即问即答:生产企业为什么需要设置生产、销售、供应部门?它们之间存在什么关系?

(二)部门设置的方法

公司有多种形态,不同的公司其业务。因为前面是部门,这里是活动及目标有所不同,所以部门设置考虑的因素及采用的方法也不尽相同。归纳起来,公司部门设置的方法主要有以下几种。

1. 按人数设置

按人数设置就是按人数多少来设置部门。公司按这种方法设置部门的情况比较少见,采用这种方法的最典型的组织是军队组织。军队中师、团、营、连、排、班的建制就是以人数来确定的。

2. 按职能设置

按职能设置就是按专业化原则,把相同或相似的职能活动整合在一起形成部门。例如,生产经营性公司可以设置供应、生产、销售、财务、技术、人事等部门。其中生产部门可以进一步设置基本生产车间、辅助生产车间，如图 4-1 所示。按职能设置部门是最常见的一种公司部门化的方法。这种设置方法的优点是有利于发挥专家优势，同时内部协调也方便，缺点是会产生职能目标冲突，产生部门之间的协调问题。

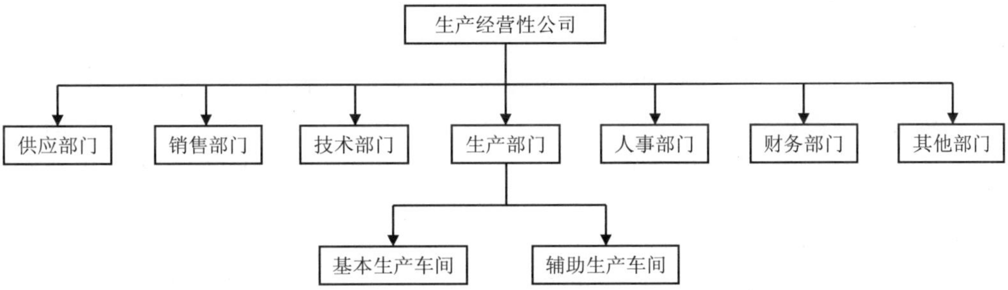

图 4-1　职能部门化组织机构（示例）

3. 按产品设置

按产品设置就是按产品或产品系列来组建部门。例如，家电生产性公司可以按照电冰箱、空调器、电视机、洗衣机等产品类别设置相应的部门，如图 4-2 所示。这种设置方法的优点是可以在特定产品服务中形成专业化，同时更贴近客户，缺点是容易造成管理部门的重叠，增加管理费用，并且易于产生部门本位主义。

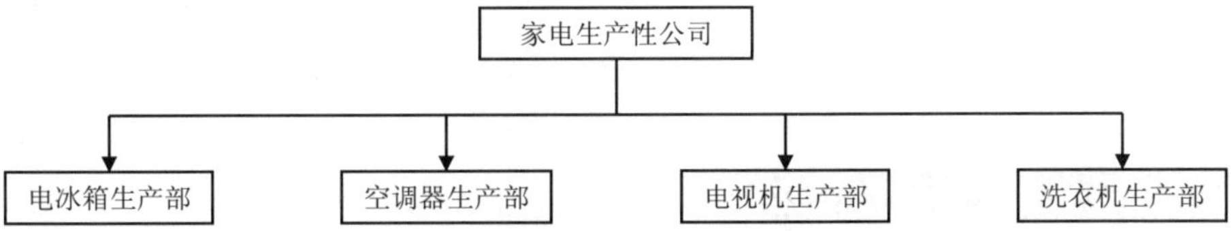

图 4-2　产品部门化组织机构（示例）

4. 按区域设置

按区域设置就是将某个地区或区域内的职能活动集中起来，通过构建相关部门实施经营与管理。例如，某跨国汽车公司在全世界都有汽车生产及销售等活动，为了便于经营与管理，分区域设置若干事业部，各自管辖其所在区域的各项职能活动，如图 4-3 所示。这种设置方法的优点是贴近市场，能有效地针对市场需求做出反应，缺点是职能的重叠，且容易形成“地方大员”。

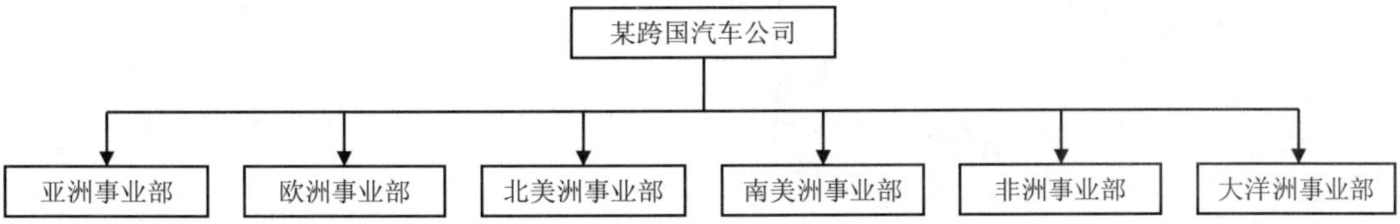

图 4-3　区域部门化组织机构（示例）

5. 按服务对象设置

按服务对象设置就是根据公司的服务对象(顾客)来设置有关部门。例如,服装销售公司建立中老年服装部、职业装部、童装部等部门来服务和管理不同的客户。这种设置方法的优点是可以针对特定的客户设计产品,缺点是各部门会认为自己的客户更重要,产生极强的本位主义思想。

6. 按工艺流程(设备)设置

按工艺流程(设备)设置就是按照业务活动过程的工艺阶段设置部门,例如,纺织生产经营性公司可以根据棉布的生产工艺流程,设置纺纱、织布、印染等生产车间。这种设置方法的优点是一环扣一环,有利于专业技术的提升,缺点是部门间协调困难,不利于综合管理人才培养。

即问即答: 高等职业院校的各个系以及每个系的班级分别是按什么方法设置的?

★重要结论

上述这些部门设置的方法,是按照不同的标准、从不同的角度进行的理论研究结果。在实际组织工作中,一个公司很少会根据唯一的标准来设置部门,而是经常同时利用两个或两个以上方法设置部门,形成混合式的部门结构。例如,家电生产经营性公司按照职能设置销售部、技术部、人事部、财务部等部门,而电视机部、空调器部、洗衣机部、电冰箱部等部门又是按照产品设置的。所以,每个公司都应该根据自己的特点和具体情况灵活地采用混合式方法设置部门。

思政点拨—公正守法、依法治国

我国国家机构体系

国家机构是一个国家的所有国家机关的总称或者概称,国家机关是构成国家机构的具有独立宪法地位和法律地位的具体单位。根据我国现行宪法,我国国家机构主要包括如下机关。

国家权力机关——全国人民代表大会和地方各级人民代表大会。其中全国人民代表大会是最高国家权力机关。它的常设机关是全国人民代表大会常务委员会,负责制定国家的基本法律和监督国家权力机关的工作。

国家元首——国家主席。国家主席根据全国人民代表大会及其常务委员会的决定,公布法律,发布命令,任免国务院的组成人员和驻外全权代表,此外还具有外交权和荣典权。

国家行政机关——国务院和地方各级人民政府。其中国务院是中央政府的最高行政机关,负责管理国家的日常事务,包括决策、行政管理、社会管理和政策实施等方面。

国家军事领导机关——中央军事委员会。中央军事委员会实行主席负责制,领导全国武装力量。

国家审判机关——最高人民法院、地方各级人民法院和专门人民法院。其中最高人民法院是最高审判机关，负责监督和管理全国的法院工作，对重要案件和重大问题作出裁决，保障法律的正确实施。

国家检察机关——最高人民检察院、地方各级人民检察院和专门人民检察院。其中最高人民检察院是最高检察机关，负责领导地方各级人民检察院和专门人民检察院的工作。

国家监察机关——国家监察委员会、地方各级委员会。中华人民共和国国家监察委员会是最高监察机关，负责领导地方各级监察委员会的工作，上级监察委员会领导下级监察委员会的工作。

我国国家机构的结构体系就是这样由多个机构间的分工协作、相互制约形成的，旨在实现国家治理的有效性和权力的合法性。

参考文献：《中华人民共和国宪法》

二、人员配置

当部门设置出来以后，公司就可以将人、设备、资金、技术、材料等资源组合到相关部门了。在进行人员配置前，还需要进一步划分出部门的工作岗位，并分析出岗位的工作职责、工作任务以及任职资格，对照员工的实际情况与各方面素质，把员工安排到合适的部门及工作岗位，实现员工与岗位的匹配。

（一）人员配置及其意义

●人员配置是指公司为实现其目标，根据公司和岗位的特征及要求，分配和使用人员的过程。

对任何一个公司来说，计划目标为公司活动明确了方向，部门设置又为公司活动提供了实现目标的条件。但是，如果部门人员安排不合理，那么这个部门的作用很难得到正常发挥。如果人员配置不当，不但不能实现公司目标，而且还会阻碍和破坏公司目标的实现，因此，人员配置在组织工作中具有十分重要的意义，它直接关系到公司的各项活动能否有效进行、公司目标能否顺利实现。

（二）人员配置原理

实现人员与岗位的有效匹配，除了需要遵循组织工作的相关原理以外，还必须遵循以下人员配置原理。

1. 要素有用原理

公司中的任何一个人都是有用的。人员配置的根本目的就是为所有人员找到和创造其发挥作用的平台或者条件。公司应该想方设法用好员工。公司对没有用好员工的原因要加以分析。一般而言，原因有两个方面：①没有深入全面地识别员工，发现他们的可用之处，这是因为人的素质表现为矛盾的特征，或者呈现非常复杂的双向性，这为我们发现、识别、任用人才增加了许多困难，因此正确地识别员工是合理配置人员的前提；②没有为员工发展创造有利的条件，只有条件和环境适当，即员工处在合适的平台上，员工的能力才能得到充分发挥。

引经据典

人的价值

据《经济日报》一篇题为《一百五十元的启示》的文章报道:天津有一位下岗女工,名叫韩秀玲。下岗前在国有企业的流水线上干了20年。上班时不准说话,也无须说话。后来她下岗了,再就业面临困难。朋友出于好意,介绍她去找福建恒安集团总裁许连捷。见面时,许总裁问一句,韩秀玲回答一句,不问时便垂头不语。许老板心中不悦,这么个不说话的人怎么当推销员?但碍于朋友面子,对韩秀玲说:"来公司试用吧,干一个月150块钱。"

当时,京津沪三个直辖市平均每人每月最低生活保障线为190元。干一个月只给150元工资,这老板是怎么想的?可是不说话的韩秀玲真的二话没说就做起了推销工作。新的工作让韩秀玲尝尽了苦辣酸甜,但当许总裁见到韩秀玲的销售业绩后竟吃了一惊,连着给她涨了三次工资。后来,韩秀玲成了福建恒安集团天津分公司的总经理,并被全国妇联推举为"再就业明星"。现在人们见到的是一个神采飞扬、侃侃而谈的女强人。

即问即答:这件真人真事说明了什么问题?你从中得到了哪些启发?

2. 能级对应原理

公司中的每一个员工的劳动能力不同。其由于受到身体情况、受教育程度、实践经验等因素的影响而各自不同,形成个体差异。就个体能力来说,这种差异包括两个方面。①能力性质、特点的差异,即能力的特殊性不同,个人能力的特殊性形成员工的特长与专长,即员工能干什么?最适合干什么?②能力水平差异,不同的人,能力才干是不同的,有的高些,有的低些。公司应该将拥有不同能力的人配置到相应能级的岗位上。承认人与人之间存在的能力差异,目的是在人员的配置上坚持能级原则,各尽所能,人尽其才。具有不同能力特点和水平的人,应被安排在相应的职位上,并被赋予该职位应有的权力和责任,使个人能力特点和水平与岗位要求相适应。

引经据典

刘邦的用人之道

夫运筹策帷帐之中,决胜於千里之外,吾不如子房。镇国家,抚百姓,给餽饟,不绝粮道,吾不如萧何。连百万之军,战必胜,攻必取,吾不如韩信。此三者,皆人杰也,吾能用之,此吾所以取天下也。——摘自《史记·十二本纪·高祖本纪》

这段话的意思是:运筹帷幄之中,决胜千里之外,我不如子房(即张良,是汉高祖刘邦的军师);安定国家,安抚百姓,提供军饷,使粮食源源不断,我不如萧何;带领百万大军,攻打敌人,我不如韩信。这三个人,都是人中豪杰,而我能够任命他们,才是我得以夺取天下的原因啊!

3. 互补增值原理

人各有所长也各有所短,应以己之长补他人之短。个体之间取长补短形成整体优势,可使每个人的长处得到充分发挥,避免短处对工作的影响。互补增值原理最重要的是“增值”。当个体与个体之间、个体与群体之间具有相辅相成作用的时候,互补产生的合力要比单个人的能力简单相加而形成的合力大得多,群体的整体功能就会正向放大;反之,整体功能就会反向缩小,个体优势的发挥也受到人为的限制。历史上汉武帝和卫青,刘备和诸葛亮,李世民和魏征等都是典型的君臣互补范例。人员安排可以考虑从多方面进行互补。互补的一群人必须有共同的理想、事业和追求,并在知识、气质、能力、性别、年龄等方面形成互补优势。

即问即答: 为什么会出现“一个和尚担水吃,两个和尚抬水吃,三个和尚没有水吃”这种奇怪的现象?

4. 动态适应原理

随着时间的推移,人的能力和岗位的要求是不断发展变化的。因而员工与工作岗位的对应不是一成不变的,无论是岗位对人的能力要求提高了,还是人的能力提高要求变动岗位,都要求我们及时地了解人与岗位的适应程度。主管人员应根据员工能力的变化及岗位要求的变化进行适当的人员、岗位及层次调整,使人的能力与管理层次、岗位动态对应,以达到人适其位,位得其人,真正做到员工能上能下。

5. 弹性冗余原理

工作目标及工作量要适度,并要留有一定余地。在人与事的配置过程中,既要达到工作的满负荷,又要符合人的心理要求,不能超越人的身心极限,保证对人、对事的安排留有一定的余地,既要带给劳动者一定的压力和紧迫感,又要保障所有员工的身心健康。因此,在实际组织工作中,既要避免工作量不饱满的状况,也要避免过劳的现象发生。体力劳动的强度要适度,不能超过劳动者所能承受的范围;脑力劳动也要适度,促使劳动者保持旺盛的精力。劳动时间也要适度,以保持劳动者身体健康和心理健康。工作目标的管理也要适度,既不能太高,也不能太低。定额管理就是这个原理的具体应用。根据公司具体情况和条件的不同,如行业、部门、岗位的不同以及环境、气候的不同,弹性冗余度也应该有所不同。

> 视频资源
> 人员配置:避免“三个和尚没水吃”窘境

知识小结

(1)管理工作分工包括横向与纵向两个方面,横向分工的结果是设置工作部门。设置工作部门就是让不同类别与属性的活动分别归属一定的管辖区域。

(2)工作部门可以按人数、职能、产品、区域、服务对象、工艺流程(设备)等标准设置。

(3)一个组织很少会根据唯一的标准来设置部门,而是经常同时利用两个或两个以上方法设置部门,形成混合式的部门结构。

(4)人员配置的实质是根据组织的岗位要求和员工的能力状况对二者进行有效的匹配。

(5)人员配置需要遵循要素有用、能级对应、互补增值、动态适应、弹性冗余等原理。

子情境 4.2 划分公司管理层次

学习情境

学生以小组合作的方式,通过自学、社会调查、网络资源搜集,在教师的要求和指导下,模拟划分公司管理层次。

学习任务

目的:训练公司管理层次划分能力。

内容:管理幅度设计、管理层次划分、权力集中与分散。

方式:讨论、分析、操作。

成果:设计出公司管理层次划分方案。

相关知识链接

一、管理幅度

部门设置实现了管理工作的横向分工,但是没有解决公司职能活动的分级指挥与控制问题。对于绝大多数公司来说,实施分级指挥与控制是必须的。所以,公司还应该解决管理层次划分问题,实现管理工作的纵向分工。

引经据典

管仲治理齐国

中国古代名相管仲治理齐国时,构建地方行政机构,实行国野分治的方法,国都为国,其他地方为野。国中设二十一乡,其中工商六乡,士十五乡。每五家为一轨,轨设轨长。每十轨为一里,里设里司。每四里为一连,连设连长。每十连为一乡,乡设良人。再为臣设三卿,工设三族，商设三乡，泽设三虞，山设三衡，加强管理。对于野，以三十家为一邑，邑设邑司。十邑为一卒，卒设卒帅。十卒为一乡，乡设乡帅。三乡为一县，县设县帅。十县为一属，属设大夫。全国共有五属，设五属大夫分别治理，归中央指挥。

（一）管理幅度的定义

只要公司规模不是特别小，就需要划分管理层次，实行分级管理，公司管理层次数量划分需要考虑管理幅度的大小。

●**管理幅度是指管理者直接指挥、监督其下属的数量。**

由于管理者的能力与精力都是有限的，当下属人数超过了管理者管辖能力的限度时，管理的效率就会随之下降，这时就需要增加一个管理层次，减轻这一级管理者的负担，于是便形成了公司管理的层次结构。

（二）管理幅度的影响因素

许多管理学家进行的大量实证研究表明，影响管理幅度的因素概括起来主要有以下几个：①管理者与其下属双方的素质和能力；②面对问题的种类；③工作任务的协调程度；④授权情况；⑤计划的完善程度；⑥沟通渠道的状况；⑦工作相似性程度。

即问即答：现代通信技术对管理幅度有何影响？

（三）管理幅度的确定方法

确定管理幅度的大小是组织工作需要解决的比较困难的一个问题，其原因在于：影响管理幅度的因素是复杂和多变的，而且对这些因素的分析与量化处理也非常困难。下面主要介绍美国洛克希德公司在20世纪70年代设计的“变量依据法”，为在实际组织工作中确定管理幅度的大小提供参考。

★基本原理

“变量依据法”将影响管理幅度的主要变量因素归纳为六个方面。

（1）职能的相似性，指下属所执行的业务活动的相同程度。显然，下属职能相似程度高，则管理幅度可以增大。

（2）地区的临近性，指下属工作地点的集中或分散程度。下属较为集中的，管理幅度可以增大。

（3）职能的复杂性，指下属所执行的业务活动的复杂程度和变化速度。

（4）指导与控制的工作量，指需要领导亲自指导和控制的工作量，它涉及领导与下属的工作能力、业务熟练程度、授权的多少以及领导需要亲自关心的程度和训练工作量等，这是最为重要的一个变量。

（5）协调的工作量，指协调本单位内外各种关系所需花费的精力和时间。

(6)计划的工作量,指本单位计划工作的重要性、复杂性和时间要求。

要想确定管理幅度,首先要将上述六个变量因素划分为五个等级,给予相应的分值,并根据每个变量因素对管理幅度影响的大小赋予其大小不等的权数,见表 4-1 。

表 4-1 影响管理幅度的变量因素评分表

变量因素	权数	一级(1分)	二级(2分)	三级(3分)	四级(4分)	五级(5分)
职能的相似性	1	完全相同	基本相同	相似	基本不同	根本差别
地区的临近性	1	完全在一起	同一办公楼	同一工厂办公楼不同	地区相同地点不同	不在同一地区
职能的复杂性	2	简单工作	例行公事	稍微复杂	复杂多变	非常复杂而且多变
指导与控制的工作量	3	管理与训练工作量最少	管理工作量有限	适当的定期管理	经常持续不断管理	始终严密的管理
协调的工作量	2	与他人关系极小	明确规定的有限关系	适当的便于控制的关系	相当密切的关系	相互间接触面广,但又不重复的关系
计划的工作量	2	规模与复杂性都很小	规模与复杂性有限	规模与复杂性中等	要求相当努力,有相当政策指导	要求极大努力,范围与政策均不明确

其次把加权计算出来的变量因素分值,再按一定的系数加以修正,然后与管理幅度建议数值相对照(见表 4-2),以确定适当的管理幅度。应当指出的是,这样确定出来的管理幅度,往往需要根据实际情况做出调整。

表 4-2 管理幅度建议数值表

影响管理幅度的各变量权数之和	建议的标准宽度人数
22~24 分	8~11 人
25~27 分	7~10 人
28~30 分	6~9 人
31~33 分	5~8 人
34~36 分	4~7 人
37~39 分	4~6 人
40~42 分	4~5 人

★应用范例

下面以本情境的背景资料和一些假设条件具体说明“变量依据法”的实际应用。

1. 例题

“伍记商号”公司经过 3 年的发展,现已成为拥有 5 家实体店、3 个网络店,注册资本达 200 万元的中型销售公司,现为销售主管张科确定其下属的人数。

2. 解答

(1)职能的相似性可以确定为完全相同,得 1 分。

(2)地区的临近性可以确定为基本不同,得 4 分。

(3)职能的复杂性可以确定为复杂多变,得 4 分。

(4)指导与控制的工作量可以确定为经常持续不断管理,得 4 分。

(5)协调的工作量可以确定为相当密切的关系,得 4 分。

(6)计划的工作量可以确定为规模与复杂性中等,得 3 分。

将各个变量因素加权汇总 $=1\times1+4\times1+4\times2+4\times3+4\times2+3\times2=39$ 分

对照管理幅度建议数值,销售主管张科的管理幅度为 4~6 人。

★重要结论

确定管理幅度普遍存在于各类和各级组织之中,它是组织工作需要解决的一个最基本问题。由于管理幅度的大小会受到许多因素的影响,而各个因素影响程度的不同决定了管理幅度的弹性是很大的,并没有一个固定的数值。因此,这就要求管理者应该根据本组织的具体和实际情况,随机制宜地考虑各种影响因素,运用各种方法确定适合自己的管理幅度。

二、管理层次

一个公司往往拥有为数众多的员工,管理者不可能对每一个员工直接进行指挥和管理,这就需要划分管理层次,逐级地进行指挥和控制。

(一)管理层次与管理幅度的关系

●管理层次是指从公司最高层管理机构到最低层管理机构的数量。

管理层次与管理幅度密切相关,在公司人员规模一定的情况下,管理层次与管理幅度之间存在着反比例数量关系,即在一个公司操作人员一定的情况下,管理者直接管理的下属越多,管理层次也就越少;反之,管理者直接管理的下属越少,管理层次也就越多。

★应用范例

1. 例题

"伍记商号"公司经过多年发展,拥有一线操作人员 4096 名,公司管理幅度为 4 人,有 6 个管理层次,管理人员平均年薪为 3.5 万元,公司希望精简管理人员,降低管理人员薪资支出 2700 万元,应该怎么办?

2. 解答

在一线操作人员 4096 名不变的情况下,将管理幅度增加到 8 人,管理层次就减少了 2 个,管理层次由原来 6 个减少为 4 个。

在 6 个管理层次的情况下,拥有管理人员 1365 名,管理人员薪资支出 4777.5 万元,当管理层次减少为 4 个时,拥有管理人员 585 名,管理人员薪资支出只有 2047.5 万元,从而比原来减少 2730 万元。具体数量关系如图 4-4 所示。

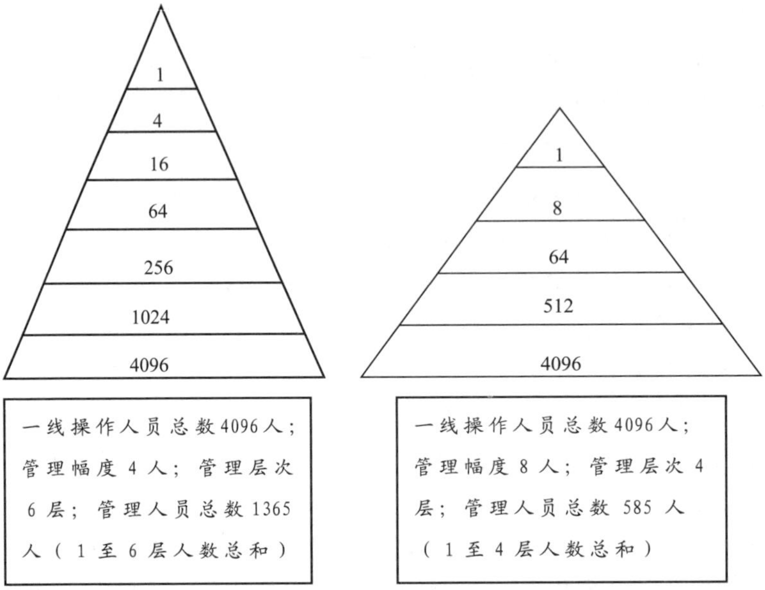

图 4-4 “伍记商号”精简管理人员前后管理层次图

上面的计算结果表明,从降低人员成本的角度看,扩大管理幅度,减少管理层次,效果是非常明显的,但是,从另外一些角度来看,较少的管理层次可能会导致公司管理的低效率,所以,一个公司的管理层次应该有一个合理的限度。

★重要结论

公司划分多少管理层次,应根据公司规模的大小、活动的特点以及管理幅度等具体情况和条件而权变。公司无论怎么划分其管理层次,各层次之间的相互关系总是一定的,即各管理层次的主管人员是自上而下地逐级实施指挥与监督的权力的。较低层次的主管人员处理问题的权限由较高一级的主管人员规定。他必须对上级的决策做出反应,并且向他的上一级主管汇报工作。公司的上层管理者在一般情况下应对更高一级的委派者负责,这就是公司纵向分工的实质。

(二)高层结构与扁平结构

如上所述,管理层次与管理幅度在公司规模一定时存在着反比例数量关系,较大的管理幅度意味着管理层次较少,较小的管理幅度意味着管理层次较多。因此,公司纵向分工就形成了两种基本的结构,即高层结构和扁平结构。

1. 高层结构

●高层结构是指管理幅度较小、管理层次较多的一种纵向组织结构。

高层结构的外形特征高而窄,管理权力往往集中于上级手中。其优点表现为:有利于统一指挥;员工分工明确,职责分明;有利于管理者控制和监督下属;有利于员工晋升。其缺点是:层级之间沟通困难,信息易失真;不利于员工主观能动性和创造性的发挥;管理难度加大;管理成本较高。

2. 扁平结构

●扁平结构是指管理幅度较大、管理层次较少的一种纵向组织结构。

扁平结构外形特征矮而宽，管理权力往往下放于下级手中。其优点表现为：信息沟通与交流速度快，利于快速准确决策；有利于组织体制精简高效；有利于管理人才的培养；有利于管理成本的降低。其缺点是：管理难度增大；对管理者的要求较高；员工晋升的机会减少。

引经据典

小米的扁平化管理

小米集团作为一家成功的互联网公司，其惊人的发展效率是很多企业难以匹敌的，这与其扁平化的组织结构是分不开的。

小米集团刻意弱化组织内部层级观念，超三万人的企业规模，其组织架构非常简单，只有三层：第一层是核心创始人，第二层是业务负责人，第三层是普通员工。小米集团的管理层极少，合伙人之下就是主管，一名主管管理七八个小组，最后就是普通员工。小米集团尽可能地控制团队规模，一旦团队规模过大就会被拆分，将其分为多个小团队。在这种模式下，员工无须考虑太多，只要努力做好分内之事即可。公司除了创始人团队有职位外，其他组织成员不设置职位，统称为“工程师”，晋升能够带来的仅是薪资上涨。这种做法有效减少了小米集团的员工勾心斗角、山头主义等行为，使他们有更多的时间与精力为企业及顾客创造价值。

扁平化的组织结构减少了层级过多造成的信息传递效率低下、执行力差等问题。在小米集团内部，企业上下员工达成一个共识：少做事，并把事情做到极致，只有这样才能实现快速发展。

★重要结论

高层结构和扁平结构是公司纵向分工的两种基本形式，不能简单说哪一种好，哪一种不好。两种结构各有优缺点，对它们的选用，需要根据公司规模的大小、领导者的管理能力等诸多因素并结合公司的具体情况和条件来确定。由于当代社会公司实际管理工作呈现出管理权力下放、员工自我管理能力增强等趋势，所以分权性的扁平结构逐渐为许多公司广泛采用，已成为一种流行趋势。

思政点拨—公正守法、合作共赢

我国的一站式政务服务

《全国综合性实体政务大厅普查报告》数据显示，截至 2017 年 4 月，全国县级以上地方各级人民政府共设立政务大厅 3058 个，覆盖率为 94.3%；乡镇（街道）共设立便民服务中心

38513 个,覆盖率为 96.8%。目前我国政务大厅服务网点已基本实现城乡全覆盖。

一站式政务大厅将原来实体政府部门分割,职能分散的组织转换为网络的网址或者网点,这极大地缩短了办事机构之间、办事机构与公众之间的距离,特别是借助于互联网,办事机构不再像官僚制政府那样自上而下传递信息与文件,信息传递更快速便捷;同时通过制定相关的首问负责制、首接负责制以及行政服务中心管理制度厘清了责任追溯与求偿机制,在一定程度上解决了传统官僚制政府部门因分工造成的事情无人管、办事相互推诿的现象。

如果说最初的政务大厅仅是一个办事的场所,那么今日的办事大厅已成为全方位解决企业、群众办事困难的综合性平台。截至 2022 年 12 月,全国一体化政务服务平台实名用户超过 10 亿人,总使用量超过 850 亿人次,服务应用不断创新,企业和群众满意度与获得感不断增强。建立与完善政务大厅是我国转变政府职能、方便企业和群众的积极探索,充分显示了国家深化行政体制改革、构建"服务型政府"的决心和实效。

文献参考:https://finance.sina.com.cn/tech/2023-03-24/doc-imymycyi8708545.shtml

文献参考:http://qikan.cqvip.com/Qikan/Article/ReadIndex?id=48240098&info=NgqeN-HshxYqsXwqB9tryQlKdv94DSEaMXod0MU9FJWc%3d

三、集权与分权

当管理层次划分出来以后,公司就需要解决各个管理层次之间的职权划分问题了,即集权与分权问题。法约尔所论述的"集中"原则,就是用于解决这一问题的基本准则。由于公司各级管理者拥有的权力的类型众多,这里主要探讨决策权力的集中与分散问题。

- **集权是指将决策权集中在上级,下级只能依据上级的决定和指示行事。**
- **分权是指上级将决策权交给下级部门,使其能够自主做出决策。**

上面所介绍的高层结构与扁平结构实际上就是集权与分权的表现形式,从这两种结构的优缺点中,已经可以知道集权与分权的一些优缺点。公司决策权力的集中与分散是一个程度问题,需要找到适合于公司的最适宜度,即通过集权与分权产生最高的决策效率。决定公司各级管理层集权与分权适宜度的主要因素包括以下四个方面。

1. 公司自身状况

(1)公司的历史状况,是从内部逐步扩充形成还是由合并或联合的方式组成。如系后者,分权的程度会大些。

(2)公司的规模,大型公司的分权程度一般大于小型公司。

(3)公司的部门、行业特点,主要指地域分散的程度。如采掘工业公司、交通运输公司因地域分散,其分权程度要比集中于一地的公司更大些。技术复杂的公司其分权程度也会大些。

(4)公司的动态特征,是稳定发展还是迅速发展。如系后者,则分权程度宜大些。

2. 公司的管理特点

(1)职权的重要程度,也可以说是职责的重要程度。例如重大的决策权就必须由高层管理者掌握。

（2）方针政策连贯性的要求，涉及贯彻重大方针的事项，其分权程度应保持连贯。

（3）控制技术和手段的运用，如控制效率高，则分权程度可大些。

3. 人事因素

（1）领导人的领导风格与方式，是赞成专制还是赞成民主。如属后者，则分权程度可大些。

（2）下级人员的素质和能力，有无独立工作的愿望和要求、能否独立工作等。如答案是肯定的，则分权程度可大些。

4. 公司的外部环境

外部环境包括政治、经济、科技、社会等方面的诸因素，如这些因素的变化速度，政局是否稳定，经济是在顺利发展还是出现衰退或危机等。一般说来，如环境比较稳定，则分权程度可大些。

★实际应用

综上所述，影响集权或分权程度的因素是相当多的，要做决策就必须从实际出发，对这些因素进行综合分析。下面以生产经营性公司为例，针对具体的、不同的管理业务活动说明集权与分权的程度。

（1）生产活动。如生产规模较大，应分权。

（2）营销活动。这项活动同样经常需要分权。

（3）财务活动。财务活动指对资金的筹措和运用，这是需要高度集权而不可分散权力的活动。

（4）人事活动。有些职权如高级管理人员的任免、工资制度、工资总额的控制等，需要高度集中，其他职权则可分散。

（5）物资采购活动。职权一般应当集中，但采用事业部制形式的特大型公司也可以分权。

（6）运输服务。明显的趋势是集中。

确定集权与分权的适宜度是一件复杂而困难的事情，需要考虑诸多的影响因素和公司各项管理业务的特点。除此以外，公司领导者在决定集权与分权时，还需要注意两个问题。①上级管理者刚开始分权时给予下级的权力应少一些，以后可根据实际需要逐步扩大职权范围，并随着情况变化适时调整。这是因为下级管理者一般对职权的扩大感兴趣，不太乐意放弃已有的权力。如果开始分权时下放的权力过多，日后想收回一些权力，往往会遭到下级的反对而难以实现。②按照权力和责任对等的组织工作原理，在确定各级管理者应有的职权时，必须相应地规定其职责，使其职权成为其履行职责的必要保证。要避免出现有权无责、有责无权、权大责小、权小责大等不良现象。

★重要结论

集权与分权是相对的概念，不存在绝对的集权和分权。因为绝对的集权意味着没有下层管理者，而绝对的分权意味着没有上层的领导者，当然也就不存在完整的公司。一般来说，一定程度的分权乃是一切公司的共同特征。公司层次的划分就已经体现了管理职权的集中与分散。集权和分权的实质是一个适宜度的把控，为了使公司的各个管理层次有效运转,必须处理好决策权力集中与分散的程度。

引经据典

美的的集权与分权

美的最早采用是的集权管理模式,由何享健决定企业的重大决策事项。在上市之后的几年高速发展期,这种集权管理模式越来越不适应企业发展。美的在1996—1997年的两年时间里遭遇了巨大的困难。何享健对几乎所有重大决策都要亲自过问,造成其面临着处理不完的工作和极大的管理压力,但企业的管理效率依旧得不到提升的局面。高度集权的管理模式成为美的的主要管理障碍。

1996年下半年,美的决定实施事业部制度的改革。1997年,美的成立了空调事业部、风扇事业部、电饭煲事业部、小家电事业部以及房产事业部等几大事业部,每个事业部拥有自己的经营管理团队,负责各自事业部的研发、采购、生产、销售等经营活动。

为保证各事业部遵循集团总部的战略规划、对事业部进行有效管控、营造良好的经营环境,美的集团制定了《美的集团主要业务分权规范手册》,这成为奠定美的集团权力结构与权力分配的基石。随着美的集团的迅速发展,2005年其又建立了包括制冷集团、日电集团、机电集团及房产集团在内的二级产业集团,分权体系又相应地进行了修订、扩展和细化,从而形成了更为完善的权力分配体系。到了2012年,因集团与二级集团并存产生了诸多管理问题,美的集团在整体上市前取消了二级集团的设置,这使得集权与分权体系下的职权定位更加清晰,管理更加高效。

何享健曾说过:“管理企业的最大难题就是放权。如果不放权,企业将面临规模限制;如果放权后收不住,企业将会面临失控。所以必须依靠企业制度和管理流程去控制,拿捏好权力集中和分配的度。”美的集团的经营管理机制内容包括很多方面,例如企业战略制定机制、治理机制、创新机制、激励机制、变革机制等,这些机制都为美的的权力结构和权力分配模式提供了保障。

如今的美的,在战略规划、财务管理、人力资源管理以及审计监察等较为关键的职权领域,集团依然拥有绝对的权力。但事业部和子公司在生产制造、品质管理、营销管理以及技术开发等领域拥有高度的自主权。

知识小结

(1)管理工作分工包括横向与纵向两个方面,纵向分工的结果是划分出管理层次。

(2)组织管理层次划分的主要依据是管理幅度。

(3)在组织人员规模一定的情况下,管理层次与管理幅度之间存在着反比例数量关系。

(4)管理幅度受很多因素的影响,所以,管理者应该根据本组织的具体和实际情况,随机制宜地确定管理幅度。

（5）高层结构和扁平结构是组织纵向分工的两种基本形式，扁平结构未来会成为一种流行趋势。

（6）为了使组织各个管理层次有效运转，必须解决管理职权在上下级之间集中与分散的程度问题，即集权与分权的程度问题。

子情境4.3　设计公司结构形式

学习情境

学生以小组合作的方式，通过自学、社会调查、网络资源搜集，在教师的要求和指导下，模拟设计公司结构形式。

学习任务

目的：训练公司结构形式设计能力。

内容：各种公司结构形式设计。

方式：讨论、分析、操作。

成果：绘制出公司结构形式图。

相关知识链接

一、公司结构

为了保证公司计划目标和任务的实现，绝大多数公司都需要对管理工作进行横向与纵向分工，横向分工的结果是设置出各个工作部门，纵向分工的结果是划分出若干管理层次。各个职能部门及管理层次还需要进一步明确它们的职责与权力、相互之间的分工协作关系以及信息沟通方式，这样就形成一个上下左右的框架结构，这就是公司结构。

思政点拨—团结互助、合作共赢

10天建成火神山展现中国速度

2020年初，突如其来的新冠疫情传染速度之快，确诊病例之多让人措手不及，快速建成具备大规模病患收治能力的医院对于疫情防控具有重大意义。10天建成火神山医院让世界再次见证了中国速度。

火神山项目是集建筑、电信、IT、运输、能源、医疗器械等各行各业携手共建、分工协作的项目。在火神山医院建设中，建筑类企业首当其冲，通信、能源、制造等多类别企业都在属于自己的建设环节中做了最大的努力。除了中国建筑、中国铁塔、移动、联通、电信等中央企业的担当,还有无数央企人为此默默贡献:与火神山医院近在咫尺的中国石化武汉知音大道加油站为项目现场提供油品保障,同时提供方便面、开水、开会场地和临时厕所;三峡集团鄂州电厂要求全部生产人员驻厂,为武汉用电提供保证;中国铁建高速公路优先放行火神山医院物资……据统计,参与火神山医院建设的中央企业达到39家,火神山参建人员超过7000人。

在火神山项目的建设过程中,各单位分工明确、协作高效,最大限度发挥群体合力,将业务中最强的"长板"拼在一起,才在不牺牲质量的前提下,火速完成了建设任务,创造"1＋1＞2"的团队效应。

文献参考:https://www.sohu.com/a/382895781_711529

文献参考:https://baijiahao.baidu.com/s?id=1657590440170359363&wfr=spider&for=pc

公司结构通常是用图表的形式来反映的,它包括公司的职能部门、管理层次以及上下级和平行关系等内容。由于公司结构图不能反映公司结构的全部内容,例如各个管理部门和管理层次的职责、职权,它们相互之间的协作关系等,就未能在公司结构图中表现出来。所以,还需要通过制定规章制度和编写工作说明书等文件给予相关补充说明。

二、公司结构形式

公司设置的工作部门以及划分的管理层次以一种什么方式联系起来并形成具有纵向和横向关系的公司架构形式,取决于公司的特点、规模、专业化程度、管理水平、领导与下属的素质等诸多因素。下面主要以生产经营性公司为例,介绍几种比较典型的公司结构形式。

(一)直线结构

直线结构也叫单线制公司结构,是最简单的一种公司结构形式,其结构如图4-5所示。

其基本特征是:公司按主要的生产经营业务设置部门和划分管理层次;各个管理职位均按直线进行排列;各级行政管理者对其下属行使全部的管理职权,且要亲自处理与生产经营业务有关的所有工作;没有专设的职能机构和参谋人员来协助管理。它是高度一元化领导的公司结构。

优点:直线结构简单;权责明确;指挥统一;联系简捷;决策迅速;管理费用低。

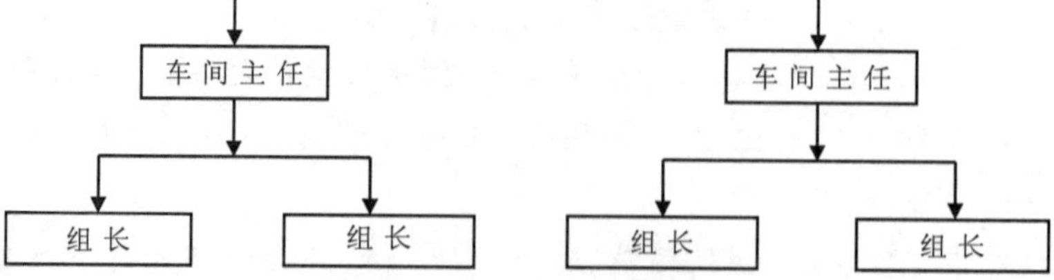

图4-5 直线结构示意图

缺点：直线结构容易产生专制，妨碍下属发挥主动性和创造性；管理者容易陷入日常行政事务之中，无暇研究与思考公司生存与发展中的重大问题；没有专业化分工，不利于管理水平的提高；当公司活动涉及专业领域较多时，全能型管理者会力不从心，影响公司的进一步发展。

适用范围：直线结构只适用于技术较为简单、业务单纯、人员数量少、规模较小的公司，也可适用于中型公司的现场作业管理。

（二）职能结构

职能结构也叫多线制公司结构，其结构如图 4-6 所示。

其基本特征是：在直线制基础上，再按专业分工设置职能管理部门，且各部门有权在其业务分工范围内向下级发布命令，下属既要服从上级直线管理者的指挥，又要服从上级各职能部门的指挥。

优点：职能结构按专业设置职能部门，可以吸收各方面专家参与管理，可以提高管理水平和效率，同时使直线管理者腾出精力致力于对公司重大问题的研究。

缺点：职能结构属于多头领导，政出多门，破坏了统一指挥原理，容易造成管理混乱，使下属无所适从；直线管理者与职能部门的职责权限难以划分清楚，双方易产生分歧，互相争权夺利，争功诿过；职能部门之间协调困难；管理人员和费用增加。

适用范围：职能结构形式适用于规模不大但任务较复杂需要专业化职能管理的公司。

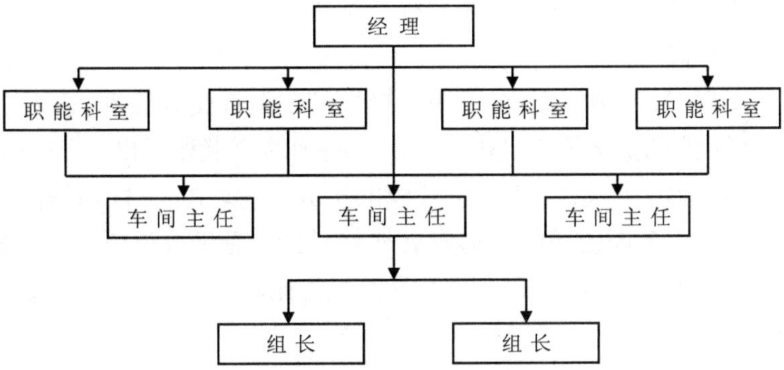

图 4-6　职能结构示意图

（三）直线—职能结构

直线—职能结构也叫直线—参谋结构，它吸取了直线结构和职能结构的优点，克服了两者的缺点，其结构如图 4-7 所示。

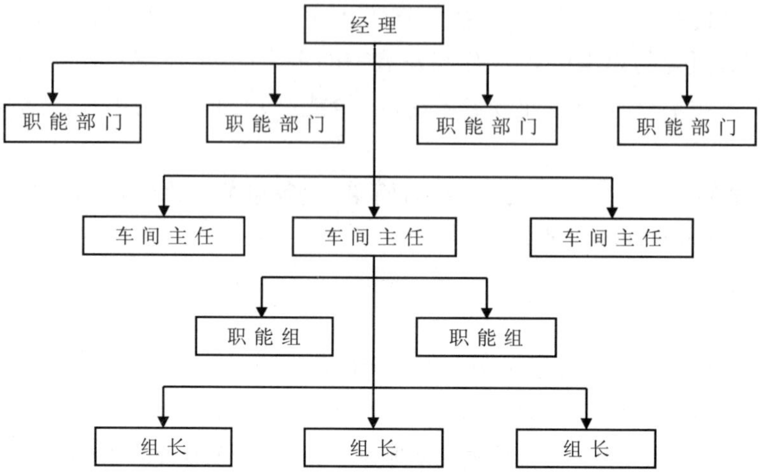

图 4-7　直线—职能结构示意图

其基本特征是:在公司中设置两套管理系统,一是按统一指挥原理建立的直线指挥系统,这个系统主要针对公司的主要业务活动,二是按分工协作原理建立的职能管理系统。公司主要业务活动由直线管理者统一领导和指挥,并负全面的责任。职能部门则设置在各级直线管理者之下,分别从事专业管理,为直线管理者出谋划策。职能部门编制的计划、方案以及有关建议,均应由直线管理者批准后下达执行,职能部门对下级管理者和下级职能部门无权下达命令、进行指挥,它们只起建议、咨询以及业务指导的作用。

优点:直线—职能结构既保持了直线制统一指挥的优点,又避免了直线制管理粗放的弊端,使管理水平大幅提高。

缺点:权力高度集中,体制较僵化,下级积极性和创造性受到压抑;各职能部门之间联系较弱,很难从全局考虑问题;职能部门和人员没有明确的要求和责权,其作用发挥因人而异,其意见常常得不到应有的重视;随着公司规模的扩大,直线主管(特别是高层)仍有可能陷入日常事务管理,而疏于考虑公司的长远发展战略;另外,管理人员较多,管理费用比较高。

适用范围:直线—职能结构形式适用于业务种类比较单一、环境比较稳定、规模中等的生产经营性公司。

即问即答:你所在的高等职业院校采用的组织结构形式是哪种?并说明理由?

(四)事业部结构

事业部结构是基于"集中政策、分散经营"的分权式公司结构形式,其结构如图 4-8 所示。

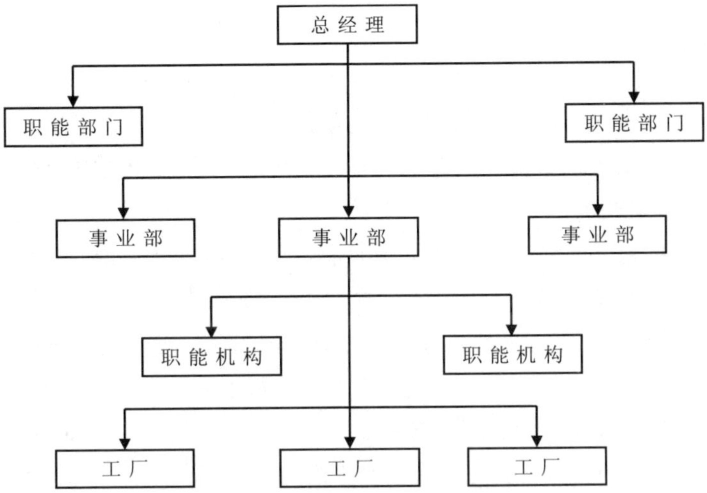

图 4-8　事业部结构示意图

其基本特征是：在公司总部下面按产品、项目、地区等划分出许多事业部，各事业部实行相对的自主经营、独立核算；公司总部与各个事业部之间进行分权，不同的管理层承担不同的管理功能，为实现公司目标而协调工作；每个事业部作为利润中心，拥有自己广泛的生产经营自主权，统一进行产品的设计、采购、生产和销售，就像一个分公司一样自主经营；公司总部负责组织长远发展有关的战略问题、事业部的经理人选以及事业部经营的监督和控制；各事业部有具有共性的功能或资源，其可由公司总部设职能部门负责，各事业部共享，例如，产品开发，各事业部具有共性的技术等由总部技术中心负责；各事业部共同需要的原材料可由总部原材料采购部门负责，从而降低采购成本等。

优点：事业部结构把统一管理、多种经营和专业分工很好地结合在一起，公司总部与事业部的责、权、利关系明确；权力高度下放，使最高管理层从日常行政事务中彻底解脱出来，专注于公司的整体发展和长远发展，从而既加宽了高层主管的职权范围，又增强了重大决策的科学性和预见性；事业部实行相对的自主经营、独立核算，这有利于对各事业部的绩效进行考评，也能更好地激发中下层的积极性和创造性，因为事业部有了自我发展的动力、压力和能力；每个事业部的运作相当于一个独立的分公司，这有利于培养、锻炼高级管理人才。

缺点：事业部结构下的总部、事业部、工厂各层均设职能机构，容易造成机构重叠，管理人员膨胀，管理费用较高；各事业部独立性较强，考虑问题往往只顾本部的利益而忽视整体利益；事业部之间竞争导致对它们的协调变得困难。

适用范围：事业部组织结构形式主要适用于实行多角化经营的特大型公司以及所处环境比较复杂多样、地理分布分散的跨国公司。

组织结构形式并不是一成不变的。当今时代的发展日新月异，组织内外部的环境都在不断发生着变化，企业组织结构的迭代与更新也要与时俱进。创新高效的企业组织结构势在必行。就目前企业实践而言，组织结构向扁平化、小型化、弹性化和虚拟化改革和创新已成为不可逆转的趋势。

引经据典

二神山的组织结构

2020 年新冠疫情期间，10 天建一座火神山，7 天建一座雷神山，这样的建筑项目是采用怎样的组织机构完成的呢?

二神山项目其实是一个典型的敏捷类项目，采用的是“小团队 + 大后台”的组织模式。

小团队是指现场施工团队，他们由各细分行业的龙头企业负责，每个小队都是一个“端到端”的特性团队，授予他们充分的决策权力，给予充分的后勤保障和公共资源支撑，让这些企业带着清晰的目标，独立领导一个个小团队去推进业务，并且针对实际施工情况中的变化做出快速反应。大后台是指政府背景的牵头人，他们是强有力的领导核心，在后台保障、资源调度方面提供强有力的支持。启动战时模式，大后台能够源源不断地为前端小团队提供弹药和粮草，让他们没有后顾之忧地向前冲锋。

小团队——让听得见炮声的人来做决策，大后台——强大后台为实施团队赋能。正是这样的组织模式解决了传统跨部门协作困难、员工沟通不畅、互相推诿扯皮等问题，各建设单位高效合作能发挥群体合力，使得管理更加高效，组织运作效率提高，业务更加敏捷灵活，向世界再一次彰显了“中国速度”。

文献参考：https://baijiahao.baidu.com/s?id=1657590440170359363&wfr=spider&for=pc

知识小结

(1)组织结构就是为了明确组织各个职能部门及管理层次的职责与权力、相互之间的分工协作关系以及信息沟通方式而形成的一个上下左右的框架结构。

(2)组织结构通常是用图表的形式进行反映的。

(3)组织结构的形式会受到组织的特点、规模、专业化程度、管理水平、领导及下属的素质等诸多因素的影响和制约。

(4)常见的组织结构形式包括：直线结构、职能结构、直线—职能结构、事业部结构等。

知识测试

(1)组织工作的内容及原理。

(2)部门设置的方法及特点。

(3)高层结构与扁平结构的优劣势。

(4)集权与分权的影响因素。

(5)常见的组织结构形式及其特点。

客观题测试

能力及素质训练

一、素质测试

你的组织能力如何？测试结果：________________________

组织能力测试

二、实训任务

（一）实训目的

通过让学生设计模拟创业公司发展初期、中期和长期的组织结构形式，训练学生根据模拟创业公司的发展规模进行工作部门设置、管理层次划分、公司结构图绘制的能力。

（二）具体任务清单

1. 设计模拟创业公司初创期的组织结构形式

- 设置公司的工作部门。

____

____

- 划分公司的管理层次。

____

____

- 绘制公司的组织结构图。

2. 设计模拟创业公司发展中期的组织结构形式

- 设置公司的工作部门。

____

____

- 划分公司的管理层次。

____

____

- 绘制公司的组织结构图。

3. 设计模拟创业公司发展长期的组织结构形式

- 设置公司的工作部门。

- 划分公司的管理层次。

- 绘制公司的组织结构图。

三、案例分析

案例1:只管九个人

我是海洋农场场长,过去大伙叫我"管得宽",全农场上至天文地理,下至鸡毛蒜皮,我无事不管,每天忙得吃不下饭,睡不好觉,可是农场经营起色不大,一些职工纷纷要求调离。本以为自己辛辛苦苦工作,总能算得上一个党性强、事业心强的领导,谁知群众意见纷纷,批评我不相信群众,主观武断,说我不务正业,顾此失彼,影响农场的进一步发展,甚至有的群众尖锐指出:再要"管得宽",就罢我的官。真让人想不通。

在我百思不得其解时,省里召开了第六期厂长、经理培训班,我自告奋勇参加了学习。学习班老师讲的管理原理对我的思想促动较大,使我意识到我以前一些工作做法从根本上是违背现代管理原则的。我决心利用所学的知识转变观念,并对农场领导体制进行改革。我深入群众,请他们为农场改革献计献策。

经过一段时间的调研,我召开全场会议,并会上郑重宣布:今后,我的权力只管九个人,即三个副场长、总会计师、总经济师、总工程师，还有三个我直接管的科长。这九个人的工作由我直接布置，他们也直接向我汇报工作。除此之外，其他人找我谈话，一律不接待，请他们各找其主。话音一落，全场哗然，支持反对声皆有，一时难以统一。

分析问题：

（1）你对这位场长宣布“只管九个人”的决定有何看法？是支持，还是反对？

（2）“只管九个人”和管全场有关系吗？“只管九个人”是不是一律不接待其他人？

（3）你认为如何处理好这些关系？

参考答案

案例 2：海尔的人单合一

“人单合一”带给海尔集团的变化早就超越了营销的范畴，它造就了一种全新的商业模式。海尔总裁张瑞敏对“人单合一”的定义如下。“单”不是狭隘的订单，而是来自市场的用户需求，海尔把 7 万多员工重组为 2100 多个自主经营的单元，并将传统企业的资产负债表、现金流量表和损益表集合成一张属于他们的战略损益表。“人”指的就是这些自主经营体。

“人单合一”就是这些自主经营体在市场上发现用户需求，制定销售预案，并将其反馈给研发团队和管理团队，再去销售新产品。从理论上讲，不能掌握精准的用户资源，自主经营体就没有新产品销售。这样一来，用户需求成为企业一切行为的起点，自主经营体则成为第一推动力。不要小看这样的变化，它颠覆的是公司的体系和规则。

“人单合一”后，海尔集团的组织结构从传统的管理者在上、员工在下的正三角，转变为员工在上、管理者在下的倒三角，员工成为企业运行的推动者，管理者则从发号施令者变成资源支持者。作为市场团队，自主经营体纵向和资源支持平台一体化，横向和研发团队一体化，纵横一体化的矩阵体系诞生。以前海尔集团卖产品，现在卖服务。2100 多个自主经营体活跃在细分市场上，不仅要发现用户需求，而且还要制定服务解决方案，同时，他们又像 2100 多个社群，利用互联网手段，让用户参与需求创造和产品设计。海尔集团因此从产品制造商进化成用户需求挖掘者、解决方案平台和服务商。

分析问题：

（1）“人单合一”模式是一种管理创新，其具体内容是什么？

（2）“人单合一”后，海尔的组织结构发生了怎样的变化？

（3）为什么海尔集团总是在探讨组织的变革问题？

参考答案

情境5 领导公司员工

学习目标

知识目标:

(1)了解领导工作的内涵、指挥的内容和方式、沟通的过程和类型及作用;

(2)理解人性假设的基本观点、激励的实质及过程、沟通的原则和障碍;

(3)掌握领导理论、激励理论、强化理论的主要内容;

(4)掌握领导指挥权力的来源、有效的领导艺术和沟通技巧。

能力目标:

(1)能结合人性假设进行有效的领导方案设计;

(2)能运用领导艺术,有效地指挥员工;

(3)能运用各种领导理论、激励理论、强化理论解决实际管理问题;

(4)能克服沟通障碍,运用演讲与倾听技巧,与员工进行有效沟通。

素质目标:

(1)具有平等意识,能够正确看待上下级关系,合理授权,善待员工;

(2)具有高度的责任心,注重自身品德修养的提升,能够以身作则地领导员工;

(3)具有良好的语言表达和沟通能力,能够根据实际情况灵活地处理管理问题;

(4)具有以人为本、求真务实的工作作风,能够因人而异地开展领导工作;

(5)具有基本的时间管理能力和识人、用人能力。

思政主题及案例:

(1)思政点拨——敢担当 能吃苦:“跟我上”和“给我上”的领导风格;

(2)思政点拨——以人为本:战旗村“以人为本”的治理,激发内生活力;

(3)思政点拨——厚德务实:彝海结盟展现民族情深。

知识结构图

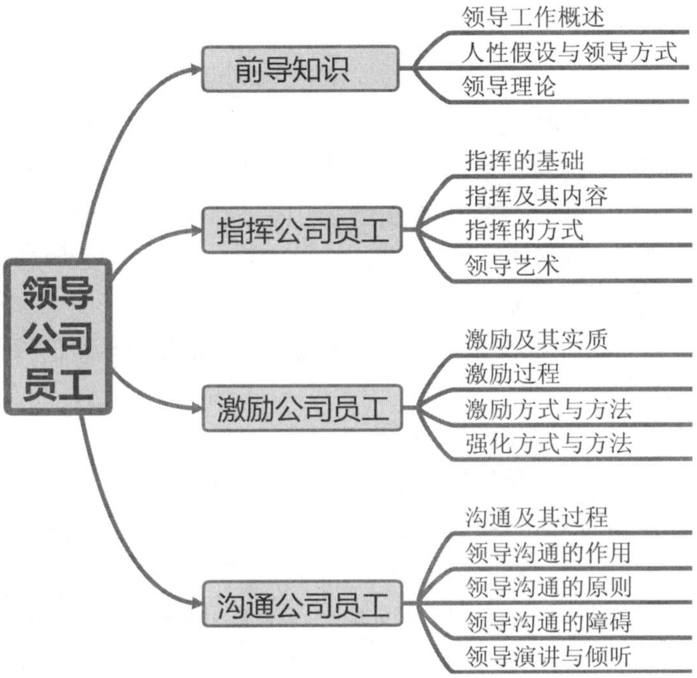

知识结构图详版

学习导入

背景资料：随着“伍记商号”经营规模的扩大、经营业务的拓展，公司上层管理者遇到了许多问题，每天要处理各种大小事情，疲于奔命，根本没有时间考虑公司的长远发展等重大问题，导致经营行为短期化，公司经营非常被动。同时，由于公司内部没有形成有效的激励机制，员工工作的积极性不高，一线员工流失率很高，顾客满意度不断下降。另外，上级与下级之间、各部门之间、员工之间缺乏沟通且沟通不畅，导致相互之间矛盾重重，出现了信任危机。这些直接导致公司经营业绩大幅度下滑，“伍记商号”陷入了第二次经营管理危机。

思考问题：公司要摆脱这次危机，需要优化公司的指挥系统吗？公司需要建立和完善激励机制吗？公司是否需要解决上下级之间、部门之间、员工之间的沟通问题？

解决问题：完成本情境的相关学习（工作）任务；完成本情境相关理论知识的学习。

视频资源
学习导入

前导知识

一、领导工作概述

如前所述,计划工作(职能)为组织与成员确立了奋斗目标以及实现目标的策略与行动方案;组织工作(职能)为目标的实现进行了部门设置和管理层次划分,确定了成员的分工与合作关系。计划与组织这两项工作(职能)还不能保证组织目标的实现,组织目标需要依靠全体成员去实现,因此,管理者必须运用指挥、激励、沟通等手段让所有成员为实现组织的目标而努力,这就是管理的领导工作(职能)。

●领导是指管理者运用其法定权力和个人威信驱使、诱发、强化被领导者的行为,并促使其努力实现组织目标的活动。

关于领导的定义,应该从以下几个方面予以理解。

(1)领导是一个过程。领导活动不是领导者个人的孤立行为,而是一个包含领导者、被领导者、作用对象和客观环境等多种因素在内的活动过程。

(2)领导的本质是影响力,领导需要依靠自己的影响力妥善处理好各种人际关系。

(3)领导手段包括指挥、激励、沟通等。

(4)领导的三要素是领导者、被领导者和情境。领导者通过一定的方式对下属的行为产生影响,被领导者对领导行为的效果产生影响,领导行为应随着组织情境的变化进行调整。

拓展阅读
领导与管理的区别

即问即答:领导与管理是一回事吗?你认为它们有什么不同?

二、人性假设与领导方式

"人上一百,形形色色",领导者将面对各种各样的下属。人性假设就是对人的本质属性的基本看法。领导者需要通过将人假设为具有不同属性的人,来确定不同的领导方式与方法。美国管理学家沙因提出了四种关于人的本性的假设:"经济人""社会人""自我实现人""复杂人"。

(一)"经济人"假设

"经济人"假设是古典管理理论的一个突出观点,这个观点认为:人的所有行为都是为了追求个人利益的最大化;人天生厌恶劳动,不愿意承担责任。这种观点与我国古代学者荀子的"性恶说"有相通之处。因此,科学管理理论创始人泰罗等学者主张采用"胡萝卜+大棒"的方式对下属实施领导与控制,一方面通过劳动方法标准化和劳动定额制定等手段严格领导与控制员工,另一方面通过采用有差别的计件工资制,以满足员工追求物质利益的要求,促使员工产生较高的工作热情和干劲。与“经济人”假设相对应的是“专制型”领导方式。其主要特点是:领导者将权力集中于个人手中,亲自决定工作任务、方针、政策以及方法等,然后布置给下属执行,主要运用行政命令、纪律约束、训斥、奖励与惩罚等手段使下属服从。

(二)“社会人”假设

“社会人”假设是由管理学者梅奥通过“霍桑试验”提出来的。这个观点认为:人不是孤立存在的,而是社会人,调动员工工作积极性的最重要因素不是物质利益,而是工作中人的社会心理方面的需要的满足程度。领导者要重视人际关系的改善与协调,利用“非正式组织”的作用。因此,梅奥等学者主张领导者不能一味地依靠严厉苛刻的制度对员工实施领导与控制,而应该鼓励员工参与管理,通过满足员工社会心理方面的需要调动员工的“士气”。与“社会人”假设相对应的是“民主型”领导方式,其主要特点是:领导者与下属互相尊重,彼此信任,领导与下属保持经常性的沟通,了解下属思想,共同商讨对策,注意授权,培养员工的主人翁意识,让员工参与决策。

(三)“自我实现人”假设

“自我实现人”假设是行为科学管理理论的一个重要观点,其代表理论有麦格雷戈的Y理论。该理论认为:人不是天生厌恶劳动的,而是愿意承担责任的,并为实现组织目标而努力,特别注重自身的社会价值,以自我实现为最高需要。这种看法与我国古代学者孟子的“性善说”有相通之处。与“自我实现人”假设相对应的是“放任型”领导方式,其主要特点是:领导者只决定目标和任务方向,给予下属自由工作的权力,充分信任下属,释放下属的工作潜能,鼓励员工发展,并在员工需要的时候提供必要的帮助和指导。

(四)“复杂人”假设

“复杂人”假设是现代管理理论的一个主流观点,这个观点认为:不能简单地把人确定为“经济人”“社会人”或“自我实现人”中的某一类,任何人都不可能单纯具有某一方面的属性,人的需要是多方面的,并受到环境等多重因素的影响。与“复杂人”假设相对应的是“权变型”领导方式,其主要特点是:领导者需要综合考虑下属的经济、社会、自我实现等多种需要,“因人制宜、因事制宜、因时制宜”地采用系统、权变的领导方式。

★重要结论

综上所述,领导者针对不同的下属所采用的领导方式是不同的,针对四种比较典型的下属——“经济人”“社会人”“自我实现的人”“复杂人”,分别采用的领导方式是“专制型”“民主型”“放任型”“权变型”。

视频资源
人性假设:你了解你的员工吗?

三、领导理论

从20世纪初管理理论产生到现在有100多年的历史,在此期间许多西方国家管理学者致力于领导职能与理论的研究,产生了多种理论流派,按照领导理论的产生与发展的历史进程,可以将领导理论划分为:领导特质理论、领导行为理论、领导权变理论。

(一)领导特质理论

★ 1. 主要内容

领导特质理论致力于杰出领导者所具有的某些共同的特性或品质的研究。尽管杰出领导者所具有的特性差异很大,但研究者还是提出了一些他们所具有的共同特性,包括进取心和自信心、领导动机、正直品质、业务知识与能力、决策能力和感知能力等。

引经据典

孔子对领袖特质的看法

我国伟大的思想家、教育家孔子,把领袖的特质归纳为5个字:恭、宽、信、敏、惠。即:恭则不侮——神情庄重者就不会受人侮辱;宽则得众——宽厚者受人拥戴和追随而得人心;信则人任焉——诚信受人倚仗和被人信赖;敏则有功——勤敏就能够建功立业,取得成就;惠则足以使人——慈惠者可以调动他人积极性。

★ 2. 实际应用

领导特质理论的实质是对领导者的素质的早期研究,其研究成果表明,作为领导者要实现有效的领导,必须具备相应的领导素质,而领导素质的绝大部分是可以通过后天培养获得的,性别因素对成为领导者的影响微乎其微。将领导特质理论应用于实际管理工作之中,组织可以有针对性地去开发和培养管理者的各项领导素质,使他们能够更好地胜任领导工作。

视频资源
领导特质理论:凭什么你来当"头"?

即问即答: 你具备领导者的素质吗?如何培养领导者的素质?

(二)领导行为理论

★ 1. 主要内容

领导行为理论致力于领导者应该做什么才能使领导更加有效的研究。主要将领导的行为分为两个方面:①重点关注工作绩效提高;②重点关注群体关系维护。领导行为理论中最具有代表性的是管理方格理论,该理论是由美国得克萨斯大学的布莱克和穆顿教授提出来的,用两种维度的不同组合来表示领导者的行为,两种维度分别为对生产的关心程度和对人的关心程度,如图5-1所示。这是一张九等分的方格图,横坐标表示领导者对生产的关心程度,纵坐标表示领导者对人的关心程度。两条坐标轴各被划分为9个小方格作为标尺,整个方格图共有81个小方格。在整个方格图中,有5种典型的领导行为方式。

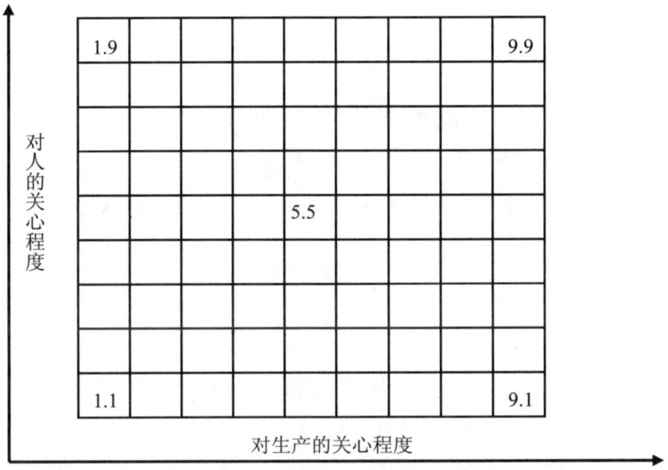

图 5-1　管理方格理论图示

（1）1.1：放任式管理。领导者对生产和人的关心程度最低，这是很少见的极端情况。一般来说，这种领导方式产生的领导效果可能比较差。当然，也不排除在某些情况下，这种领导方式的有效性。

（2）9.1：任务式管理。领导者高度关心生产任务，注重对员工工作活动的计划、指导和控制，追求最高生产效率，而不关心员工。这种方式有利于短期内生产任务的完成，但容易引起员工的反感，不利于长期管理。

（3）1.9：俱乐部式管理。领导者不关心生产任务，只关心人，热衷于人际关系的融洽，可能不太有利于生产任务的完成。

（4）9.9：团队式管理。领导者既关心生产，又关心人，努力达成组织和员工目标的一致，这是一种最理想，也是效率最高的领导行为方式。当然，这种领导方式会导致领导者投入的时间和精力达到最大，可能会制约这种领导方式的应用。（事实上，目前缺乏实质的证据表明团队式管理在所有情形下都是有效的。）

（5）5.5：中间道路式管理。领导者对生产的关心与对人的关心都处于一个中等的水平。这是一种平庸的领导方式，只追求正常的效率和可以满意的员工士气。

思考与讨论： 哪一种领导方式最好？有些人认为 9.9 好，有些人认为 9.1 好，有些人认为应该在不低于 5.5 的水平上努力向 9.9 靠拢。你认为呢？

★ 2. 实际应用

领导行为理论将领导行为高度概括为关心生产与关心人两个方面，以及如何把两方面的行为结合在一起去影响他人。这一理论应用于实际管理工作，可以使领导者明确在一定时期其关注的重点是什么、其行为方式达到什么程度、是否需要改变行为方式以及还有没有提高关心程度的潜力。领导者的行为改变有助于其提高领导的有效性。

视频资源
管理风格：你了解你自己吗？

引经据典

截然不同的领导风格

A公司总裁被员工们称为“一个正直而平易近人的人”。他喜欢关注那些被高级经理们忽视的雇员,力图让每一位员工在公司都受到平等对待。他曾开发了“参与管理项目”的系统,鼓励企业员工积极参与公司决策。

B公司总裁非常尊重企业的每一位员工,但同时他又注意与同事保持一定的距离。B公司的高级主管风格迥异、各具特色。为充分调动每一个人的积极性,不至于以个人的好恶影响对企业经营的决策,B公司总裁故意把自己孤立起来,不与任何主管建立个人关系。

以上是两种截然不同的领导风格,他们都在各自的岗位上取得了成功。每一位领导者都希望在获得良好的业绩的同时拥有更高的声望,但现实环境却让管理者不得不做出一些取舍。

(三)领导权变理论

引经据典

两个厂长谁是谁非?

在一个管理经验交流会上,有两个厂的厂长分别论述了对员工有效领导的看法。

A厂长认为,企业首要的资产是员工,只有员工都把企业当成自己的家,都把个人的命运与企业的命运紧密联系在一起,才能充分发挥他们的智慧和力量为企业服务。因此,领导者有什么问题,都应该与员工商量解决;平时要十分注重对员工需求的分析,有针对性地给员工提供学习、娱乐的机会和条件;每月的黑板报上应公布出当月过生日员工的姓名,并祝他们生日快乐;如果哪位员工生儿育女了,厂里应派车接送,厂长应亲自送上贺礼。在A厂长的厂里,员工都普遍地把企业当作自己的家,全心全意地为企业服务,工厂日益兴旺发达。

B厂长则认为,只有实行严格的管理才能保证为实现企业目标所开展的各项活动顺利进行。因此,企业要制定严格的规章制度和岗位责任制,建立严格的控制体系;注重上岗培训;实行计件工资制等。在B厂长的厂里,员工都非常注意遵守规章制度,努力工作以完成任务,工厂发展迅速。

两位厂长所采用的领导方式是截然不同的,那为什么最终结果都非常好呢?这就是领导权变理论的体现。A、B厂长在各自的工厂里实现了有效的领导,这与他们各自工厂的员工成熟度、产品生命周期、领导个性、外界市场等诸多因素紧密相关,没有哪两个企业可以采用完全一样的领导方式与方法,领导需要结合本企业内外部环境灵活处置,才能取得较好的领导效果。

领导权变理论致力于领导者如何根据环境、条件与下属的具体情况而采用适当的领导方式的研究，其基本观点可以用下列公式表示。

有效领导 =F(领导者、被领导者、环境)

有效领导与领导者、被领导者、领导环境因素之间是一种函数关系。

领导权变理论主要包括菲得勒的权变模式理论、罗伯特·豪斯的“途径—目标”理论，保罗·赫塞的领导生命周期理论等。本教材主要介绍“途径—目标”理论和领导生命周期理论。

视频资源

权变理论之菲得勒模型：灵动的领导魔法

1.“途径—目标”理论

★ 1)主要内容

“途径—目标”理论是指领导者的工作就是帮助下属达到目标，认为有效领导者应该通过明确指示实现工作目标的途径来帮助下属并为下属清除各种障碍和危险，从而使下属更容易完成工作。具体可以采取的领导方式由两种因素决定：一是下级的特征，包括下级受教育的程度，下级对于参与管理、承担责任的态度，对本身独立自主性的要求程度等；二是工作环境特点，主要是指工作本身的性质、组织性质等。

据此，途径—目标理论认为领导方式可分为以下四种。

(1)指示型领导方式。给下级明确任务目标，明确职责，严密监督，通过奖惩控制下级的行为。当工作任务模糊不清、变化大或下级对工作不熟悉，没有把握，感到无所适从时，这种方式是合适的。

(2)支持型领导方式。对下级友好，平等对待，关心下级的生活福利。这种领导方式特别适用于工作高度程序化，下级对工作感到不满意或工作本身缺乏吸引力时，领导可以通过善待下级，减轻下级的压力和焦虑，补偿其工作中不愉快，增加下级的努力和满意程度。

(3)参与型领导方式。鼓励下级参与任务目标决策和解决具体问题。当任务相当复杂需要组织成员间高度的相互协作时，或当下级足够拥有完成任务的能力并希望得到尊重和自我控制时，采用这种方式是合适的。

(4)成就导向型领导方式。这是参与型领导方式的一种特殊类型，它主要强调目标设置的重要性，领导者通过为下级设置富有挑战性的目标和鼓励下级完成这些任务来管理下级。当下级素质高，愿意接受挑战性工作，能有效自我管理时，这种领导方式就比较有效。

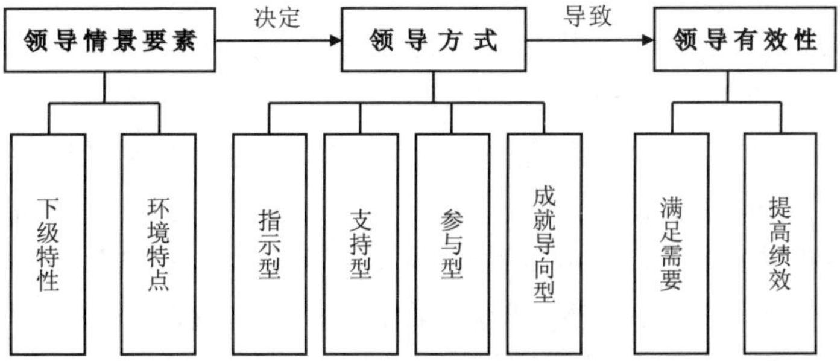

图5-2　“途径—目标”理论

★ 2)实际应用

在实践中，“途径—目标”理论简单明了。一个高效的领导者应该考虑下级的需要，并提供必要的指导和支持,帮助下级达到他们的个人目标,并确保这些个人目标与组织目标或群体目标相一致。当障碍出现时,领导者需要通过明确指示实现工作目标的途径来帮助下级并为下级清除各种障碍和危险,从而使下级完成工作更为容易。

即问即答:有没有最好的领导方式与方法?为什么?

2. 领导生命周期理论

引经据典

刘邦建立汉帝国的领导启示

汉高祖刘邦在庆祝打败项羽的庆功宴上向群臣提问:“我为什么能得天下?”群臣各抒高见,可刘邦均不满意。后来,刘邦解释说:“运筹帷幄,我不如张良;决胜于千里之外,我不如韩信;筹集粮草饷银,我不如萧何。而他们为被我所用,这就是我得天下的原因。”

这个故事告诉我们:刘邦能容人所短,让智者尽其谋,勇者尽其力,这是他能建立汉朝江山的重要原因之一。清末名相曾国藩曾说:“虽有良药,如果用得不对症,还不如一般的药;虽有贤才,如果不用在合适的地方,还不如那些庸人。”因此,知人善任的关键是领导在用人之前,要先识别人才。

领导生命周期理论就是一种让领导识别下属能力和意愿,以采取不同领导方式,实现知人善任的理论。

★ 1)主要内容

领导生命周期理论的主要观点是:领导者的风格应适应其下属的成熟程度。在被领导者日趋成熟时,领导者的行为要做出相应的调整,这样才能称为有效的领导。

下属“成熟度”是指个体对自己的直接行为负责任的能力和意愿,主要包含两项要素:工作成熟度与心理成熟度。前者包括一个人的知识和技能,工作成熟度高的个体拥有足够的知识、能力和经验完成他们的工作任务而不需要他人的指导;后者指的是一个人做某事的意愿和动机,心理成熟度高的个体不需要太多的外部激励,他们主要靠内部动机激励。

根据领导生命周期理论,领导者不能采用一种领导方式对待所有下属,即便对待同一个下属,也绝不能一成不变,当下属成熟程度提高时,领导者的行为也需相应变化。

如图 5-3 所示,用横坐标来表示领导对工作的关心程度,用纵坐标来表示领导对人际关系的关心程度,两两组合就可以形成四种领导行为:高工作—低关系的命令型,高工作—高关系的说服型,低工作—高关系的参与型,低工作—低关系的授权型。

下属成熟度与四种领导方式的对应具体如下。

(1)在下属成熟程度低的第一阶段(M1)中,员工执行任务既无能力、又没意愿。针对这类员工,领导应当选择高工作—低关系的命令型领导方式,即领导者要告诉下属应该干什么,何时、何地去干,甚至还要详细指导应该怎么干。否则,下属将感到不知所措、无所适从。比如，学校一般会安排新入职的教师参与集中培训，熟悉学校规章制度，了解教学常规要求，安排一个骨干教师担任他们的导师，手把手地教，这样可以促使新教师尽快掌握一个合格教师所需的基本知识和技能，并在听课、试讲中积累一定经验，从而提高其职业素质和成熟度。

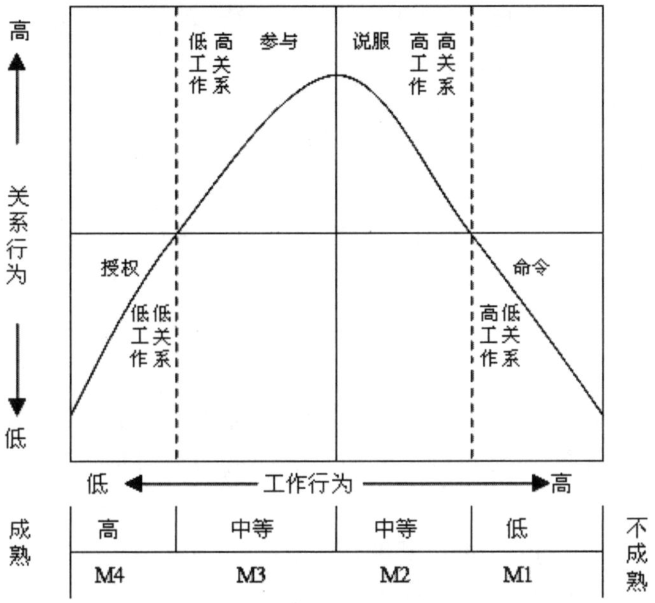

图 5-3　领导生命周期理论

（2）在下属初步成熟的第二阶段（M2）中，员工干工作有意愿，但能力还有一定欠缺。领导者应当选择高工作—高关系的说服型领导方式，即领导者布置工作不仅要说明干什么，还要说明为什么这样干，以理服人，不搞盲从。高工作行为能够弥补下属能力的欠缺；高关系行为则试图使下属在心理上“领会”领导者的意图。这也就是既要指导又要支持。

（3）在下属比较成熟的第三阶段（M3）中，员工干工作有能力、没意愿。领导者应当选择低工作—高关系的参与型领导方式，即领导者要与这类下属经常沟通信息、交流感情、改善关系，增强彼此信任感，同时由于下属工作能力较强，可以鼓励下属参与领导，共同决策，为这类下属提供完成工作任务的便利，从而激发这类员工的工作积极性。

（4）在下属成熟度高的第四阶段（M4）中，员工干工作有能力、有意愿。领导者应当选择低工作—低关系的授权型领导方式，即领导者布置任务后，放手让下属去干，充分发挥下属的主观能动性；在下属需要时，可以提供帮助和支持。否则，过多的关心和支持反而会引起下属的反感，使其认为领导者不放手是不信任他，从而挫伤下属的积极性，造成猜疑，影响工作成效。

引经据典

京东的用人之道

京东商城由刘强东于2004年初创办，现在京东已经发展成集金融、物流、科技和商城为一体的企业。刘强东是如何打造出国内顶级企业的?他对员工管理的方法和用人之道是什么呢?

在京东内部,刘强东不仅用期权和股票激励员工,对巡视和检查各地有无违反公司规定的管培生也开出了10万元以上的年薪。重要的是他借鉴了领导生命周期理论的方法把人才按照能力和价值观划分为五类,分别采取不同的领导方式。能力和价值观都不行的员工为废铁;价值观行,能力不行的员工为铁;能力强,价值观不行的员工为铁锈;能力和价值观没有问题的员工为钢;能力较强、价值观成熟的员工为金子。他认为只占企业20%的金子员工应当被充分授权,发挥其潜能。

对照领导生命周期理论,针对京东企业的废铁、铁、铁锈、钢和金子五类员工,领导行为应从命令型向说服型、参与型、授权型逐步推移。这是刘强东打造京东的用人之道,它才是企业成功的真正"推手"。

2)实际应用

当下属的成熟度不断提高时,领导者不但可以减少对下属行为和活动的控制,还可以不断减少关系行为。可见,领导方式要随着员工成熟度的不同而调整。应用领导生命周期理论时要注意以下关键问题:

(1)领导者要正确识别员工的成熟度;

(2)领导者应及时把握下属成熟度的动态变化,调整和选择领导方式;

(3)领导者应为下属提供合适的环境,提高员工的业务能力,加强员工完成工作的意愿。

总之,对不同的人要用不同的领导方式,并将其放在不同位置,发挥其作用;对同一个人在不同的阶段也要用不同的领导方式,采用科学的方法识别下属,实现知人善任。

总之,领导权变理论认为不存在一种普遍适用、唯一正确的领导方式与方法,只有结合具体情景,采用因时、因地、因事、因人制宜的领导方式,才能产生理想的领导效果。这一理论应用于实际管理工作,可以使领导者意识到,没有一成不变的领导方式与方法,领导者需要根据不同情况、不同时间、不同下属灵活地调整和改变领导方式与方法。

视频资源
权变理论之领导生命周期理论:如何才能做到知人善任?

知识小结

(1)领导是管理的一项工作(职能),其主要内容是在组织目标已经明确、组织机构已经建立的情况下,领导者率领和激励员工为实现组织目标而努力奋斗。

(2)领导的三种基本手段是指挥、激励、沟通。

(3)领导的三要素是领导者、被领导者和情境。

(4)领导方式要"因人而异",针对"经济人""社会人""自我实现人""复杂人"分别采用的领导方式是专制型、民主型、放任型、权变型。

（5）领导理论可以划分为领导特质理论、领导行为理论、领导权变理论三种。

（6）领导特质理论致力于杰出领导者所具有的某些共同的特性或品质的研究。

（7）领导行为理论致力于领导者应该做什么才能使领导更加有效的研究。

（8）领导权变理论致力于领导者如何根据环境、条件与下属的具体情况而采用适当的领导方式的研究。

（9）途径—目标理论强调领导者应该根据下级的特性和工作环境特点来调整自己的领导方式。

（10）领导生命周期理论的主要观点是：领导者的风格应适应其下属的成熟程度。在被领导者日趋成熟时，领导者的行为要做出相应的调整，这样才能称为有效的领导。

子情境 5.1　指挥公司员工

学习情境

学生以小组合作的方式，通过自学、社会调查、网络资源搜集，在教师的要求和指导下，模拟指挥公司员工。

学习任务

目的：训练指挥公司员工的能力。

内容：指挥公司员工的方式和技巧。

方式：讨论、分析、操作。

成果：做出公司员工指挥方案。

相关知识链接

一、指挥的基础

任何一个公司的目标只有通过全体成员的共同努力才能实现。在实现目标的过程中，领导者需要指挥下属完成各项工作与任务，那么，领导者依靠什么去指挥下属，并让下属跟随与服从呢？问题的答案即领导者进行指挥的基础。领导者指挥下属依靠的是对下属的影响力，这种影响力既源于组织赋予领导者的权力，即职权，也源于领导者自身的个人魅力，即威信。

视频资源
权力基础：谁赋予你的权力？

（一）组织性权力

组织性权力是组织赋予的、规章制度规定的职权影响力。比如公司总裁、警察局局长、学校校长等,他们作为组织的领导者,享有组织赋予的权力,指挥员工开展工作、完成组织目标。职权随职务的授予而开始,以职务的免除而终止。它既受法律、规章制度的保护,又受法律、规章制度的制约。这种权力具有明确性、直接性和强制性等特点,包括三个方面的权力:法定权、奖赏权、惩罚权。

(1)法定权。法定权是根据组织结构设定赋予领导者的职位权力,如人事任免权、工作任命权、最终决策权等。

(2)奖赏权。奖赏权是通过奖励的方法来调动下属的积极性,引导下属做出组织期望的行动的一种权力,奖赏既包括物质奖励,又包括精神激励等。

(3)惩罚权。惩罚权是一种强制权,领导者可以对表现不好的员工进行一定的惩罚,下属会害怕自己的不服从而导致不利结果,从而实现管理过程中的行为约束。

(二)个人性权力

组织性权力是一种带有强制性色彩的权力,虽然它的使用能极大地规范和约束下属的行为,但由于下属是被动接受与服从,所以,它有一定的负面影响,且有时在执行过程中易造成上下级关系的紧张。与组织性权力相反,个人性权力是一种非强制性的权力,是领导者因个人特质具备的非职权影响力,它主要是通过领导者自身的威信去影响和改变被领导者的心理和行为。

非职权影响力来源于领导者的个人魅力,以组织成员发自内心的敬重和服从为基础,能使被领导者自愿追随听从领导,包括两方面的权力:

(1)专家权,是指因领导者在某一特定领域具备超常的专业知识或特殊技能而产生的影响力,专家权更能让员工自愿听从领导指挥,使领导者得到员工的拥戴,心悦诚服地追随领导者;

(2)参照权,是指领导者在工作当中由于个人魅力而产生的领导影响力,领导者以身作则,为员工树立榜样,产生模范作用,这往往比通过公司规章制度鞭策员工效果更好。

引经据典

是谁赋予领头羊的权力?

在澳大利亚的牧场里,一个牧场主往往拥有成百上千只羊,怎么样才能让每一只羊都听从指挥,跟随自己去指定地点呢?这看起来像是一件非常困难的事情。但其实解决问题很简单,找到一只领头羊,这个问题就可以迎刃而解!牧场主牵着领头羊到哪里,羊群就会跟着到哪里。

这只领头羊,除了牧场主的钦定和选拔之外,要想服众,还需要展现一些个人能力:带羊群找到肥美的草地、预判可能的风险等。

★重要结论

(1)组织性权力是领导影响力的前提。为了让员工的行为与公司目标一致,领导者需要通过指挥等手段使员工服从命令，听从安排，统一行动，这就要求领导者必须拥有法定和正式的权力，以支配和威慑下属，实现“有令必依，令行禁止”，因此，组织性权力是领导影响力的前提。

（2）个人性权力是领导影响力的基础。要使下属自觉自愿地服从领导命令并为实现公司目标尽全力，仅仅依靠组织性权力是不够的，即便领导者再盛气凌人或武断专横，下属也只是口服心不服，还会心生怨气。单纯依靠组织性权力形成的影响力是有限的和暂时的，有时甚至会起到相反的效果。如果领导者具备了渊博的知识、卓越的能力、高尚的品德以及很强的亲和力，那么领导者将具有崇高的威信，领导者可以依靠这种个人威信，像磁石那样吸引着下属，下属会从心理上归顺于他，而这种归顺是发自内心的，且效果可以持久，因此，个人性权力是构成领导影响力的基础。

思政点拨—敢担当　能吃苦

“跟我上”和“给我上”的领导风格

“跟我上”和“给我上”，仅一字之差，却有天壤之别。首先从字面上理解是领导是否能带头垂范做表率的区分：“跟我上”的领导在任何时候、任何困难面前都要带头冲在前、干在先，给下属做榜样、立标杆，对自己的岗位有强烈的责任感和使命感；相反，那些“给我上”的领导总是瞻前顾后，畏首畏尾，究其根本就是自私自利的思想观念在做作祟。再从效果上看，“跟我上”的领导肯定能得到更多人的拥护和跟随，而“给我上”的领导往往事与愿违，很少有人会心甘情愿地响应他的号召。

习近平总书记在“不忘初心、牢记使命”主题教育总结大会上最后提到“人不率则不从，身不先则不信”。领导机关和领导干部带头冲在前、干在先，是我们党走向成功的关键。一个合格的党员干部应该有着敢冒险、敢冲锋、敢担当的“舍我其谁”的英雄气概，不拈轻怕重、推诿卸责，自己打头阵，主动带着党员和群众干。如果一个国家的领导干部，都是“跟我上”型，这个国家必然风清气正、斗志昂扬、蒸蒸日上。

文献参考：https://www.sohu.com/a/382907332_120099718

即问即答：在你的现实生活和学习中，你的领导都行使过什么权力，你对他口服心不服，还是心服口服？

二、指挥及其内容

●指挥就是领导者运用其权力，通过指引、部署、指导等方式规范下属思想与行为的活动过程。

领导对下属的指挥工作主要包括指引、部署、指导三个方面。

（1）工作指引。领导者需要将公司的经营方针、经营理念灌输给员工，为员工工作指明方向,使各个部门和每一位员工都清楚未来的工作目标和任务要求,从思想上和行动准备上保证公司生产经营活动的正常进行。

(2)工作部署。领导者应该把公司经营目标与任务安排好,并对所需要的各种资源进行分配;还要规定任务完成期限,并要求下属制订具体实施计划。任务安排和资源分配要做到清晰明确、责任到人、落实到位。

(3)工作指导。领导者还应该随时关注工作任务进程,及时对下属的工作进行指导,对实施过程中可能出现的矛盾给予解决,针对下属在工作中遇到的困难马上处理,使公司生产经营的各项工作能够有效开展。

三、指挥的方式

领导者的指挥方式,按照所采用的载体不同,可以分为口头指挥、书面指挥和会议指挥三种。

(一)口头指挥

口头指挥是指领导者用口头语言的形式进行的指挥,具有直接、简明、及时、方便等特点,是领导者广泛采用的一种指挥方式。口头指挥的具体形式有当面指挥、电话指挥、发信息指挥等多种形式。

(二)书面指挥

书面指挥是指采用书面文字形式进行的指挥,具有准确性、规范性、确定性、可储存性等特点。书面指挥的具体形式有决定、决议、指示、布告、通知、通报、批复等。

(三)会议指挥

会议指挥是指通过多人聚集,共同研究或布置工作的指挥方式,具有快速下达、接受面广、及时反馈等特点。在实际领导工作中,会议是一种经常使用,而又行之有效的形式。

知识小结

(1)领导权力是指挥的基础。

(2)领导权力由两个方面构成,一种是组织性权力,即职权,另一种是个人性权力,即威信。

(3)组织性权力是组织赋予领导者的一种正式和强制性的权力,个人性权力是一种非强制性的权力。

(4)组织性权力是领导影响力的前提,个人性权力是领导影响力的基础。

(5)组织性权力具有明确性、直接性和强制性的特点,包括三个方面的权力:法定权、奖赏权、惩罚权。

(6)个人性权力来源于领导者的个人魅力,包括两个方面的权力:专家权、参照权。

（7）领导对下属的指挥工作主要包括指引、部署、指导三个方面。

（8）领导对下属的指挥方式有口头指挥、书面指挥和会议指挥等。

相关技能要求

领导艺术

领导既是一门科学，也是一门艺术。领导艺术就是领导者在领导方式与方法上表现出来的创造性和灵活性，是领导者的智慧、学识、才能、胆略、经验在领导实践中的综合反映，主要表现为领导者在领导方法上的特殊性、巧妙性、变化性。领导的艺术性表现在领导工作的各个方面，特别是在以下三个方面的工作中，领导者需要提高其领导的艺术性。

一、善待下属

领导者在对待下属方面，应该做到尊重、坦诚、宽容、对事不对人。①尊重。领导者要坚持上下级之间在人格上的平等，上下级之间只有职务的差异、分工的不同，而没有高低贵贱之分，要给予下属反馈意见和建议的权利与机会。②坦诚。领导者要信守承诺，以身作则，始终做到表里如一，兑现对下属的承诺。③宽容。领导者在同下属进行沟通时，要将自己的心态放平，要有容人之心，要允许下属犯错误，允许下属阐述个人的观点，不要过多地批评，而应更多地表示理解。④对事不对人。领导者对待下属，还应该一切按规定程序办，先定制度后办事，既要坚持原则，又要体恤下属，做到对事无情，对人有情。既能坚持制度的严肃性，又不伤人的感情，这才是一个领导者的高明之处。

引经据典

晓之以理、动之以情的批评

某位老板的女秘书是一位刚刚毕业的大学生。这位秘书打字时总是不注意标点符号，令老板很是苦恼。有一天，老板对她说："你今天穿了这样一套漂亮的衣服，更显示了你的美丽大方。"

女秘书突然听到老板对她的称赞，受宠若惊。老板于是接着说："尤其是衣服上的这排纽扣，点缀得恰到好处。所以我想告诉你，文章中的标点符号就如同衣服上的扣子一样，注意了它的作用，文章才会通俗易懂，条理清楚。你很聪明，相信你以后一定会多加注意！"从那以后，秘书做事明显变得有条理了，也不再马虎，一个月后，她的工作基本上能令老板满意了。

作为领导，在批评员工的同时，如果能找出一点值得表扬的事情留在批评之前和批评之后说，力争用一种友好的气氛开始和结束谈话，往往能起到事半功倍的效果。

二、时间管理

在实际工作中,领导者往往因为做事目标不明、抓不住重点、没有条理、作风拖拉等各种因素的影响,无法控制好时间。领导者对时间的管理可以采用ABC时间管理法。

ABC时间管理法就是以事务的重要和紧急程度为依据,将待办的事项按照由重要到不重要、由紧急到不紧急的顺序划分到A、B、C、D四个象限中去,然后按照事项的重要程度和紧急等级由A到B,再到C,最后到D依次完成任务的做事方法,时间管理四象限图如图5-4所示。

A类是紧急且重要的事件,比如紧急状况、迫切问题、限期完成的重要任务、突发事件等。这类事情如果耽搁下来,后果会非常严重,必须马上着手处理。

B类是不紧急但重要的事件,比如准备及预防工作,计划,人际关系的建立,再创造能力、自身能力的提升等。这类事件虽然不紧急,但是非常重要,需要领导者做好计划,投入更多的时间去完成。

C类是紧急但不重要的事件,比如造成干扰的访问、电话、信件、报告,某些会议,迫在眉睫的小急事,符合别人期望的小急事等。这类事件虽然非常紧急,但是并不重要,领导者要尽量减少这类事件的处理时间,只要有可能就交给下属去完成,自己集中精力处理A类和B类事件。

D类是不紧急且不重要的事件,比如忙碌琐碎的事,无关紧要的信件、电话,浪费性事件,可逃避性活动等。领导者处理这类事件的方式很简单,那就是不去做。

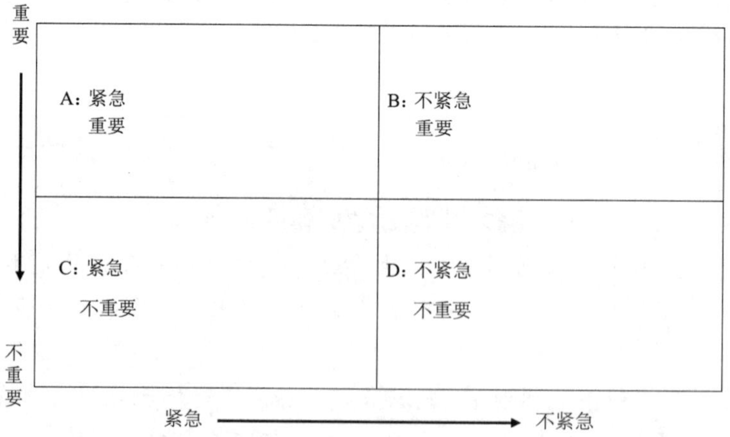

图5-4 时间管理四象限图

即问即答:列出你最近的事件清单,并按照ABC时间管理法对清单上的事件进行归类,合理分配时间,提高时间效率。

三、权力分配

领导者应该合理地对其权力进行分配,即授权。不是什么事情都需要领导者亲自完成的,有时一些一般性事务型工作可以交代给下属。权力分配的作用主要体现在以下几个方面。

(1)领导者进行权力分配,可以使自己从许多本不应该亲自做的事情中解脱出来,专心致力于发展战略制定、领导决策、沟通协调、检查监督等公司重大的、方向性的工作。同时,领导者也可以考察自己在授权中的各种表现,可以了解自己的领导素质和心理素质,从而认识自己的优缺点,改进自己的领导方式,调整心态,提高自己的领导水平。

(2)领导者通过权力分配,可以使得下属拥有更饱和的工作量、更具挑战性的工作,调动下属的积极性,产生"四两拨千斤"的巨大力量,给公司带来较高的激励水平以及高效的团队业绩。领导者也可以在这一过程中寻找到可以独当一面的人才,作为自己的左右手,分别承担起各方面的责任,帮助自己处理各种事务。同时,良好授权关系的建立,可以帮助公司构筑一套科学的人才选拔与培养体系,确保公司始终拥有发展的动力。

(3)通过"关键会议制度""书面汇报制度"以及"管理者述职"等手段的运用,领导权力分配不但不会导致公司内部分化,反而会使公司在分工的基础上更加团结一致,更加具有凝聚力。权力分配可以使公司组织结构分工与管理集中在一起,既能激发个性思维和创造力,又能发挥集体智慧,开拓新的视野。

技能要点

(1)领导既是一门科学,也是一门艺术。

(2)领导艺术就是领导者在领导方式与方法上表现出来的创造性和灵活性。

(3)领导者需要在善待下属、时间管理、权力分配等方面提高领导的艺术性。

(4)领导者在对待下属方面,应该做到尊重、坦诚、宽容、对事不对人。

(5)领导者在时间管理方面需要分清事务的主次,应用ABC时间管理法,对事件进行排序,做到合理安排时间。

(6)领导者在权力分配方面,应该做到充分授权。这有利于领导者管理重大事务,也有利于调动员工的积极性。

子情境5.2　激励公司员工

学习情境

学生以小组合作的方式,通过自学、社会调查、网络资源搜集,在教师的要求和指导下,模拟激励公司员工。

学习任务

目的:训练激励公司员工的能力。
内容:公司员工激励与强化的方式和方法。
方式:讨论、分析、操作。
成果:做出公司员工激励方案。

相关知识链接

一、激励及其实质

激励是领导的一种手段,与指挥手段相比较,不是凭借权力与威信影响下属,而是通过激发人的需要与动机,使下属自觉自愿为实现公司目标而努力,并发挥出最大的工作能量。激励所导致的员工行为不带有任何的强制性,而在于员工的内在驱动力,因此,领导者运用激励手段能够更好地实现领导职能。

引经据典

三个人修礼堂的故事

有三个工人正在工地上忙碌,一个过路人分别问他们在干什么。第一个人愁眉苦脸地说:"我在搬石头,不然我就没饭吃。"第二个人一脸茫然地说:"我在修房子,我要养家糊口。"第三个却神采奕奕地说:"先生,你没看到吗?我们当然是在这里建造一座辉煌的礼堂啊,这就是我的工作。"同样的工作内容,三个工人的工作热情和工作状态截然不同。

现代企业竞争的核心是人才的竞争,如何点燃员工的工作激情,调动员工的工作积极性,激发全体员工的创造力,促使员工更加积极、主动、持续地努力工作,是每位领导必须面对的管理难题。

●**激励是指领导者通过影响下属内在需要或动机来维持、引导、改变其行为的活动。**

公司员工为什么需要激励呢?可以用图 5-5 所示的激励关系方程式来说明激励的实质。图中,F_{max} 代表人的潜力最大化,F 表示一个人实际发挥的能力,即激励效应,夹角 α 表示个人目标与公司目标的一致性或差异性。

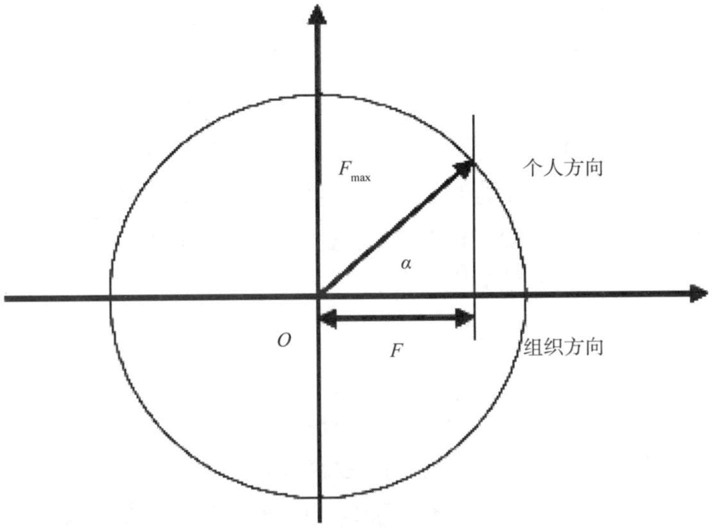

图 5-5　激励关系方程式

依据激励关系方程式可以发现,当个人努力方向与公司目标完全一致时,即当夹角 α 等于 0 时,F 与 F_{max} 是相等的,也就是个人的潜在能力得到了最大限度的运用,激励效果最好。如果个人努力方向与公司目标成直角关系时,即夹角 α 呈 90 度时,$F=0$,激励效应最差。当个人努力方向与公司目标完全不一致时,即夹角 α 呈 180 度时,公司获得的是最大限度的"负激励"效应,员工在公司中充当"拉倒车"的角色。

思政点拨—以人为本

战旗村"以人为本"的治理,激发内生活力

四川省成都市战旗村是"全国军民共建社会主义精神文明单位"、"全国文明村"、四川省"四好村"等荣誉称号的获得者,同时是四川省新农村建设重点试点村及示范村、中国美丽休闲乡村、国家4A级旅游景区、首批全国乡村旅游重点村、首批全国乡村治理典型案例。习近平总书记用"战旗飘飘,名副其实"对战旗村的发展成绩、发展模式给予了充分肯定。

战旗村取得如此突出的成绩与其坚持"以人为本",激发内生活力是分不开的。战旗村将"以人为本"的理念始终贯彻在乡村治理过程中,尊重村民意愿,坚持问题导向和目标导向,围绕村民参与乡村治理制定适当的激励制度,激发群众参与乡村治理的内生动力。首先,在参与决策方面,明确村民的首要需求和最需要解决的问题,通过奖励机制鼓励村民参与治理事务,并使参与的村民在各项集体性事务中拥有实际表决权。其次,在监督管理方面,公开乡村治理的日常事务,实现真正透明化,同时建立并完善治理监督制度,做到有法可依、依法治理。最后,提升村民组织化程度,通过创建党支部的形式在村民中建立党组织,吸引党员干部加入并带动村民参与,形成有组织、有纪律的村民团体,不断提升村民参与治理的能力。

文献参考:喻杨杨,文霞. 乡村振兴背景下党建引领乡村治理研究:以四川省成都市战旗村为例 [J]. 新丝路,2022(5):14-16,44.

★重要结论

在通常情况下,一方面员工行为不一定与公司目标保持一致;另一方面员工的显在能力及潜能没有达到最大化。因此,激励的实质就是通过设计一定的中介机制,使个人行为与公司目标最大限度地保持一致,并激发出员工的最大能力,使员工的能动性、积极性和创造性得到充分发挥,以保证公司目标实现的最大化。

引经据典

永辉超市的合伙人制度

在中国民营超市中作为国内排名第一的永辉超市探索实行合伙人制度,让员工把企业的事业当作自己的事业去奋斗,大大提高员工工作积极性,取得了惊人的成绩。永辉超市2023年上半年发布的半年度报告显示,目前国内已开业门店合计1008家,覆盖全国29个省和直辖市;已签约未开业门店达105家,储备面积81.79万平方米。报告期内,公司实现营业总收入420.27亿元,综合毛利率21.99%。永辉超市对"内部客户"的激励机制和满足是永辉超市高速发展的关键原因。

传统的雇佣模式激励体系是工资+提成+奖金+福利。永辉超市门店员工除了有基本工资外,还有机会获得门店超额收益分红,门店员工能获得多少分红,取决于门店经营结果与个人工作表现。经营结果主要体现为门店收入和门店利润。因此员工会自动自发地去开源节流:员工总是热情地接待顾客,提供更出色的服务;对待产品也像对待自己家的东西一样,小心保护,并尽量避免不必要的成本浪费。以果蔬为例,员工在码放时会轻拿轻放,让产品摆放井井有条,并注意保鲜程序,给客户更好的体验感,提升门店的盈利率。在国内整个果蔬部门损耗率超过30%的情况下,永辉超市只有4%~5%损耗率。

二、激励过程

心理学的研究成果证明,人的行为动机是由其所体验到的某种未满足的需要和为达到目标所引起的。人的需要从产生到得到满足的过程可以用图5-6表示。

图5-6表明,人们的内在需要,在受到外部刺激后,会产生强烈的心理紧张感,从而转化为行为动机,促使其做出一系列行为去实现目标,以满足自身需要,当目标实现,需求得到最终满足,人的紧张心理得到缓解,这时新的需要又产生,一直循环往复。因此,激励过程就是通过影响和满足人的需要,诱发人的行为动机而达到引导人去实现一定目标的过程。由于人的需要具有多样性和复杂性,如何将满足个人目标与公司目标结合起来,即公司目标实现的同时,个人目标及需要也得到满足,就成为员工激励的关键,关于这个问题,我们将在后面的激励方式和方法中做详细介绍。

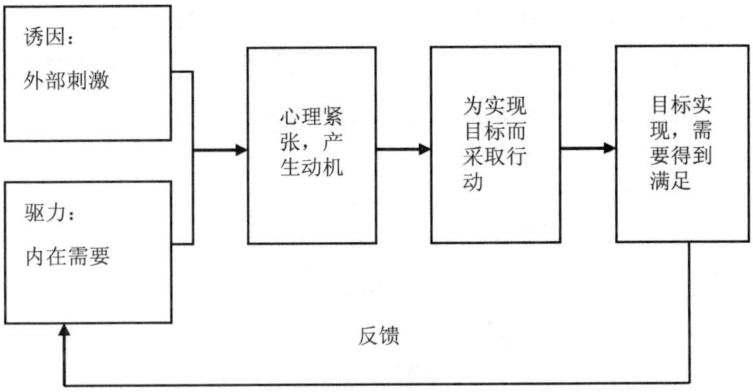

图 5-6　激励过程

即问即答：什么事情让你倍受鼓舞？并说明受到鼓舞的原因、过程、结果？

知识小结

(1)激励就是领导者通过影响下属内在需要或动机来维持、引导、改变其行为的活动。

(2)由于员工行为不一定与组织目标保持一致以及员工的显在能力及潜能没有达到最大化，所以需要对员工实施激励。

(3)激励的实质就是通过设计一定的中介机制，使员工行为与组织目标最大限度地保持一致，并激发出员工的最大能力，以保证组织目标实现的最大化。

(4)激励过程就是通过影响和满足人的需要，诱发人的行为动机而达到引导人去实现一定目标的过程。

相关技能要求

员工激励与强化

一、激励方式与方法

关于针对人的激励方式与方法，西方国家许多管理学家和心理学家都从不同角度进行了探讨与研究，由此产生了许多的激励理论，这些理论大致可以划分为两种：①从分析人的需要内容探讨激励方式与方法；②从需要产生的行为过程研究激励的方式与方法。下面根据这些西方激励理论介绍针对人的激励方式与方法。

(一)“需要”激励

★ 1. 主要内容

依据美国心理学家亚伯拉罕·马斯洛的需要层次理论的观点，任何人都是有需要的，需要会促使人产生行为的动机,需要的满足可以从一定程度激发人的工作积极性。

人的需要可以分为五个层次,即生理需要、安全需要、社交需要、尊重需要和自我实现需要,这五种需要由低到高呈金字塔形分布,如图5-7所示。

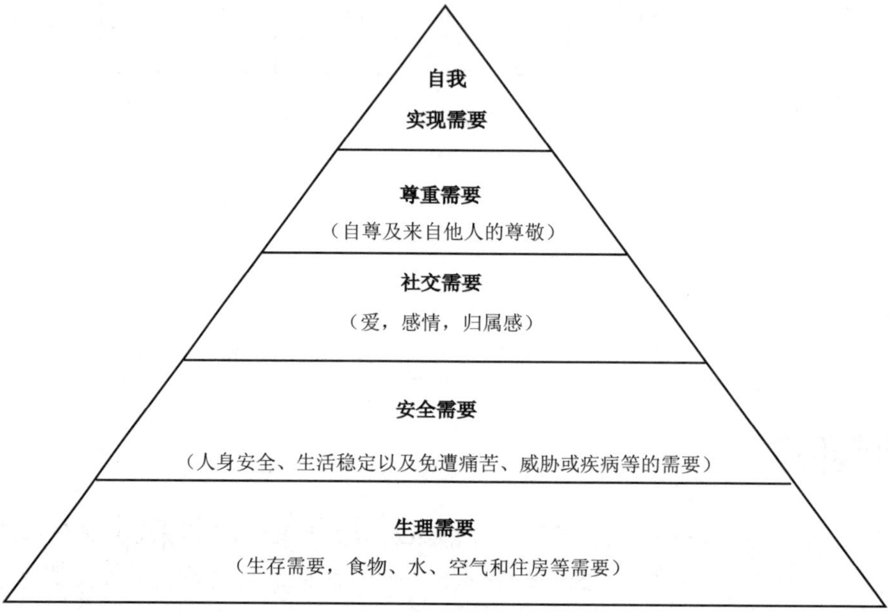

图5-7 马斯洛需要层次理论

(1)生理需要。这是人的最基本需要,这是一个人维持生存所需的衣食住行方面的需要。如果人的这个需求得不到满足,在人还没能维持生命前,其他的需要都是不能起到激励作用的。

(2)安全需要。这是指人们对其自安全、就业与经济保障、工作和生活环境的安全等方面的需要。

(3)社交需要。这是指人们总希望获得友谊、爱情、归属感等的欲望。

(4)尊重需要。这是指人希望自己保持自尊与自重,获得别人的尊敬,得到别人的好评的要求与愿望。

(5)自我实现需要。这是指每个人都想使自己的潜能得到最大限度的发挥,实现自己的理想抱负的欲望。

引经据典

用洋葱代替胡萝卜的尴尬

一家制药业的"巨无霸"刚刚获得了一项评审极其严格的质量产品奖。公司的广大员工废寝忘食,牺牲了个人的休息时间,通过半年多的努力,最终赢得了这个奖项。公司领导召集全体员工开庆祝会,由CEO代表公司表达对每位员工的感谢,宣布这个奖项对公司的意义。

最后，CEO说：“为庆祝这次巨大的成功，大家都会得到一份很有意义的礼物！”此时，员工的心情就像过节一样开心。但是当大家看到礼物只是印着员工照片的陶瓷杯子时，会场上先是死一般的寂静，接着爆发出失望的唏嘘声。

在员工摇着头，苦笑着领走自己的杯子时，可怜的CEO好像只剩下最后一点呼吸了，员工的表情让他心寒。随后的几个星期里，陶瓷杯成了公司里新的（令人嘲讽和挖苦的）质量象征品，员工的工作态度和工作积极性也因此受到了影响。

★ 2. 实际应用

上述案例说明，任何一个公司只有充分了解员工在不同时间段以及不同场景的实际需要，并有针对性地给予满足，才能从根本上激发员工的工作积极性。

在实际管理工作中，应用马斯洛的需要层次理论对员工进行激励应该注意以下问题。

（1）人的需要具有递进性。当人的低层次需要得到相对满足后，下一个较高层次的需要才能占据主导地位，成为驱动人们行为的主要动力，因此，管理者应该关注员工当前的需要和未来的需要，以便有针对性地对下属进行激励。

（2）人的需要具有跳跃性。当一个人的高层次需要得到充分满足时，他对低层次的需要就不那么迫切了。比如，初创公司合伙人自我实现的需要激发了他们无限的工作激情，这时的他们并不计较低层次需要是否得到满足。再比如那些生活条件并不宽裕但热心公益的好人，他们更看重的是实现自己的社会价值。

因此，管理者不能局限于按人类需要的递进性对员工进行激励，要充分激发员工更高层次的需要。

（3）分析和关注人的优势需要。人在同一时期可能存在多种需要，往往只有一种需要占据主导、支配地位，即优势需要，人的行为主要受优势需要所驱使。领导者在激励下属时，不能一刀切，应该分析和判断出各个员工的优势需要是什么，从而开展有针对性的“需要”的激励。

（4）处理好物质激励与精神激励的关系。在马斯洛所描述的人的五个层次的需要中，前两个层次的需要基本上属于物质需要，后三个层次的需要属于精神需要。由此可见，物质需要是人的基本需要，领导者可以通过调节和满足下属的物质需要来激发其行为动机，但是，当人的物质利益得到一定程度的满足以后，物质激励的作用就会减弱，这个时候，领导者就应该通过调节和满足下属的精神需要来激发其行为动机。所以，在实际工作中，领导者要善于将物质激励与精神激励有机结合在一起，发挥二者的组合效应。

（二）“因素”激励

★ 1. 主要内容

依据美国心理学家赫兹伯格的双因素理论的观点，如果人们在公司的政策、管理、监督系统、工作条件、人际关系、职务地位、薪金以及工作安全等方面得不到满足，会产生不满，如果得到满足则没有不满。这一类和工作环境或工作条件有关的因素被称为“保健因素”。而如果在成就、赏识、期望、认可、晋升以及工作责任感等方面得到满足则会给员工以极大的鼓励,产生满意感,有利于充分调动和维持人们的工作积极性。这一类与工作内容紧密相关的因素被称为“激励因素”。

双因素理论强调,消除工作中员工对保健因素的不满意只能维持没有不满的“保健”状态,而不会对员工产生激励作用。而对于激励因素,当人们得不到满足时,工作会缺乏积极性,但不会产生明显的不满情绪;当人们得到这些因素的满足后,会产生对工作的浓厚兴趣,产生积极性,这些因素起着明显的激励作用。

引经据典

中秋节的奖金该发吗?

一家IT公司每年中秋节时,老板会额外给员工发放一笔1000元的奖金。但几年下来,老板感到这笔奖金正在丧失它应有的作用,因为员工在领取奖金时反应相当平和,每个人都像领取自己的薪水一样自然,并且在随后的工作中也没有人会因这1000元表现得特别努力。既然奖金起不到激励作用,老板决定停发,加上行业不景气,这样做也可以减少公司的一部分开支。但停发的结果却大大出乎意料,公司上下几乎每个人都在抱怨老板的决定,有些员工明显情绪低落,工作效率也受到不同程度的影响。老板很困惑:为什么有奖金的时候,没有人会为此在工作上表现得积极主动,而取消奖金之后,大家都不约而同地指责抱怨甚至消极怠工呢?要回答这个问题必须先弄清楚奖金是激励因素还是保健因素?很明显公司是将奖金作为一种激励因素,希望通过发放奖金起到激励作用。

但是必须指出,让奖金作为激励因素使用时,必须与企业的效益或部门及个人的工作成绩挂钩。如果奖金不与工作成绩联系,一味地“平均分配”,久而久之,奖金就会变成保健因素,再多也起不了激励作用。

★ 2. 实际应用

上面案例说明,薪水、奖金属于保健因素,用于满足人的物质需要,当人的物质需要得到一定程度的满足后,其对人的激励效果就非常有限了。

在实际管理工作中,应用赫兹伯格的双因素理论对员工进行激励应该注意以下问题。

(1)正确区分“保健”和“激励”因素。领导者应该根据本公司的实际情况,正确区分保健因素和激励因素。针对保健因素,可以通过采取改变工作环境、完善管理制度、改善人际关系以及提高薪金水平等措施,以消除员工的不满。针对激励因素,可以采用提供职务晋升、职务培训、工作支持、授权工作、工作丰富化以及荣誉奖励等手段对员工进行有效激励。

(2)合理设计工作激励方式。根据赫兹伯格的双因素理论,对人的激励主要来自工作本身,因此,领导者应该通过合理的工作设计,想方设法提高员工对工作的满意度,以实现最有效的激励。在实际管理工作中,可以设计与运用下列的工作激励方式。

①工作适应性。即工作的性质和特点与员工的能力、特长和能力大小相匹配,这样能充分发挥员工的工作优势,引发其产生工作兴趣,使员工满意自己的工作,从而产生很高的工作热情和工作效率。

②工作的挑战性。人们更愿意从事具有挑战性的工作,因为人们有自我实现的需要以及渴望获得别人尊重的需要。领导者给予员工挑战性工作,能使员工更加重视和热衷于自己的工作,以达到激励的目的。

③工作的自主性。人们出于自尊的需要,期望独立自主地完成工作,并以极大的热情投入工作,特别是当工作取得成功时,人们会受到巨大的激励。所以,领导者可以运用目标管理等方式,让员工获得工作的自主性,激发员工的工作热情与潜能。

视频资源
双因素理论:有钱能使鬼推磨?

④工作的扩大化与丰富化。工作的单调乏味或简单重复,会导致员工厌烦工作,影响工作积极性。领导者可以通过重新设计工作、增加工作内容等方式实现员工工作内容的扩大化与丰富化,这有利于激发员工的工作兴趣,并促使员工全面发展。

(三)"期望"激励

★ 1. 主要内容

依据美国心理学家弗鲁姆的期望理论的观点,当人们有了某种强烈的需要,这种需要就会促使人们以行动去实现这一目标,当目标还没有实现时,这种需要会转化成为一种期望,即激发力量,这种力量会激发人们去实现目标。当然,激发力量的大小,取决于效价,即人们所追求的这个目标必须是能够满足自己某种需要的;也取决于期望值,即人们会估量实现这个目标的可能性的大小。

引经据典

高考的期望与概率

一位即将要参加高考的学生,为自己设立了报考清华大学的目标。如果能够考上清华大学,他将享受到国内最好的高等教育,而且毕业后有十分不错的收入,这就是效价;能够考上清华大学的概率就是期望值。如果这个学生学习成绩非常优秀,其期望值是很高的,同时,考上清华大学的效价是非常大的。由此可见,实现考上清华大学的目标,对于这位学生的激发力量将是巨大的。反之,如果这个学生成绩一般,考取清华大学的概率很低,即便考上清华大学的效价很高,这个目标对这个学生的激发力量也是很小的,甚至为零。

因此,期望理论可以用下面的公式表示:

激发力量 = 效价 × 期望值

即激发力量取决于效价和期望值的乘积。公式中的激发力量是指受激励的强度,即激励作用的大小;效价是指目标对于满足个人需要的价值;期望值是指采取某种行动实现目标的可能性的大小,即概率。

在实际生活和工作中,每个目标的效价与期望常呈现负相关。难度大、成功率低的目标既有重大社会意义,又能满足个体的成就需要,具有高效价;而成功率很高的目标则会由于缺乏挑战性,做起来索然无味,而导致总效价降低。因此,设计与选择适当的目标,使其既给人以成功的希望,又使人感到值得为此而奋斗,就成了激励过程中的关键问题。

★ 2. 实际应用

根据弗鲁姆的期望理论的观点,公司领导者在设计和选择激励项目和内容时,需要进行效价与期望值的分析与判断,尽可能做到以下三点。

(1)公司目标设立与员工需要紧密结合。激励的本质是让员工以最大的能力去实现公司目标,如果能够使员工在完成公司目标的同时,其自身的各种需要得到满足以及个人目标得以实现,毫无疑问,目标就会成为诱因,使员工不断追求目标,并产生持久的工作热情、动力和自觉的行为,以最大限度地实现公司目标。

(2)加大目标实现的效价。领导者一定要选择员工感兴趣、高度重视的项目及内容作为激励手段,即让员工对激励项目与内容有高度的认同感和感受到其价值较高,以增强其对员工的激励作用。

(3)增大目标实现的可能性。只有通过努力实现的目标,才能真正发挥激励的作用,因此,领导者应该与下属共同制定目标,以保证目标的切实可行,防止目标设立过高,造成员工对目标的实现丧失信心,并做好必要的说明与解释工作,使下属充分认识到实现目标的可能性。

引经据典

给得越多,效果越好吗?

为了激励各个项目小组攻克一个技术难关,公司制定了一个奖励政策,只要项目组完成目标就可以获得20万现金。然而各个项目组对此并不积极。老总想,是不是提高奖励金额项目组就会变得积极一些呢?于是,奖励金额从20万提高到了40万,甚至变成了50万。结果呢,各个项目组成员的积极性还是不高。公司给的奖励越来越高,但是大家积极性并没有明显变化。后来,老总了解情况后才知道,这个目标确实太难了,大家认为就算再努力,也难以实现,还不如去做别的项目。由此可见,影响激励效果的除了收益(效价)以外,还有实现目标的可能性(期望值)。

视频资源
期望理论:给得越多,效果越好?

即问即答:你所在学校的奖学金实施办法有没有激励作用?为什么?

(四)"公平"激励

★ 1. 主要内容

依据美国心理学家亚当斯的公平理论的观点,员工经常把自己的报酬与他人进行比较,只有当员工认为他们的报酬与他人平等时,他们才会感到公平。如果员工所得报酬与努力的比率不平衡，就会出现不满和不公平感等。人的工作积极性不仅会受到所获得的绝对报酬的影响，更会受到相对报酬的影响。相对报酬就是指个人付出的劳动与所得的报酬的比较值。付出的劳动包括体力劳动、脑力劳动、工龄与工作态度等；所得的报酬包括工资、奖金、晋升、名誉以及地位等。一般而言，员工会从两个方向进行比较：①横向比较，即在同一时间内以自身同其他人相比较；②纵向比较，即拿自己不同时期的付出与报酬进行对比。

当员工感受到公平时，他就会心情舒畅，努力工作；当得不到公平感时，就会心理紧张，产生不满，为了消除不公平感，人们往往会采用各种方式，比如：要求增加自己的报酬或者降低别人的报酬，降低自己的付出或增加别人的付出，发牢骚、制造人际矛盾、消极怠工甚至放弃工作。

不管人们选择哪一种方式消除不公平感，都可能影响到他们的工作情绪，会抵减公司对员工激励的功效，如果公司在各方面都能够让员工感受到公平，可以维持公司对员工激励的功效，这就是对员工的一种激励。

引经据典

加薪了，小张为什么不开心？

小张在 A 公司从事销售工作。由于公司今年整体经营业绩良好，公司年底对全体员工加薪。小张查到自己工资上涨了 1200 元时，心里非常开心，认为自己努力工作还是有回报的。可是后来他发现，部门同事小李工资上涨了 1800 元，小田工资也涨了 1000 元。小张的好心情立即消失了。他觉得很不公平，自己和小李无论是学历、工龄还是工作表现都差不多，为什么他比自己的工资涨得多呢？还有小田，平时偷懒耍滑，业绩比自己差远了，怎么也涨了工资。

为什么加薪了，小张却不开心呢？原因就是人在对待报酬这个问题时，关心的不仅是报酬的绝对数，更关心的是报酬的相对数。

视频资源
公平理论：加薪了，你满意了吗？

★ 2. 实际应用

（1）高度重视相对报酬问题。公平并不等于平均主义，公司应该根据不同岗位贡献程度的不同，设计不同的薪资体系，例如，从事行政事务工作的员工的薪酬将不可与从事营销工作的员工的薪酬相提并论。

（2）尽可能做到相对报酬的公平。工资、奖励、福利、晋升等方面都会涉及公平的问题，因此，公司各级部门领导者应该尽力消除不公平现象，处理和解决涉及员工切身利益的问题，尽可能地做到公开、公正、公平。

（3）注意发现和解决不公平问题。当员工离职率大幅度上升、公司经济效益下滑等现象出现，可能表明公司公平秩序受到破坏，领导者要及时进行原因分析，做出必要的解释和说明，转变员工的思想，并采取相应的补救措施，防止负面影响扩大。

（4）在激励过程中应注意对被激励者公平心理的引导，使其树立正确的公平观：①要使其认识到绝对的公平是不存在的;②引导其不要盲目攀比。因为员工认为的“公平感”其实是员工的主观评价,影响因素有个人的主观判断、个人所持的公平标准、绩效的评定等。

即问即答:谈谈你的不公平感受?为了消除不公平感受你采用了哪些方法?

二、强化方式与方法

激励理论基于人的心理需要及其行为动机来探讨对人的各种激励方式与手段,其目的是使员工产生为实现公司目标所期望的行为。由于人的心理需要及其行为动机极为复杂和具有不确定性,因此,西方国家一些管理学家和心理学家希望通过外界手段来影响和控制员工,驱使员工表现出实现公司目标所期望的行为,正所谓“异曲同工”。在这些理论研究及其成果中,以美国心理学家斯金纳基于“白鼠实验”总结出的强化理论最具代表性。下面介绍强化理论的主要内容及实际应用。

拓展阅读

斯金纳“白鼠实验”

★ 1. 主要内容

强化是指通过不断改变环境的刺激来达到增强、削弱或消除某种行为的过程。人们为了达到某种目的,会采取一定的行为,这种行为将作用于环境。当人的行为结果对其自身有利时,这种行为就会重复出现;当人的行为结果对其自身不利时,这种行为就会减弱或消失。与激励理论通过动机诱发行为相比较,强化理论强调有意识地影响与控制下属的行为,更为可靠和有效。

员工行为的强化有四种形式,分别是:正强化、负强化、惩罚和自然消退。

(1)正强化:正强化是指对正确的行为及时加以肯定、表扬、认可或奖励。正强化可以促使公司需要的行为可以继续,条件是所给予的奖励必须是员工所喜欢的。

(2)负强化:负强化是指通过人们不希望出现的结果的结束,而使行为得以强化。例如,下级努力按时完成任务,就可以避免上级的批评,于是人们就一直努力按时完成任务;开会迟到的员工都受到了领导的批评,而使一些不良行为结束或消退。

(3)惩罚:惩罚就是通过批评、处分、降级等手段惩罚那些与公司不相容的行为,减少这种不良行为的重复出现,从而削弱其影响。但惩罚一方面可能会引起怨恨和敌意,另一方面随着时间的推移,惩罚的效果会减弱。因此在采用惩罚策略时,要因人而异,注意方式方法。

(4)自然消退:自然消退是指对某种行为不采取任何措施,故意视而不见,听而不闻,既不奖励也不惩罚,这是一种消除不合理行为的策略,因为倘若一种行为得不到强化,那么这种行为的重复率就会下降。如果一个员工经常抱怨分配给他很多工作,但没人理睬他,也不给他调换工作,也许过一段时间他就不再抱怨了。

引经据典

杀鸡何以儆猴？

据说猴子是最怕见血的，驯猴的人首先当面杀鸡给它看，叫它看看血的厉害，再逐步对其进行教化。捉猴子的人就是采用这种杀鸡战术，不管它怎样顽强抗拒，只要雄鸡一声惨叫，鲜血一冒，猴子一见，便全身软化，任由捉获了。这也就是"杀鸡儆猴"。杀鸡儆猴即杀一儆百，有威胁恐吓之意。

杀鸡儆猴深刻说明了强化理论中不同类型的强化的联系与区别。一方面，对出现违规行为的"鸡"加以惩罚，可使意欲违规的"猴"会从中深刻地意识到组织规定的存在，从而加强对自己行为的约束，避免落得和"鸡"一样的结局，这也是一种负强化。另一方面对猴本身来说，这也是一种正强化，组织对它的"不杀之恩"也是一种奖励。

★ 2. 实际应用

依据斯金纳的强化理论的观点，领导者在实际管理工作中应用强化理论时需要注意解决以下几个问题。

（1）设立一个目标体系。即领导者要把公司总目标分解为分目标和分阶段目标。每完成一个分目标和分阶段目标都应及时予以强化，以增强下属的信心。

（2）要及时反馈和及时强化。领导者要迅速使下属明确自己的行为结果，使其得到及时的鼓励和鞭策。

（3）要使奖酬成为真正的强化因素。领导者应该重视物质奖励与精神奖励相结合，奖励不宜过于频繁，且形式应尽可能新颖多样。

（4）要不定期奖励。不定期奖励能避免让员工形成一种习惯，领导者要使奖励成为一种不可预知的、具有期盼价值的活动。

（5）奖罚结合，以奖为主，但违规必罚，避免员工产生侥幸心理。

视频资源
强化理论：员工积极性的催化剂

引经据典

即时反馈的正强化

如果一项任务无论如何都缺乏内在挑战性，怎么办？比如一些单调重复的工作。有一家商超通过设计一款游戏巧妙地解决了这个问题。这家商超的收银员看似和其他收银员没有什么区别，但是他们的结账速度却是其他商超收银员的 5~7 倍。因为该商超设计了一种游戏，让收银员每结完一单都能从电脑屏幕上看到自己的结账时间在所有收银员中的排名，排名和当日奖金额度挂钩，日清日毕。

竞争排名本质上也是在增加挑战性，只不过有挑战的不是工作本身，而是这个竞争排名的系统。挑战的本质就是"难度适中的更高标准"，当这些更高的标准一级级组合起来，就成了排名，而当这些标准落在了技能和职位方面，排名就变成了职业等级。对企业而言，这就是成长性的职业发展。例如,某网络公司在企业内部推行经验值管理模式以后,其员工像游戏中的人物一样,每个人起初均有其相应的职级和经验值,他们则通过"练级"提升经验值,级别到了就会自动获得晋升或加薪的机会。这与传统的职级体系职位管理并无本质上的不同,只不过引入了更为可视化的数值系统,让员工可以得到对于自己成长旅程的即时认可和即时反馈。

技能要点

(1)组织对员工进行激励的方式与方法包括两种:①从分析员工的需要内容入手;②从需要产生的行为过程入手。

(2)领导对下属进行激励的方式和方法有:"需要"激励、"因素"激励、"期望"激励、"公平"激励。

(3)"需要"激励的基本原理是:任何人都是有需要的,需要会促使人产生行为的动机,需要的满足可以从一定程度激发人的工作积极性。人的需要可以分为五个层次,即生理需要、安全需要、社交需要、尊重需要和自我实现需要。

(4)"因素"激励的基本原理是:与工作环境或工作条件有关的因素是"保健因素";与工作内容紧密相关的因素是"激励因素"。消除工作中员工对"保健因素"的不满意不会对员工产生激励作用;当人们得到"激励因素"的满足后,会产生明显的激励作用。

(5)"期望"激励的基本原理是:当人们有了某种强烈的需要,这种需要就会促使人们以行动去实现这一目标,当目标还没有实现时,这种需要会转化成为一种期望(激发力量)。激发力量与效价和期望值的乘积成正比。

(6)"公平"激励的基本原理是:员工经常把自己的报酬与他人进行比较,只有当员工认为他们的报酬与他人平等时,他们才会感到公平。员工只有感到公平,才会产生工作的积极性,反之,就会挫伤员工的工作积极性。

(7)组织对员工行为进行强化的实质是:通过外界手段来影响和控制员工,驱使员工表现出实现组织目标所期望的行为。

(8)组织对下属行为进行强化的方式和方法有:正强化、负强化、惩罚和自然消退。

子情境 5.3 与公司员工沟通

学习情境

学生以小组合作的方式,通过自学、社会调查、网络资源搜集,在教师的要求和指导下,模拟与公司员工沟通。

学习任务

目的：训练公司领导的沟通能力。

内容：沟通方式、沟通技巧、沟通障碍解决。

方式：讨论、分析、操作。

成果：做出公司领导与员工进行有效沟通的方案。

相关知识链接

一、沟通及其过程

沟通是领导的一种手段。在公司经营管理过程中，管理者要针对各种问题做出决策，而决策正确的前提就是必须掌握大量的信息，而信息只能通过沟通而获得。因此，管理者需要通过各种手段，在公司的外部与内部构建完整的沟通渠道，充分地开展沟通，从而完成信息的搜集，为其做出正确的决策奠定扎实的基础。管理者一旦做出决策，又要通过沟通，使决策很好地贯彻和执行下去，同时不断搜集执行过程的意见反馈，以利于决策的及时调整。另外，在公司经营管理过程中，人与人之间的各种冲突、矛盾不可避免。领导者应该学会沟通，善于沟通，更好地去化解各种冲突和矛盾，使公司内部始终处于和谐境况之中。因此，沟通在公司经营管理过程中具有非常重要的意义。

（一）沟通的定义

●沟通是指人们通过某种途径或方法将一定的信息从发送者传递给接收者并获取理解的过程。

关于沟通的定义，需要从两个方面进行理解。

（1）信息传递。沟通的核心内容是信息交流。通过信息交流，公司成员相互交换信息、观点、意见、情感以及态度，以达到相互了解、信任与合作的目的。

（2）信息理解。有时人们容易把沟通简单等同为信息交换，认为完成了信息交换，沟通就完成了。事实上，任何沟通的目的都是要让信息接收者完全正确地理解这些信息，所以完成信息交换只是沟通的第一步，而第二步就是要保证信息被正确理解。

（二）沟通过程

沟通是一个复杂的过程：信息的发送者把所要传达的思想编码成文字、数字、图画、声音或者身体语言等形式后，通过书面、口头、形体动作等通道传递给信息的接收者，接收者收到信息后先对信息进行解码处理，翻译成自己可以理解的形式，再将其理解的信息反馈给信息发送者。在整个沟通过程中都存在影响信息传递和接收效果的干扰因素，即噪声。沟通过程如图 5-8 所示。

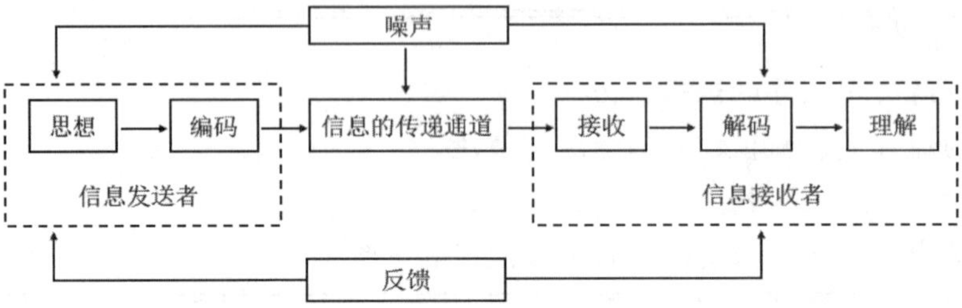

图 5-8　沟通过程

二、沟通的类型

领导沟通的形式多种多样。按照不同的标准,我们可以将沟通划分为四种类型。

按照信息载体的不同,沟通可分为口头沟通、书面沟通、非语言沟通和电子媒介沟通等。这些沟通方式的比较内容见表 5-1。

表 5-1　各种沟通方式比较

沟通方式	举例	优点	缺点
口头沟通	视频会议、面谈、电话、演讲、汇报等口头表达形式	用途广泛,快速传递,快速反馈	容易忘记,核实困难,多层传递时容易失真
书面沟通	报告、文件、信件、刊物等文字形式	表达准确,持久保存,可以核实	效率低,缺乏反馈,写得不好会影响理解
非语言沟通	手势、面部表情、身体姿势等非语言符号系统	内涵丰富,含义隐含灵活	传递距离有限,只能意会,不可言传
电子媒介沟通	以上信息都可以通过电子媒介进行传递	可实现远程即时通信,并在很大范围内共享信息	需要借助电子设备和一定的操作技能,成本较高

按照沟通渠道不同,沟通可分为正式沟通和非正式沟通。正式沟通指的是通过正式组织结构或层级系统运行的,由组织内部明确的规章制度所规定的渠道进行信息的传递和交流,比如组织内部的会议、汇报、请示、报告等。非正式沟通指的是正式沟通渠道之外进行的信息传递和交流,如领导和员工私下交换意见、小道消息的传播等。

按照信息流向不同,沟通可分为下行沟通、上行沟通和平行沟通。下行沟通指下级将信息传达给下级,是由上而下的沟通。上行沟通指下级将信息报告给上级,是由下而上的沟通。平行沟通指同级之间横向的信息传递,也称横向沟通。

按照是否进行反馈,沟通可分为单向沟通和双向沟通。一般来说,单向沟通指没有反馈的信息传递。双向沟通指有反馈的信息传递,是发送者和接受者相互之间进行信息交流的沟通。双向沟通需要更多的时间,沟通效果更好。

三、领导沟通的作用

在领导过程中,执行力是一个基本的管理问题,而执行力获得与提高的一个最关键的因素就是沟通。无论是计划制订、工作组织、人事管理、部门协调，还是决策落实，都离不开沟通。具体来说，领导沟通的作用表现在以下几个方面：

（1）使员工受到鼓舞和激励；

（2）有利于矛盾和冲突的解决；

（3）促进公司变革与创新。

思政点拨—厚德务实

彝海结盟展现民族情深

1935 年，中央红军渡过金沙江后，经过会理，向北进入彝族聚居的山区，准备北上渡过大渡河。由于国民党反动派长期对彝族人民的残酷压迫，民族隔阂较深。所以，红军进入彝区后，受到不明真相的彝族人的阻挡。果基小叶丹是彝海彝族的一个家支的头人。红军要从果基家支的领地通过，需要得到他的同意。

经过多方联系，红军先遣队司令员刘伯承与小叶丹头人取得了交谈的机会，刘伯承告诉果基小叶丹，红军是共产党领导的军队，是为受压迫的人打天下的，此来并不打扰彝人同胞，只是借路北上。红军共产党实行汉彝平等，同彝族是一家人，自己人不打自己人，要团结起来去打国民党军阀，以后红军回来，大家过好生活。小叶丹头人被刘司令员的真诚所打动，感慨地表示从未见过这样好的汉人，并同意了红军的要求。就这样，双方很顺利地达成了协议，并在彝海之滨歃血为盟、结为兄弟。再后来义字当先的彝民好兄弟小叶丹，在红军后续部队通过彝民区的七天七夜里，全程护送。

“彝海结盟”是中国共产党与少数民族同胞一次重要的谈判沟通，此次谈判的成功体现了党的民族政策的胜利，也体现了少数民族对红军的爱戴和军民的团结。

文献参考：http://www.360doc.com/content/19/0529/12/64080988_838949636.shtml

四、领导沟通的原则

要做到良好的沟通，在沟通中就必须遵循六项基本原则（6C）。

1. 清晰（clear）

这是指领导者表达的信息必须结构完整，顺序有致，逻辑清晰，能够被员工所理解和接收。

2. 简明（concise）

这是指领导者与员工沟通的内容要简单明了、抓住要点，同样多的信息要尽可能占用较少的信息载体容量。

3. 准确（correct）

这是衡量信息质量和决定沟通结果的重要指标。准确首先要求信息发出者——领导者头脑中的信息要准确，其次是其表达的信息要准确，特别是不能出现重大的歧义，让员工产生误解。

4. **完整**(complete)

这是对信息质量和沟通结果有重要影响的一个因素,领导者在与员工的沟通中,要尽可能做到内容完整。

5. **有建设性**(constructive)

这是对沟通的目的性的强调。在沟通中不仅要考虑所表达的信息要清晰、简明、准确、完整,还要考虑信息接收方——员工的态度和接受程度,力求通过沟通使员工的态度有所改变。

引经据典

著名的"保龄球效应":赞美比批评更有效

两名保龄球教练分别训练各自的队员。他们的队员都是一球打倒了7只瓶。教练甲对自己的队员说:"很好!打倒了7只。"他的队员听了教练的赞扬很受鼓舞,心里想,下次一定再加把劲,把剩下的3只也打倒。教练乙则对他的队员说:"怎么搞的!还有3只没打倒。"队员听了教练的指责,心里很不服气,暗想:你怎么就看不见我已经打倒的那7只?结果,教练甲训练的队员成绩不断上升,教练乙训练的队员打得一次不如一次。

要想更有效地发挥员工的聪明才智,激发他们潜在的业务技能,在提倡人性化管理的今天,"保龄球效应"有很好的借鉴作用。用好赞赏的技巧,关键是把你的注意力集中到"被球击倒的那7只瓶"上,别老忘不了没击倒的那3只。要相信任何人或多或少都有长处、优点,只要"诚于嘉许,宽于称道",在工作中就可以看到神奇的效力。

6. **礼貌**(courteous)

领导者礼貌、得体的语言、姿态和表情能够在沟通中给予员工良好的第一印象甚至可以产生移情作用,有利于沟通目标的实现。

五、领导沟通的障碍

沟通是领导者为实现公司目标而运用的领导手段,而这种手段的有效性由于经常会受到某些因素的干扰,使沟通无法进行或者使沟通的结果违背领导者的本意,导致领导者与员工的沟通出现障碍。领导沟通的障碍来自两个方面:一方面来自领导者自身,我们称之为"个人障碍";另一方面则来自公司层面,我们称之为"公司障碍"。

(一)个人障碍

1. 地位的差异

地位不同的人通常具有不同的意识、价值观念和道德标准,而这些不同会使双方产生心理沟通障碍,导致沟通困难。

2. 信息的可靠度

作为一个领导者,如果讲话没有公信力,就很难获得员工的信任。所以,领导者必须认识到，话一讲出去就要有很高的可信度。如果领导者常常讲一些很虚的东西，久而久之下属对他的话就没有兴趣了。

3. 认知的偏差

个人认知偏差有很多种，比如首因效应、近因效应、晕轮效应、刻板效应等等。领导者在与员工沟通时，也很难摆脱这些认知偏差的影响，从而构成沟通障碍。

4. 过去的经验

很多领导者在与员工沟通时总是用自己过去处理事情的经验来否定员工的新思想、新创意，这构成了领导与员工工作沟通中的一个严重障碍。因为经验不见得是正确的，也有错误的经验。

5. 情绪的影响

人总是带着某种情感状态参加沟通活动。如果不能有效地驾驭情感，就会有碍正常的沟通的进行，从而影响沟通效果。

引经据典

散步缓解情绪

唐太宗每次同魏征讲完话，都要出去散步。有人问他："皇上，为什么魏大臣每次讲完话，你都要出去散步?"唐太宗说得很简单："我怕我杀了他。"其实魏征是谏议大夫，但他是唐太宗李世民哥哥的人。唐太宗把自己的哥哥杀死以后，能够继续用魏征，这一点就证明他很包容。但是魏征更了不起，他不因为他以前的主子，就对李世民非常巴结，他照样批评李世民，但是李世民知道他讲的是对的，只好出去散步，缓解情绪。

(二)公司障碍

在领导沟通过程中，除了以上所提到的来自领导者自身的个人障碍之外，公司层面的障碍对领导者与员工的沟通效果的影响也很突出，主要存在以下五个方面的障碍。

1. 缺乏沟通氛围

一个公司的氛围对接收者接收信息的程度会产生重要的影响。信息发自一个相互高度依赖和开诚布公的公司，它被接受的可能性要比来自那些气氛不正、相互猜忌的公司大得多。一个公司的管理层矛盾重重，领导者所发出的信息必然要被员工斟酌一番，员工之间的讨论和猜忌会使信息失真，从而加深领导者和员工之间的误解。

2. 沟通渠道不畅

在沟通过程中，环境中存在的各种干扰会使信息的传递渠道不通畅，从而影响沟通的效果。信息传递渠道的复杂化是渠道不通畅的重要因素。如果信息在到达员工之前必须通过几道"关口"，沟通效率就会降低，误差会增大。

信息传递渠道的不通畅有时还表现在客观因素的影响上。通信工具的落后会导致不便于随时交流和沟通实际问题，而发达的计算机网络系统有利于信息的传送和接收。

即问即答:在信息化时代,手机逐渐替代了面对面沟通,给人类的生活和工作带来怎样的影响?

3. 公司结构不合理

在管理工作中,公司内部合理的组织机构也有利于信息沟通。而如果公司机构过于庞大,中间层次太多,信息从最高领导层传递到员工不仅容易产生信息的失真,而且还会浪费大量的时间,影响信息的时效性;同时,自下而上的信息沟通,如果中间层次过多,同样也浪费时间,影响效率。

4. 沟通主体间缺乏信任

信任领导者的员工更加愿意进行公开交流和沟通。信任建立的过程是一个双向沟通的过程,需要双方都做出努力,信任员工的领导者也会得到员工的信任。领导者应该相信下属有愿望和能力做好自己的工作。这种信任在减少沟通障碍方面非常重要。

5. 存在不正当竞争

渴望获得赞扬或晋升的员工,可能会向同事、领导歪曲或者隐瞒事实的真相。他们之所以不愿意公开真实信息,是因为害怕这样可能会导致自己的利益受到损害而让别人受益,所以他们会为了保护自己的利益而扭曲事实。这种由于激烈的竞争而引起的不道德行为常常会造成公司内部领导者与员工之间严重的沟通障碍。

即问即答:在你的学习、生活和工作中出现过哪些沟通障碍?你是如何解决的?

知识小结

(1)沟通就是人们通过某种途径或方法将一定的信息从发送者传递给接收者并获取理解的过程。

(2)沟通是一个复杂的过程,需要发送者对思想进行编码后通过一定的通道传递给信息接收者,接收者解码后再反馈给信息发送者。

(3)沟通可以按照不同的标准,被划分为不同的类型。

(4)在领导工作中,无论是命令的发出、对员工的激励,还是了解员工的思想和工作状况,都离不开沟通。

(5)领导者与下属的沟通需要遵守清晰、简明、准确、完整、有建设性、礼貌六个原则。

(6)领导者与下属的沟通需要克服个人障碍和公司障碍。

相关技能要求

领导演讲与倾听

领导者的沟通技巧直接决定了员工执行力的强弱，而执行力是一个公司实现可持续发展的关键。为了提升员工的执行力，领导者必须在沟通技巧上下功夫。在公司管理工作中，领导者与员工沟通的形式多种多样，比如有声的语言、无声的动作等。

在诸多的沟通形式当中，演讲和倾听尤其重要。因为领导者成功的演讲将会产生很强的煽动效果，能够在很大程度上有效提高下属的工作积极性和执行力。而善于倾听，可以给员工一种被尊重、被理解的感觉，这样可以帮助领导者赢得员工的好感，从而使员工更加愿意接受领导者的意见，帮助领导者解决问题。

一、演讲技巧

演讲是指在公共场所，以有声语言为主要手段，以体态语言为辅助手段，针对某个具体问题，鲜明、完整地发表自己的见解和主张，阐明事理或抒发情感，进行宣传鼓动的一种语言交际活动。在管理过程中，领导者经常需要在员工面前发表公开的讲话，或长或短，我们称之为演讲。具体而言，领导者可以从非语言形式和语言形式两个方面提高自己的演讲技巧。

（一）非语言形式

1. 演讲姿势

领导者发表演讲时的姿势会给员工留下某种印象，要么轻松自如，堂堂正正，要么畏畏缩缩，紧张溢于言表。

2. 注意视线

领导者的演讲是在员工的注视之下进行的。有关注的目光，有冷漠的目光，这些目光会给领导者一股强大的压力，克服这股视线压力的秘诀就是一面进行演讲，一面从员工当中找寻向自己投以善意眼光的人，并且无视那些态度冷淡的员工。此外，把自己的视线投向频繁“点头”以示认同的员工，对巩固信心继续进行演说具有明显的效果。

3. 脸部表情

领导者演讲时的脸部表情无论好坏都会带给员工极其深刻的印象。紧张、疲劳、喜悦、焦虑等情绪无不清楚地表露在脸上，这是很难由本人的意志控制的。演讲的内容即使再精彩，如果表情总是缺乏自信、不自然，演讲就很容易变得欠缺说服力。控制脸部表情的一个方法是“不可垂头”。人一旦“垂头”就会予人“丧气”之感。另一个方法是“缓慢说话”，不要出现“吃字”的问题。说话速度一旦缓慢，情绪即可稳定，脸部表情也得以放松。总之，领导者在演讲时要给员工留下一个自信和权威的形象。

4. 声音的运用

首先，领导者演讲时的声音要洪亮，并能够真诚地表情达意，娓娓动听，以此牢牢抓住员工的注意力。其次,要抓住重音,因为重音在演讲中占有主要的地位,可以突出强调某个词或词组,满足表情达意的需要,目的是让员工明确问题的重要性,引起重视。最后,要注意语气语调的抑扬顿挫,注意停顿与节奏,从而提高语言的魅力,调动下属的情绪,引起感情上的共鸣,使其更好地接受领导者所要表达的思想。

(二)语言形式

1. 语言朴实无华、感情真挚

一个人不可能没有情感,只要他一开口,总是在试图以自己的情感影响别人。我们常说,“晓之以理,动之以情”,“通情才能达理”,“感人心者莫先授情”。领导者真挚而健康的情感可以感染员工,使之按照领导者的意愿去行动。伴随真情实感的必定是朴实无华的言辞,过多的言语修饰有时会削弱情感的真挚度。

引经据典

何厚铧答记者问

何厚铧在1999年澳门特首选举中获胜。在参选前的一次记者招待会上,当记者让他谈谈对澳门的认识、对自己参选的认识时,他说:“澳门是我生活、家庭和事业的根基,澳门的一切,伴随着我长大。澳门人的思想,熏陶我的性格;澳门人的忧乐,与我息息相关。我对澳门发自内心的热爱和归属感,鞭策我要贡献所长。在澳门重投祖国怀抱之际,我身为一个中国人,理应当仁不让,竭尽所能,以自己的一份热忱,来承担这一历史使命。”“我的参选是澳门人给我的一个机会,容许我把自己对澳门的深厚感情进一步升华,变成无私的奉献。”

短短的几句话里,既没有华丽的辞藻,也没有对选民的曲意逢迎,有的是自己对澳门发自内心的热爱,合情合理,不能不使听众为之动心、为之折服。这就是演讲的语言艺术——朴实无华、语言真挚。

2. 内容充实具体、言之有物

要做到这一点,领导者必须在讲话前做深入细致的调查研究,这是由领导者的特殊身份和作用所决定的。领导者在演讲前如果不了解员工的心理,就不可能做到讲话内容充实具体、言之有物、掷地有声。在工作中不难看到,一些领导者由于事先没有做好深入的调查研究,当在公共场合被邀请发表演讲时,就会出现支支吾吾、不知所措的窘态。这样的讲话不仅不能起到引导和感召员工采取行动的目的,反而会使领导者自身形象和威信在员工中大打折扣。

3. 给人以真诚坦率、言行一致的印象

领导者演讲时应当以坦诚的态度,说真心话、实在话,道出真实的感受。一个成功的领导者往往是不隐瞒自己对具体事物的观点和认识的,在讲话中,总能给员工留下真诚坦率的印象。如果员工总发觉你说的是一套,做的又是另一套,他们就不会再信任你。领导者的话讲得越具体、越真诚、越坦率,越能赢得员工的信赖;话讲得越抽象,离具体事物越遥远,给员

工留下的印象越浅，赢得的信任度越低。

4. 内容深入浅出、旁征博引

领导者讲话总有其目标性，一段讲话是否达到了它的预期目标，要看它是否被员工所理解、所接受。员工理解了、接受了，才能明确自己的行动方向。反之，员工一头雾水，似懂非懂，是不可能配合领导者采取行动的。这一特性决定了领导者讲话必须事先站在听众的角度上，依据听众的理解能力和接受能力联系实际、深入浅出。

5. 框架高度概括、条理清晰

领导者在公众场合发表演讲一定要讲出个一二三四、甲乙丙丁来，这就是条理性，比如在开会的时候，就是这样的，讨论一个事件，解决两个问题，发表三点意见，等等。而高度的概括性就是要求讲话的框架具有高度的语言概括性，这里有两层意思：①在条理性的基础上，用数字化的方式进行概括，比如“对于本部门这个季度的工作，我们有一个目标、两个达标、三项要求”；②玩文字游戏，如“我心目中的好员工，要我来说的话就是四个字，那就是‘勤、稳、精、细’，勤就是工作积极主动不偷懒，稳就是办事稳重谨慎不出差错，精就是办事精干、务实高效，细就是注意细节、追求完美”。

6. 对下属要有激励作用

领导者发表演讲一般都在公共场合，这种场合的讲话如果没有鼓动性，言语平平，淡而无味，甚至连条理性都没有，那么这位领导者在员工心里的威望就会大打折扣，因为领导对于广大员工来说是能力的象征。演讲不力，就会被员工认为这位领导能力不行。所以领导者发表的演讲必须能起到振奋士气、激励下属的作用，这有利于形成一股强大的向心力，使员工以饱满的热情投入工作中去。

领导者的演讲艺术，对于下属来说，既是一种享受，又是一种激励，可以拉近上下级的距离，从而达到更好的沟通效果。

二、倾听技巧

倾听属于有效沟通的必要部分，目的是使沟通双方思想一致和感情通畅。作为领导者，要善于倾听下属的意见，在维护每一位员工自尊的同时，及时发现任务执行过程中存在的问题，与下属共商问题解决方案，实现工作目标。

倾听，简单来讲，就是用耳听，用眼观察，用嘴提问，用脑思考，用心感受。具体而言，领导者在倾听时需要运用以下几方面的技巧。

1. 创造有利的倾听环境

领导者在与员工沟通时，要尽量选择安静、平和的环境，使双方处于身心放松的状态。尤其是当领导者单独找某个员工谈话时，为了能够使沟通深入，必须排除各种外来干扰，这时候对倾听环境的要求就会更高。

2. 合理运用体态语言

在倾听员工讲话时，领导者应该身体前倾，摆出有兴趣的样子，端详对方的脸、嘴和眼睛，尤其要注视员工的眼睛，尽量与员工多些眼神交流，面部表情自然，这样有助于倾听，同时，这是让员工相信你在注意倾听的最好方式。

3. 少说多听迟判断

领导者要等到下属将意见表述完了后再进行必要的评论和解释,不要过早地做出结论或判断。因为当你心中对某事已做判断时,就不会再倾听他人的意见了,沟通也就被迫停止了。少说多听迟判断能够帮助领导者在下属内心构建一个良好的权威形象。

4. 适时提问

提问能表明领导者对员工反映问题的关注度,说明领导者对所谈话题是有兴趣的,可以赢得员工对领导者最基本的信任感。另外,领导者还应鼓励员工把自己最真实的想法说出来,以达到更好的沟通效果。

5. 废话也要认真听

即使领导者认为员工所讲的内容无关紧要或者是错误的,也应该耐心地倾听。虽然你对他所说的并不一定赞同,但也要善于及时捕捉其中的合理成分,表露出点头或应声之类的动作,表示你的注意和兴趣。这是赢得员工的尊重以及提高员工工作热情、充分发挥员工最大工作潜能的有效沟通技巧。

6. 主动倾听

倾听不是被动接受,而是一种主动行为。当领导者感觉到员工正在不着边际地说话时,可以机智地用提问的方式把话题引回到主题上来。领导者不是机械地“竖起耳朵”,在听的过程中脑子要转,不但要跟上员工的想法,还要跟得上他的情感深度,在适当的时机提问、解释,使得沟通能够步步深入下去。

7. 用同理心倾听

用同理心积极主动倾听,这不是一般的“听”,而是用心“听”,这是一个优秀倾听者的典型特征。这种倾听者在讲话者发出的信息中寻找感兴趣的部分,他们认为这是获取有用信息的契机。这种倾听者不急于做出判断,而是对对方的情感感同身受。他们能够设身处地看待事物,总结已经传递的信息,质疑或是权衡所听到的话,有意识地注意非语言线索,询问而不是质疑讲话者。他们的宗旨是带着理解和尊重积极主动倾听。这种有感情注入的倾听方式在领导者与员工的沟通中起着极其重要的作用,领导者要学会运用这种方式,学会做一个优秀的倾听者。

引经据典

一次成功的采访

一位主持人在一期节目上访问了一位小朋友,问他:“你长大了想当什么呀?”小朋友天真地回答:“我要当飞机驾驶员!”主持人接着说:“如果有一天你的飞机飞到海洋上空时,飞机所有的引擎都熄火了,你会怎么办?”小朋友想了想:“我先告诉飞机上所有的人绑好安全带,然后我系上降落伞,先跳下去。”当现场的观众笑得东倒西歪时,主持人继续注视着孩子。没想到,接着孩子的两行热泪夺眶而出,于是主持人问他:“为什么要这么做?”他的回答透露出一个孩子真挚的想法:“我要去拿燃料,我还要回来!还要回来!”

在场的观众无不对主持人产生敬佩之情，佩服他的与众不同之处，他能够让孩子把话说完，并且在“现场的观众笑得东倒西歪时”仍保持着倾听者应具备的一份亲切、一份平和、一份耐心。

善于倾听的领导者，能及时发现员工的长处，并使其发挥作用。同时，倾听也是一种激励方式，能增强员工的自信心和自尊心，加深领导者与员工的感情，因而也就激发了员工的工作热情与责任心。因此，一位优秀的领导者应该多听少讲，这就是上天赐予我们两只耳朵、一张嘴巴的缘故。

技能要点

（1）领导者的沟通技巧会直接决定员工执行力的强弱。

（2）领导者与下属的沟通是通过诸多方式实施的，其中演讲和倾听这两种方式尤其重要，领导者需要掌握这两种沟通方式的运用技巧。

（3）领导者应该通过提高语言表达能力以及善用各种语言与非语言的方式来提高演讲能力和水平。

（4）领导者应该用耳认真听、用眼仔细观察、用嘴适时提问、用脑多思考、用同理心去感受，从而提高倾听的技巧。

知识测试

（1）领导工作的内涵及领导的权力来源。

（2）管理方格理论及实际应用。

（3）途径 - 目标理论及实际应用。

（4）领导生命周期理论及实际应用。

（5）马斯洛的需要层次理论及实际应用。

（6）赫茨伯格的双因素理论及实际应用。

（7）费鲁姆的期望理论及实际应用。

（8）亚当斯的公平理论及实际应用。

（9）斯金纳的强化理论及实际应用。

（10）领导沟通的障碍。

客观题测试

能力及素质训练

一、素质测试

领导者动机测试

你的领导动机强烈吗？测试结果：______________________

二、实训任务

(一)实训目的

通过让学生制定模拟创业公司特定管理情境下的员工指挥方案、员工激励方案、公司领导与员工进行有效沟通的方案,训练学生指挥公司员工的能力、激励公司员工的能力、公司领导的沟通能力。

(二)具体任务清单

1. 制定员工指挥方案

随着你所在的模拟创业公司经营规模的扩大、经营业务的拓展,公司核心领导团队遇到了很多问题,每天要处理各种大小事情、疲于奔命,无暇顾及公司的长远发展等重大问题,导致公司经营行为短期化,公司经营非常被动。为了解决这一问题,公司核心领导团队想要优化公司的指挥系统。

- 请选出个人性权力较大的人,赋予他们相应的组织性权力。

- 请明确公司的会议制度和书面汇报制度,提升会议指挥和书面指挥效率。

- 请合理分配时间,并进行适当的权力下放,发挥领导艺术。

2. 制定员工激励方案

你所在的模拟创业公司已经进入发展中期,产品和行业竞争日益激烈,领导和员工的工作压力越来越大。再加上公司内部目前还没有形成有效的激励机制,员工工作的积极性不高,员工流失率上升,顾客满意度不断下降。公司为解决这一问题,需要开展一次员工激励问题研究,试图了解员工需求所在,并着手制定激励方案。

- 设计调研问卷，针对市场上的同行进行调研访谈。

调研问卷设计：

调研访谈设计：

- 结合激励理论，针对模拟创业公司不同层次的员工制定激励方案。

高层：

中层：

基层：

3. 制定公司领导与员工的有效沟通方案

你所在的模拟创业公司在本次激励方案制定过程中，上级与下级之间、各部门之间、员工之间缺乏沟通且沟通不畅，导致相互之间矛盾重重，出现了信任危机。作为公司核心领导团队的你们需要尽快解决这些问题。

- 请调整公司组织结构，明确沟通汇报制度，构建出高效的沟通渠道。

- 在保证正式沟通渠道畅通的前提下，请制定充分发挥非正式沟通的积极作用的具体方案。

- 组织培训，提升领导者的倾听、演讲和沟通表达技巧。请梳理出培训要点。

三、案例分析

案例1：副总家失火以后

一家公司的销售副总，在外出差时家里失火了。他接到妻子的电话后，连夜火速赶回家。第二天一早，这位副总去公司向老总请假，说家里失火，要请几天假安排一下。但老总却说："谁让你回来的？你必须马上出差，如果你下午还不走，我就免你的职！"这位副总很有情绪，无可奈何地从老总办公室里出来后又马上出差走了。

老总听说副总已走，马上把党、政、工、团负责人都叫了过来，要求他们分头行动，在最短的时间内不惜一切代价把副总家里的损失弥补回来，安顿好家属。

分析问题：

（1）从管理方格理论分析这位老总属于哪一种领导风格？为什么？

（2）从本案例中你可以获得哪些启迪？

参考答案

(3)你赞成这位老总的做法吗?有何建议?

案例2:海底捞的员工激励

众所周知,海底捞作为一家火锅店,核心业务不是餐饮而是服务。而餐饮服务要做到真的让顾客满意必须将标准化的流程、制度和服务员的判断力和创造力结合起来。海底捞员工的主观能动性、判断力和创造力是通过一整套系统激励出来的。

(1)良好的晋升通道。海底捞为员工设计好在本企业的职业发展路径,并清晰地向他们表明该发展途径及待遇。海底捞为每一位员工提供公平公正的发展空间,现有的管理人员全部是从最基层的岗位做起。员工只要勤奋与诚恳,就可以用自己的双手改变命运。

(2)独特的考核制度。海底捞对管理人员的考核非常严格,除业务内容外,还包括创新、员工激情、顾客满意度、后备干部的培养等,每项内容都必须达到规定的标准。例如"员工激情",总部会不定期对各个分店进行检查,观察员工的注意力是不是放在客人的身上,检验员工的工作热情和服务效率。如果有员工没有达到要求,就要追究店长的责任。

(3)特殊的奖励制度。海底捞的所有岗位都设有浮动工资与奖金,作为对员工良好工作表现的鼓励。海底捞还实行"员工奖励计划",给优秀员工配股。过年过节时不发三倍工资,大年三十和大年初一没有基本工资,但是公司会把营业额的一半分给员工。

(4)尊重与关爱。在海底捞,尊重与善待员工始终被放在首位。海底捞的管理层都是从最基层提拔上来的,他们非常了解下属的心理需求,能发自内心地关爱下属。海底捞的管理人员与员工都住在统一的员工宿舍,环境良好,设施齐全,有专人管理和保洁,员工生病也有人照顾饮食起居。

海底捞的激励机制激发了员工的主人翁意识,员工满意度高,同时能提出很多有价值的建议。对机制满意的员工又会带来优质的服务,提高了顾客满意度,降低了许多餐饮企业都很头痛的浪费和损耗等隐性成本问题,使得海底捞在激烈的市场竞争中站稳了脚跟,并得到了稳步发展。

参考答案

分析问题:

(1)你认为海底捞使用了何种激励方式来调动员工的主观能动性?

(2)为什么海底捞的激励方式能够有效地激励员工的创造力?

情境 6　控制公司活动及资源

学习目标

知识目标：

（1）了解质量控制、成本控制、员工绩效考核的定义；

（2）理解控制的定义、必要性及其基本工作原理；

（3）掌握质量控制的基本类型、工作要领与工作方法；

（4）掌握成本控制的一般过程与成本控制方法；

（5）掌握绩效定义与特性、绩效考核内容与程序、360 度绩效考核法。

能力目标：

（1）能结合控制基本工作原理，科学合理地解决实际管理中的问题；

（2）能运用质量控制的基本类型、要领与方法来解决质量管理问题；

（3）能运用成本控制基本过程与控制方法制定或分析成本控制方案；

（4）能运用 360 度绩效考核法知识，解读与制定员工绩效考核方案。

素质目标：

（1）具有精细化管控意识，能对公司质量、成本与员工进行科学、规范的管理；

（2）具有持续改进与创新精神，能制定保质量、降成本，提升员工活力的方案；

（3）具有全面、系统的管理能力，能让控制工作贯穿于企业经营管理各个方面；

（4）具有敏锐的洞察力和预见性，能分析风险因素，建立有效的风险防控机制；

（5）具有合法合规的控制观念，能按法律法规及企业内部制度来开展控制工作。

思政主题及案例：

（1）思政点拨——精益求精，善作善成：航天人的质量管理；

（2）思政点拨——勤俭节约，精益求精：新中国增产节约运动；

（3）思政点拨——敢担当，善作善成：毛主席不拘一格用人才。

知识结构图

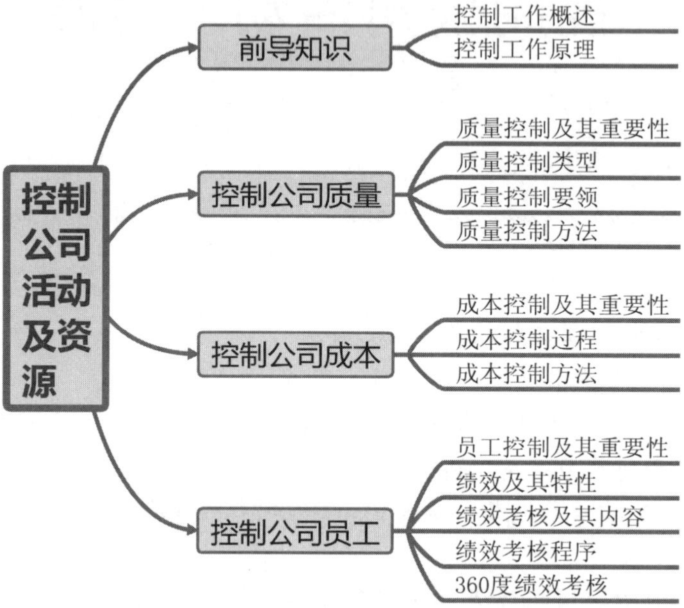

知识结构图详版

学习导入

背景资料:当“伍记商号”陷入第二次经营管理危机时,公司领导下决心改革了领导体制,充分授权给下级,调动他们的积极性;建立和完善了公司的激励机制;改变了过去沟通不畅的问题。公司摆脱了危机,经营管理步入正常轨道。公司经过10年的发展,现已成为拥有15家实体店、10个网络店,注册资本达1000万元的大型销售公司。在公司成立10周年庆典上,总经理李工提出了未来5年公司的发展目标,并且强调要实现公司未来目标,必须加强公司内部控制,特别要控制好质量、成本、人员这三个关键点。

思考问题:公司要实现更高的经营目标,为什么要加强控制?为什么说质量、成本、人员是控制的关键点?怎样才能有效地控制质量、成本、人员?

解决问题:完成本情境的相关学习(工作)任务;完成本情境相关理论知识的学习。

视频资源
学习导入

前导知识

一、控制工作概述

尽管计划工作(职能)可以将组织的计划很好地制订出来;组织工作(职能)可以使组织结构设计和调整非常有效;领导工作(职能)可以将员工的工作积极性调动起来。但是这些工作仍然不能保证组织所有的职能活动及资源投入都按计划执行,不能保证管理者追求的目标一定能达到。因此,还需要对组织的职能活动和各种资源投入实施监督,纠正任何明显的偏差,保证各项职能活动按计划顺利进行以及资源的投入符合组织目标实现的要求,这就是管理的控制工作(职能)。控制工作(职能)是整个管理工作环节中的最后一环,它关系到计划目标能否最终实现,所以,这一环节至关重要。

视频资源
控制工作的实质:细节管理决定成败

引经据典

信息化控制是周生生的制胜法宝

周生生集团有限公司(简称周生生)作为香港第一家珠宝业股票上市公司,目前采用了8Manage新一代企业管理控制软件系统,对门店的客户关系、项目、办公自动化、商业智能活动、采购与供应商活动、离线商务、人力资源、公司资源计划情况进行全方位的控制与管理。周生生特别借助了8Manage中的SPM系统,即采购与供应商管理控制信息系统,对物料采购流程实施了有效控制,各门店要通过系统定期提交物料采购申请,并由各个门店、分区、总部进行逐级审批,通过系统的数据分析汇总需求,再由总部根据库存情况进行统一采购,并进行后续的物料领用管理。SPM系统能够将采购清单与费用预算、库存情况相关联,并自动跟踪计划偏差,控制采购完成率和各门店的销售情况,减少采购人力资源投入和各门店收货、发货、库存情况数据人工操作的误差。

通过信息化控制系统,周生生节约了各个门店的采购成本,实现了内部采购电子化和标准化的控制管理,提高了门店的采购效率,公司获得了更多规模效益。这就是周生生珠宝店的制胜法宝!

(一)控制的定义

●控制是指管理者按照一定的程序和方法,对组织内部的管理活动进行衡量和校正,确保各项活动按计划实施和实现的工作过程。

从控制对象来看,组织的控制工作涉及人员、财务、作业、信息、组织绩效等方面的内容。本教材主要探讨公司经营管理中的质量、成本、人员这三个关键点的控制问题,公司质量、成本、人员控制的程序、原理、原则、方法同样适用于其他组织以及其他对象的控制。

关于控制的定义可以从以下几个方面加以理解。

1. 控制有很强的目的性

控制的目的是保证组织中的各项活动按计划进行。目标和计划确定以后,组织须及时纠正各种偏离目标和计划的行为。另外,组织未来活动可能会出现的一些情况是原来计划所没有预计到的,这也需要通过控制工作去调整原来的计划,灵活地进行处理。

2. 控制是一个活动过程

控制工作包括三个基本步骤,即拟定标准、衡量成效、纠正偏差。没有标准,就无法衡量成效,更不能纠正偏差。如果没有按照科学的程序开展控制工作,就会使控制流于形式。

(二)控制的必要性

无论计划制订得多么周密,在人们执行时也总是会或多或少地出现与计划不一致的现象;由于管理环境不断变化,执行计划的过程中总是会出现没有预料到的事情。所以,控制必然成为管理工作中不可或缺的一部分,是组织各级管理人员的一项重要工作。具体来说,控制的必要性主要是由以下原因决定的。

1. 管理权力的分散

当组织达到一定规模时,管理者就不可能直接地、面对面地组织和指挥全体员工的活动。时间与精力的限制要求他委托一些助手代理部分管理事务。因此,任何组织的管理权限都制度化或非制度化地分散在各个管理部门和层次。组织分权程度越高,控制就越有必要。

引经据典

火锅神话小肥羊为何起死回生?

小肥羊是内蒙古包头市以经营特色火锅为主业的一家公司。该公司采取直营和特许经营两种连锁方式获得了快速发展,凭借纯天然、鲜嫩、不膻不腻的内蒙古草原羊肉,创造了良好的品牌效益,一举打响了知名度。公司利用品牌加盟,“疯狂”跑马圈地,小肥羊从零开始,在短短四年之内迅猛发展到 700 多家连锁店。后期由于管理权力分散,经营管理不到位,公司对各门店的羊肉、蔬菜的素质与服务管理质量出现了严重失控,导致小肥羊火锅店的声誉遭受了很大的损害。公司管理层意识到问题的严重性后,迅速纠偏,采取了“关、延、收、合”等经营战略,“血洗”加盟商的策略成果显著,最终把火锅店数量控制到了 300 多家,这才使该公司起死回生。

2. 工作能力的差异

完善的计划的实现要求每个部门的工作严格按计划的要求来协调地进行。然而,组织成员是在不同的时空进行工作的,他们的认识能力不同,对计划要求的理解可能存在差异,即使每个员工都能完全正确地理解计划的要求,但由于工作能力的差异,他们的实际工作结果也可能在数量和质量上与计划要求不符。某个环节可能产生的这种偏离计划的现象,会对整个组织活动造成冲击。因此,加强对这些成员的工作控制是非常必要的。

3. 环境的变化

如果组织面对的是一个完全静态的环境,影响组织活动的环境因素永远不发生变化,例如,市场供求、产业结构、技术水平等,那么,组织管理人员便可以年复一年、日复一日地以相同的方式进行组织和领导,工人可以以相同的技术和方法进行生产作业,在这种情况下,控制及其他管理职能都将成为完全多余的东西。而事实上,这样的静态环境是不存在的,组织外部环境每时每刻都在发生着变化,这些变化必然要求组织对原先制订的计划进行修改和调整,并积极地进行应对。

即问即答:2021 年下半年,海底捞为何会采取收缩型经营战略来控制门店的数量?

二、控制工作原理

控制工作的主要内容就是组织通过建立一个有效的控制系统,保证职能活动和资源投入的方向及成效与组织目标和计划保持一致。组织有效地开展控制工作,建立完善的控制系统,应该遵循以下基本原理。

(一)反映计划要求原理

控制是实现计划的保证,控制的目的是实现计划,因此,计划越明确、全面、完整,据其设计的控制系统越能反映计划,则控制工作也就越有效。

(二)适应组织要求原理

控制系统的建立必须反映和符合组织结构类型。一方面,组织结构的设计越明确和完整,据其设计的控制系统就越符合该组织机构中所有职务和职责的要求,越有助于纠正脱离计划的偏差;另一方面,控制系统必须切合每个管理者的特点,管理者在控制工作中将发挥决定性的作用。

即问即答:实行事业部制的公司总部是如何对各个事业部进行控制的?

(三)控制关键点原理

为了进行有效的控制,应该重点关注那些对工作成效起关键作用的因素。

需要特别注意的是,对一个管理者来说,随时注意计划执行情况的每一个细节,通常是浪费时间精力和没有必要的。他们应当也只能够将注意力集中于计划执行中的一些主要影响因素上。因为控制住了关键点,也就控制住了全局。

(四)例外控制原理

管理者越是只注意一些重要的例外偏差,也就是说越是把控制的主要注意力集中在那些超出一般情况的特别好或特别坏的情况上,控制工作的效率就越高。

组织管理中那些经常出现的问题应被纳入常规控制之中,即通过制定的制度和规定的程序进行监督和纠正。因此,在管理者精力和时间都非常有限的情况下,把主要精力和时间集中于那些关键控制点的例外偏差上,有助于问题得到解决,并产生较高的工作效率。

(五)控制趋势原理

对于控制全局的高层管理者来说,重要的是现状所预示的趋势,而不是现状本身。控制变化的趋势比仅仅改善现状重要得多,也困难得多。当趋势初露端倪时,管理者就应该敏锐地发现并采取措施进行纠偏。例如,在某一个组织的消防工作中,管理者应随时检查和发现有可能引起火灾的倾向和趋势,及时把这些隐患排除掉。如果没有发现这些趋势,等火灾已经发生,再组织人员去灭火,可能为时已晚。

(六)直接控制原理

直接控制是管理控制工作的首选方式。它是指控制活动的管理者与被控制对象直接接触,由控制者直接调节、干预被控制对象,从而纠正偏差的一种形式。直接控制是相对于间接控制而言的,其特点是直接性,即控制指令没有任何中间环节,直接作用于被控制对象。有时候,管理者为提高管理工作质量,就需要根据自己掌握的管理原则、原理、技术和方法,采取立竿见影的直接控制措施,避免出现重大工作失误、预防各种偏差的出现。

即问即答:你认为实现大学阶段学习目标的关键控制点在哪里?为什么?

知识小结

(1)控制是管理的一项工作(职能),其主要内容是对组织的职能活动和资源投入实施监督,纠正任何明显的偏差,保证职能活动及资源投入按计划进行,确保组织目标的顺利完成。

(2)控制工作(职能)是整个管理工作环节中的最后一环,它关系到计划目标能否最终实现,所以至关重要。

(3)控制工作包括拟定标准、衡量成效、纠正偏差三个过程。

(4)由于管理权力的分散、员工工作能力的差异以及组织环境的变化,对组织的控制必然成为管理的一项工作(职能)。

(5)控制工作应该遵循反映计划要求原理、适应组织要求原理、控制关键点原理、例外控制原理、控制趋势原理、直接控制原理。

子情境6.1　控制公司质量

学习情境

学生以小组合作的方式，通过自学、社会调查、网络资源搜集，在教师的要求和指导下，模拟控制公司质量。

学习任务

目的：训练公司质量控制能力。

内容：事前质量控制、事中质量控制、事后质量控制。

方式：讨论、分析、操作。

成果：制定出公司质量控制方案。

相关知识链接

一、质量控制及其重要性

质量是公司经营管理的一个关键控制点。从某种意义上说，公司之间的竞争就是质量的竞争，没有过硬的质量，公司终将在市场经济的浪潮中消失。一个公司的声誉、形象、知名度等那些看似无形的资本，都与公司内部所有人员的工作质量、过程质量及最终产品（服务）的质量息息相关。

思政点拨—精益求精，善作善成

航天人的质量管理

嫦娥探月、天问问天、神舟逐梦、北斗环宇，几十年来，中国航天人从未停下对宇宙探索的脚步，在情怀与浪漫中肩负着中华儿女的航天强国梦！而严保质量是这一切的基础与保证。质量是政治，质量是生命，质量是效益，质量，是航天人永恒的主题！在航天事业60余年的发展历程中，航天人不断总结质量控制上的经验教训，形成了很多独具特色的方法，如双想即“回想＋预想”。通常，在航天产品研制、生产、准备、发射全过程中，航天人会不断地回想和预想可能存在的问题，绷紧“质量”之弦，不带隐患上天，保证过程完美、结果圆满。如三检指的是操作人员“自检”、工（组）长（质量员或指定人员）“互检”，以及专职检验人员“专检”。层层检查，保证了交付的产品质量更可靠。如归零指“出了问题要归零”，即对故障进行准确定位，哪里出现的问题，机理要清楚，措施要有效，并对故障部位加固，使其不再出现同样的问题。“归零”是再认识、再优化,也是保证后续产品更可靠的重要一步……文中列出的这些方法并不是全部,也不是终点,航天人还在一步一个脚印地探索,因为航天产品质量提升,永无止境。

“不制造缺陷、不接受缺陷、不传递缺陷”不仅仅是一句口号,它更是中国航天人的责任和担当。作为当代青年,在学习和工作时,要学习航天人这种对待质量精益求精、善作善成的优良品质,为中国梦的实现做出应有的贡献。

文献参考:https://mp.pdnews.cn/Pc/ArtInfoApi/article?id=37881938

公司对质量的控制已经涉及其内部和外部的各个方面,是全面的质量控制。本子情境主要以公司的产品(服务)为对象,探讨其控制的要领、类型和方法等问题。当然,公司产品(服务)质量控制的要领与方法同样适合于对其他活动或资源的控制。

●质量控制是指为保证产品(服务)质量达到规定要求所采取的作业技术和活动。

具体来说,质量控制就是由掌握了相关技术和技能的人员,有计划、有组织地监视这些作业技术和活动,在产品(服务)质量产生、形成和实现的全过程控制所有影响产品质量的因素,及时发现并排除各环节产生的质量问题,以有效地保证产品(服务)质量。

质量控制的目标是将各种质量变异和波动降低到最低程度,确保产品(服务)的固有特性达到规定的要求。

在公司经营过程中,小的差错和失误并不会立即给公司带来严重的损害,然而时间一长,小的差错就会积累、放大,并最终变得非常严重。这一点在质量控制中尤为突出,质量低劣的产品、引起客户不满的服务等都可能演变成导致公司灭亡的危机事件。因此,在产品(服务)质量控制的全过程中,限制重大偏差的出现和微小偏差的累积是质量控制工作的关键环节。

引经据典

蝴蝶效应

蝴蝶效应现象是指:“一只蝴蝶在巴西扇动翅膀,有可能会在美国的得克萨斯州引起一场龙卷风。”从科学的角度看,“蝴蝶效应”反映了初始条件的十分微小的变化经过不断放大,对未来状态会造成极其巨大的影响。“蝴蝶效应”在一家制造雷达探测器的大型厂商得到了验证,这家厂商曾经由于产品需求日益旺盛而放松了质量控制。次品率由4%上升到9%,再到15%,直至25%。终于有一天,该公司的管理者发现公司的250名员工有100人被完全安排到了次品修理工作中,待修理的库存产品的价值达到了1600万元,这时他们才意识到问题的严重性。

二、质量控制类型

引经据典

扁鹊论医术

魏文王问名医扁鹊:“你们家兄弟三人,都精于医术,到底哪一位最好呢?”

扁鹊答:“长兄最好,中兄次之,我最差。”

文王再问:“那么为什么你最出名呢?”

扁鹊答:“我长兄治病,是治病于病情发作之前。由于一般人不知道他事先能铲除病因,所以他的名气无法传出去,只有我们家的人才知道。我中兄治病,是治病于病情初起之时。一般人以为他只能治轻微的小病,所以他的名气只及于本乡里。而我扁鹊治病,是治病于病情严重之时。一般人都看到我在经脉上穿针放血、在皮肤上敷药等,以为我的医术高明,名气因此响遍全国。”

在公司质量控制过程中,按实施控制活动的时间进程可把控制划分为事前控制、事中控制、事后控制。

上面的扁鹊论医术的故事说明了这样一个道理:事前控制比事中和事后控制更加有效,扁鹊的长兄医术最好的原因是他非常善于“治未病”,即在病原体侵入人体之前进行预防和治疗,防止病人“病入膏肓”不可救治而亡。

(一)事前控制

事前控制是指一种事先识别和预防偏差的行为。它要求管理者要分析环境,科学预测,制定计划或标准,提前堵住事件可能发生的漏洞。

例如,航空公司进行的预防性飞机维护和修理就是事前控制。事前控制是指质量问题在其未发生之前就排除掉,而不是在质量问题出现后再补救,所以,事前控制可以有效地避免一些不必要的损失和浪费。

(二)事中控制

事中控制,亦称同期控制,是在活动进行的同时就施加控制,是一种同步、实时的控制。管理者可以在发生重大损失之前及时发现质量问题,并采取措施纠正质量问题。

最常见的事中控制方式是直接视察。当管理者直接视察下属的行动时,管理者可以监督下属的实际工作,并在发生问题时马上进行纠正,进行必要的工作指导。例如,对产品制造过程进行进度控制、对生产工人正在加工的产品进行抽检等。

(三)事后控制

事后控制,亦称反馈控制,这是公司最常用的控制类型,它的控制作用发生在行动之后。

事后控制把注意力主要集中于工作结果上,通过对工作结果进行测量、比较和分析,采取措施,进而矫正今后的行动。例如,公司对不合格产品进行修理,发现产品销路不畅而减产、转产或加强促销,学校对违纪学生进行处理等,都属于事后控制。

在许多情况下,事后控制是唯一可用的控制方式。事后控制的主要作用就是通过总结过去的经验和教训,为未来质量计划的制订和活动的安排提供可以借鉴的经验,正所谓“吃一堑,长一智”。

★重要结论

质量控制的上述三种方式互为前提、互相补充。在质量控制的实际活动中,没有哪个公司只采取唯一的控制方式,而是综合使用这三种控制方式。一般来说,对公司的资源输入采用事前控制;对资源转换过程采用事中控制;对资源输出采用事后控制,通过全面和全过程的控制提高质量控制效果。

引经据典

中国金拱门食品的“生存”之道

金拱门(中国)有限公司为了不在竞争中“毁灭”,而是“生存”与“发展”,必须让它的产品始终保持一个“味儿”。为此,金拱门(中国)有限公司构建了事前、事中、事后控制工作体系。

公司的事前控制工作做得扎实、有效,制定了员工手册。公司为每个餐厅产品的加工和烹制程序,甚至厨房布置等都事先制定了标准。

公司的事中控制是总部的管理人员经常走访、巡视全国各地的门店,抓住问题出现的关键时机,立竿见影,直接监控和处理。按照员工手册中的明文规定,管理人员巡视的内容包括:检查各分店薯条的炸制时间是否为 3 分钟?汉堡包鸡肉层的烹制时间是否为 100 秒?这些事中控制措施保证了全国各地的金拱门门店都能做出同样味道的食品。

公司的事后控制工作是总部定期对各分店的经营业绩进行考评,及时把握各分店经营出现的动态问题,以便商讨改进对策,采取措施纠偏。

即问即答: 怎样理解“亡羊补牢,为时已晚”和“亡羊补牢,为时不晚”?

★应用范例

1. 例题

某建筑施工公司承担了一项国家级重点工程,为了保证工程达到合同约定的成为优良工程的目标,该公司应该怎样做?

2. 解答

从工程建设前、建设中、建设后三个环节分析控制内容,并采取相应的控制措施,以保证工程质量,如图 6-1 所示。

建设前控制	建设中控制	建设后控制
工程招标	标准施工	内部竣工验收
工程设计	现场检查	竣工交付验收
原料采购	过程检验	使用维护保修
设备安装	监理监督	
人员安排		

图 6-1　工程质量的事前、事中、事后控制

三、质量控制要领

要使质量控制工作发挥作用，取得预期的控制成效，管理者对质量的控制除了要遵循控制的原理以外，还要注意以下控制要领。

（一）适时控制

公司质量活动中产生的偏差只有及时采取措施加以纠正，才能避免偏差的扩大，或防止偏差对公司不利影响的扩散。要想及时纠正偏差，管理人员应及时掌握能够反映偏差产生及其严重程度的信息。如果等到偏差已经非常明显且对公司造成了不可挽回的影响后，反映偏差的信息才被掌握，那么其对纠正质量偏差可能已经毫无意义。

> **视频资源**
> 控制工作的时机管理：关乎“生存”与“毁灭”的问题

纠正质量偏差最理想的方法应该是在偏差未产生以前，就注意到偏差产生的可能性，从而预先采取必要的防范措施，防止偏差的产生。

预测质量偏差的产生可以通过建立公司质量状况的预警系统来实现，即针对控制的对象建立一条警报线。反映经营状况的数据一旦超过这个警戒线，预警系统就会发出警报，提醒人们采取必要的措施防止偏差的产生和扩大，如图 6-2 所示。

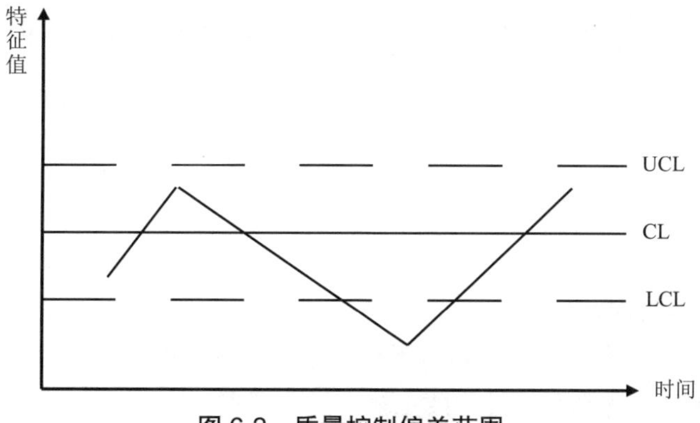

图 6-2　质量控制偏差范围

在图 6-2 中，纵轴表示反映产品某个质量特征或某项工作质量完善程度的数值，横轴表示取值（即进行控制）的时间，中心线 CL 表示反映质量特征的标准状况，UCL 和 LCL

分别表示上、下警戒线。反映质量特征的数据如果始终分布在 CL 周围,即 UCL 与 LCL 之间,则表示质量“在控制中”,而一旦越过 UCL 和 LCL,则表示出现了质量问题。在这以前,质量控制人员就应引起警惕,注意质量变化的趋势并制定或采取必要的纠正措施,这样就可以做到适时控制。

(二)适度控制

适度控制是指质量控制的范围、程度和频度要恰到好处。要做到适度控制,需要注意三个问题。

1. 处理好全面控制与重点控制的关系

任何一个公司都不可能对每一个部门、每一个环节的每一个人在每一时刻的工作质量状况进行全面的控制。全面控制不仅代价极高,而且也没有这个必要。因此,就需要抓住重点,针对影响质量的主要因素实施重点控制。例如,学校针对教学质量的控制,可以从课堂教学这个很重要的环节下手。

2. 解决好控制费用的投入与收益的关系

质量控制需要投入一定的费用,无论是制定标准,还是衡量差异、纠正偏差都会产生相应的费用。纠正质量偏差是为了产生一定的收益。一项质量控制的收益超出其投入的费用才是值得的。否则,控制将是得不偿失的。例如,某公司食堂为了避免员工就餐时的饭菜浪费,由员工自助就餐改为专门安排一些服务人员定量供给餐食。虽然饭菜的浪费得到了有效的控制,但这种做法增加了服务人员,如果支付给服务人员的工资大大超过了员工饭菜浪费的成本,那么,这样的控制将是得不偿失的。

3. 处理好控制频度与控制频率之间的关系

控制频度表示开展控制工作的频率和程度。控制频率是指单位时间内完成周期性控制工作的次数,是描述控制工作频繁程度的量。比如,一个月门店商品盘点几次,盘点的次数越多,表明控制工作的频率越高,反之,频率就越低。控制程度是指控制工作力度的大小,控制工作管理得紧还是松,标准高还是低的问题。控制工作的频度并非越高越好,要取得控制工作的有效成果必须处理好控制程度与频率之间的关系。否则,会给管理工作带来负面影响。

(三)客观控制

客观控制是指管理者要采取基于事实的决策方法,控制工作的有效活动必须建立在真实的数据和信息分析的基础上,才能避免控制工作失误。这要求管理者必须以事实为依据做决策,才能防止决策失误。

要客观地控制,公司必须能够测量并收集所需的数据和信息,确保数据和信息充分、准确并可靠,并加以分析。特别需注意的是,数字的客观性不能代表一切,管理者在做决策时还应看到数字背后的真实含义。不要过于盲目地相信只有以数字表示的信息才是真实、可靠的,因为不是所有的控制对象都是可以用数字衡量的。例如,针对顾客对公司产品质量满意度的调查,如果用发放调查问卷的方式进行,很多时候获得的数据并不真实。

(四)弹性控制

公司质量控制活动过程中经常可能遇到意外事件，导致内部和外部环境发生变化，这些变化使公司原来的质量控制计划方案与现实情况和条件严重背离，已经不能按照既定的方案对质量进行控制，这就需要根据新的情况和条件，调整和修改原来的控制方案，甚至放弃原来的方案，重新进行控制方案的制定。

引经据典

瑞幸咖啡的管理为什么会“爆雷”？

电商时代造就的瑞幸咖啡的管理“爆雷”了，大股东离场，企业被要求退市。归结原因：①主要原因是 22 亿财务造假违反了客观控制，未用真实的数据说话，胡编乱造数据，坑害了消费者和投资者的利益；②门店的过度扩张，短短两年就达 4000 多家，没有适度控制，导致成本增加，在消费需求不足的市场环境中，赢利很难。③没有按照财务管理制度的规定，做好适时控制，未定期对连锁门店商品进行清查盘点，核查销售报表，做到账实相符，账账相符；④没有制定随环境变化的弹性控制方案，在企业内外环境变化时，未及时调整、修改和放弃原来门店过度扩张的管理方案，导致整改战线拉得太长，从而拖垮了整个企业。

视频资源
控制工作要领：踩“红线”会“爆雷”

知识小结

(1)质量是组织的一个关键控制点。

(2)质量控制的目标是将各种质量变异和波动降低到最低程度，确保产品(服务)的固有特性达到规定的要求。

(3)在产品(服务)质量控制的全过程中，限制重大偏差的出现和微小偏差的累积，是质量控制工作的关键环节。

(4)质量控制包括事前控制、事中控制、事后控制三种类型。

(5)事前控制可以做到“防患于未然”。

(6)事中控制可以做到“及时发现问题，及时解决问题”。

(7)事后控制可以做到“吃一堑，长一智”。

(8)一般来说，对组织的资源输入采用事前控制；对资源转换过程采用事中控制；对资源输出采用事后控制。

(9)质量控制的要领有适时控制、适度控制、客观控制、弹性控制。

相关技能要求

质量控制方法

公司质量控制涉及生产经营全过程,全体人员都要参与质量控制,全部工作都需要质量控制,因此质量控制的方法有很多。本子情境主要介绍全面质量管理和鱼骨图两种方法。

一、全面质量管理

(一)全面质量管理及其特征

●全面质量管理是指公司以质量为中心,以全员参与为基础,目的在于让顾客满意和公司所有成员及社会受益的管理途径与方法。

全面质量管理有两个意思:①实行全员工、全过程、全方位的全面控制;②全面质量包括产品质量和工作质量。

全面质量管理有四个基本特征。

1. 全员参与

全面质量管理首先要求以人为主,视员工为公司的重要资产,必须不断提高全体员工的素质,对他们进行质量管理教育,使每个员工都树立"质量第一"的思想;其次,应该广泛发动各级员工参与质量管理活动,从本职工作做起,使自己的工作质量得到极大的提高。让全体员工都参与是全面质量管理的核心。

2. 全过程

全面质量管理的范围应当是产品(服务)质量产生和形成的全部实现过程,即不仅要对产品(服务)质量产生和形成的过程进行管理,而且还要对与此相关的各项活动过程进行质量管理,使质量管理"始于市场,终于市场"。

3. 全公司

从公司全局的角度来看,各个管理层次都应明确质量管理活动的内容。从质量职能的角度看,由于质量职能分散在组织的各部门,要保证和提高质量,各部门必须认真完成本部门的工作,首先保证自己所负责部分的工作质量,进而将分散的质量职能充分发挥出来,加强各部门的协调,共同提高企业的质量水平。

> **视频资源**
> 戴明环 PDCA 循环法:匠心管理铸造卓越

4. 全面方法

全面质量管理以统计分析方法为基础,综合应用各种质量管理方法,并要求质量管理工作按照"计划(plan)—执行(do)—检查(check)—处理(action)"(PDCA 工作循环)四个步骤循环进行。

（二）全面质量管理的理念

1. 为用户服务的观点

一是公司为用户做好售后服务。二是在公司内部，上一个环节为下一个环节服务，辅助部门为业务部门服务。"为用户服务"是全面质量管理的一个基本观点，通过每一个环节的质量控制，以达到提高最终产品（服务）质量的目的。

2. 以预防为主的观点

以预防为主就是对产品（服务）质量进行事前控制，把事故消灭在发生之前，使每一个环节都处于控制状态。

3. 用数据说话的观点

科学的质量管理必须依据正确的数据。通过对各种资料的加工、分析和处理，从中找出规律，再结合专业技术和实际情况，对存在的问题做出正确判断并采取相应的解决措施。

引经据典

马可波罗瓷砖的数字化全面质量管理

马可波罗瓷砖喜获 2021 年度"卓越质量品牌"称号！它是中国陶瓷打造出的第一个世界知名品牌。究其原因是马可波罗瓷砖在公司实施了智能化生产和数字化的全面质量管理，其管理特点如下。

（1）"全过程"的数字化全面质量管理包括：①产品规划；②产品设计；③新材料、新技术的试制、试验；④生产准备；⑤批量生产；⑥产品制造质量检查；⑦销售服务。公司有严格的质检规定，每个阶段的质量问题都要用数据说话。

（2）"全员参与"的数字化全面质量管理包括：公司重视员工技术技能、职业道德的培训，全面提升员工数字化质量管理能力。在整个质量管理推行的过程中，公司要基于数据资料，充分发挥全体员工的积极性与能动性，全体员工都要共同参加质量管理活动。

（3）"全公司"的数字化全面质量管理包括：公司建立了完善的质量管理体系，所有管理层次与部门，都要依据真实的数据对质量管理进行决策。

公司始终坚持全面质量管理，以品质赢得市场，以口碑塑造品牌。正是这种对品质的坚守和执着，使得马可波罗瓷砖在市场上赢得了消费者的信赖和支持。

二、鱼骨图

（一）基本原理

任何一项质量问题的发生或存在都是有原因的，而且往往由多种复杂因素共同作用所致。要有效地控制公司产品（服务）质量，就需要找出质量问题，并进一步分析出现问题的原因，而且要从粗到细地追究具体的原因，以便有针对性地采取相应的措施解决质量问题。

鱼骨图(也叫因果图)正是解决这一问题的有效工具,它是用于分析原因与结果之间关系的一种图示方法。其基本原理是:通过头脑风暴的方式,找出影响质量特性的各种因素,把这些因素按相互关联性整理成层次分明、条理清楚并标注出重要因素的形如鱼骨的图形。

视频资源
质量问题树分析法:刨根问底的溯源管理

(二)运用步骤

鱼骨图的运用步骤包括以下几个环节:

(1)查找要解决的问题;

(2)把问题写在鱼骨的头部;

(3)召集同事共同讨论出现问题的可能原因,尽可能多地找出原因;

(4)将不同的原因分组,在鱼骨上标出;

(5)根据不同原因征求大家的意见,总结出正确的原因;

(6)拿出任何一个原因,研究为什么会产生这样的问题;

(7)针对答案再问为什么?这样至少深入五个层次;

(8)当深入到第五个层次后,认为无法继续进行时,列出这些问题的原因,而后列出至少20个解决方法。

(三)注意事项

运用鱼骨图应该注意的问题如下:

(1)查找影响质量问题的原因,可以从“人员、机器、物料、方法、环境”五大因素着手;

(2)运用头脑风暴法,应尽可能多而全地找出所有原因;

(3)对人的原因,宜从行动而非思想态度方面着手分析;

(4)选取重要原因时,不要超过7项;

(5)原因分析一直到可以采取对策解决问题即可。

★应用范例

1. 例题

1985年12月的一天,时任青岛海尔电冰箱厂厂长的张瑞敏接到用户的来信,反映工厂生产的电冰箱有质量问题。张瑞敏带领管理人员到仓库进行了检查,发现400多台中有76台质量不合格。随后,张瑞敏当着所有员工的面,抡起大锤将不合格的电冰箱砸掉,这就是海尔电冰箱厂的“砸冰箱”事件。

2. 解答

为了分析导致冰箱不合格品率高的原因,海尔电冰箱厂的相关人员用鱼骨图分析了出现问题的原因,如图6-3所示。

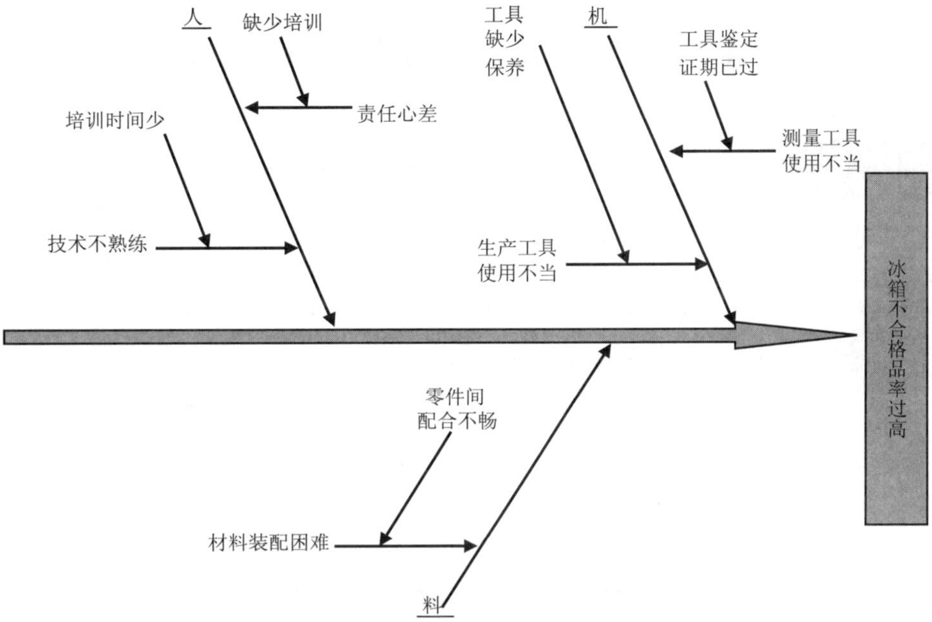

图 6-3 质量原因分析鱼骨图

从图 6-3 中可以看出，导致电冰箱合格率低的主要原因有三项，分别是人员、机器、物料。以人员为例，进一步分析出是人的责任心和技术不熟练问题，再进一步分析发现人缺乏责任心是对其培训不够，技术不熟练是因为对其培训时间少。因此，针对人员所引起的质量问题，可以采取加强员工培训工作的方法去解决，包括增加培训时间，培训内容涉及操作技术和思想意识等方面。

即问即答： 你分析过学习成效不理想的原因吗？你认为应该从哪些方面提高学习成效？

技能要点

（1）全面质量管理是针对组织的产品质量和工作质量实施的全方位的控制。

（2）全面质量管理具有全员参与、全过程、全组织（公司）、全面方法等特征。

（3）全面质量管理的理念是：为用户服务、以预防为主、用数据说话。

（4）鱼骨图（也叫因果图）是用于分析质量问题原因与结果之间关系的一种图示方法。

（5）运用鱼骨图分析质量问题的原因与结果需要按照一定的步骤进行。

（6）运用鱼骨图分析质量问题的原因与结果需要特别注意的是：查找影响质量问题的原因，可以从“人员、机器、物料、方法、环节”五大因素着手；运用头脑风暴法，尽可能多而全地找出所有原因；原因分析一直到可以采取相应对策解决质量问题即可。

子情境 6.2　控制公司成本

学习情境

学生以小组合作的方式,通过自学、社会调查、网络资源搜集,在教师的要求和指导下,模拟控制公司成本。

学习任务

目的:训练公司成本控制能力。

内容:制定成本标准、分析成本差异、纠正成本差异。

方式:讨论、分析、操作。

成果:制定出公司成本控制方案。

相关知识链接

一、成本控制及其重要性

在公司经营管理中,成本控制处于极其重要的地位。由于公司经营管理的最高目标是利润的最大化,而利润的最大化取决于收入的最大化和成本的最小化。特别是在市场竞争中,如果同类产品(服务)的性能、质量相差无几,决定产品(服务)价格的主要因素是成本。因为只有降低了成本,才有可能降低产品(服务)的价格,使公司在市场竞争中处于领先地位。因此,成本必然成为公司的一个关键控制点。

引经据典

小鹏新能源汽车整体成本下降 25% 的管理策略

小鹏汽车是我国著名的新能源汽车品牌之一,它走出了国门,走向了世界,打开了欧美国际消费市场。

小鹏汽车 2023 年 2 季度财报数据显示:①小鹏汽车研发费用为 13 亿元左右。随着城区辅助驾驶竞争加剧,小鹏汽车为保持行业领先地位,研发费用短期内难有下调可能;②销售服务费用为 15.4 亿元,同样高于市场预期。在纯电动汽车品牌正在进行价格战的背景下,小鹏汽车终端促销及营销推广将进一步拉高销售费用支出。

小鹏汽车董事长何小鹏称,公司在 2024 年底前实现整体成本降低 25% 的目标,并于 2025 年实现收支平衡。因此,公司开展了多项降本增效的举措:①公司压缩成本的主流手段是依靠平台化技术，整车模块化、零件通用化是实现整体降本的关键；②公司要依赖碳酸锂价格下滑带动电池成本的显著下降，以及一体化压铸等制造技术的革新来降低成本。以 15 至 20 万元价格区间车型为例，碳酸锂价格每降 10 万元，单车成本可下降约 3000 元，这能促使制造成本下降 20% 至 30%。③小鹏汽车和大众汽车达成技术合作也有助于小鹏汽车实现降本。

●成本控制是指对公司的产品（服务）成本形成过程中的各种因素，按照事先拟定的标准严格加以监督，发现偏差就及时采取措施加以纠正，从而将生产经营过程中的各项资源消耗和费用开支限定在标准规定的范围之内的活动。

拓展阅读
顺丰物流公司的成本控制

公司的产品（服务）成本主要形成于设计、采购、生产和服务、销售、物流、售后服务、后勤保障等过程。开展成本控制工作可以事先限制各项费用和消耗的发生，有计划地控制成本的形成，使成本不超过预先制定的标准，以达到降低成本、实现公司利润最大化的目标。

思考与讨论：看完《顺丰物流公司的成本控制》一文，你对顺丰的成本控制有何建议？

二、成本控制过程

成本控制的结果应该是使公司的各项成本达到规定的要求。为使成本控制达到规定和预期的要求，就必须按照控制的过程采用适宜的方法。成本控制的工作过程包括以下三个环节。

（一）制定标准

视频资源
控制工作的过程：标准是控制的灵魂

成本标准是成本控制的准绳，成本标准应该是成本计划中所规定的各项指标。但成本计划中的一些指标可能比较粗略，还不能满足具体控制的要求，这就必须制定出一系列具体的标准。成本标准一定是可以衡量和考核的，如果不能衡量，就不能界定成本控制结果的好坏，就会使成本控制难以操作。

引经据典

中国“好孩子”童车走出大品牌的成本控制

据统计，在全球主要市场，比如中国、美国和欧洲，每 2.9 辆童车中就有 1 辆来自中国的“好孩子”童车。好孩子童车的设计、性能、安全性都是世界一流的。

好孩子童车从原材料采购、产品生产到产成品检验，始终坚持制定全方位的成本管理标准,为抽检产品、衡量差异提供依据。产成品检验时,好孩子童车会严格按照成本管理标准对产品进行对标检查,如果出现偏差,公司会按照最高标准来修订,对症下药,缩小差距,在保证童车"轻便、好用、安全"的性能基础上,严格控制产品成本,让消费者觉得物有所值,打造出世界一流的产品。

因此,控制工作首先就是要制定标准,标准出了问题,会导致衡量差异和纠正偏差的控制工作也跟着出现问题。企业在制定标准时,要眼光朝上,才能铸造卓越,成为知名品牌,走向世界。

(二)衡量差异

成本差异衡量就是公司各部门管理者根据成本控制标准对照实际的成本水平,发现二者的差异。

1. 衡量方式

公司成本衡量的内容涉及经营活动成本形成的各个方面和各个环节。衡量的方式包括经常性的检查、比较和监督等。需要特别强调的是,不仅要检查成本指标本身的执行情况,而且还要检查和监督各种影响成本指标的有关条件和因素,例如,设备、工艺、工具、工人技术水平、工作环境等方面。

思考与讨论:汽车的油耗成本多少与汽车本身、驾驶者技术水平、气候等因素有关吗? 为什么?

2. 信息收集方法

管理者经常使用的信息收集方法主要有以下几种。

(1)个人观察。这是一种可以直接获得实际成本水平及相关影响因素的方法。采用这种方法不会出现信息的失真,但需要耗费大量的时间。

(2)统计资料。统计资料以文字、图形、数值等多种方式呈现,具有直观、生动、易理解等特点。虽然统计资料能够形象化地说明成本及其影响因素之间的关系和规律,但是它为控制工作提供的信息是有限的,它只能在可以用数值衡量的地方提供数据,而无法对影响成本的一些主观性因素进行统计。

(3)口头汇报。这是一种快捷的、有反馈的收集有关成本信息的方法。它通过语言、语调和词汇本身来传达相关信息,如工作会议、面对面的会谈或电视、电话会议等。通过这种方法所获得的信息可能经过了过滤,导致信息内容不太完整以及因信息传达者的个人因素而存在扭曲等问题。

(4)书面报告。书面报告与统计资料相比,在速度上显得要慢一些,但与一手或二手的口头汇报相比,它显得要更正式、更精确、更全面一些。同时,书面报告通常也更容易归类和查询。

(三)纠正偏差

衡量成本差异后,如果发现实际成本开支数额在标准以内,就说明成本处于控制状态,也就不需要采取纠正偏差的行动。如果发现成本超出了标准,就需要查明成本差异发生的原因,并采取相应的措施纠正成本偏差。一般来说,纠正成本偏差可以采用三种方式。

1. 无须纠正

由于公司经营管理中的某些成本因素是不可控制的,例如,税率或水、电、气等收费标准的变动而引起的成本差异。这些成本差异是公司无法改变的,所以不需要采取任何纠正行动。

2. 改进工作

如果实际成本开支与成本标准之间的差异是执行不良的结果,那么管理者就需要分析原因,并采取必要的行动纠正偏差。例如,公司产品生产中存在的人为的材料浪费等。

3. 修订标准

公司成本产生的偏差也可能来自不切实际的标准,即成本标准定得太高或太低。这也就是说,需要改进的不是执行,而是控制标准。

综上所述,公司的成本控制过程及要点如图 6-4 所示。

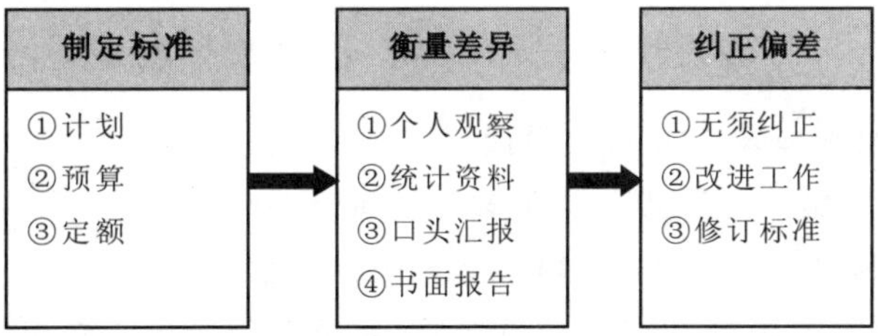

图 6-4　成本控制过程及要点

★重要结论

不管是针对公司成本的控制,还是针对其他活动及资源的控制,任何一个组织的任何控制工作都需要按照制定标准、衡量差异、纠正偏差这三个程序进行。即,为了保证组织目标的实现,需要不断地将计划(标准)与实施结果进行比较,发现二者的差距,并分析出差距的原因,有针对性地采取相应的改进措施,使组织的各项职能活动及各种资源处于管理者的控制之中,防止由于失控给组织造成的损失和危害。

> **拓展练习**
> **畅运物流公司对卡车司机耗油量的成本控制**

★应用范例

1. 例题

“伍记商号”本月生产甲产品 400 件,生产该产品需要消耗 A 材料,如何针对 A 材料的成本开支进行控制?

2. 解答

(1)制定 A 材料成本控制标准,见表 6-1。

表 6-1　A 材料成本标准

项目	数量标准	价格标准	成本标准	总成本
A 材料	2.5 千克	50 元	125 元	50000 元

(2)衡量 A 材料成本差异。

第一步,测算出 A 材料实际开支成本,见表 6-2。

表 6-2　A 材料实际成本

项目	实际数量	实际价格	实际成本	总成本
A 材料	3 千克	55 元	165 元	66000 元

第二步,测算 A 材料成本差异,见表 6-3。

表 6-3　A 材料成本差异

项目	成本标准	实际成本	成本差异
A 材料	50000 元	66000 元	16000 元(不利)

(3)纠正 A 材料成本差异。

第一步,分析 A 材料成本差异形成原因。

价格上涨影响额 =(55−50)× 400 × 3=6000 元

用量增加影响额 =(3−2.5)× 400 × 50=10000 元

通过进一步分析发现,价格上涨是供货方单方面提价行为。而用量增加是员工没有严格按照要求操作造成的人为浪费。

第二步,制定纠正偏差的措施。

针对价格因素,可以考虑与供货方讨价还价以及寻找新的供货方;针对用量因素,可以加强现场监督与控制以及对员工开展思想教育,帮助其树立成本控制意识,使其严格按标准实施生产。

知识小结

(1)成本是组织一个极为重要的关键控制点。

(2)成本控制的目的就是事先限制各项费用和消耗的发生,有计划地控制成本的形成,使成本不超过预先制定的标准,以提高经济效益。

(3)成本控制包括制定标准、衡量差异、纠正偏差三个环节。

(4)衡量成本差异的方式包括经常性的检查、比较和监督等。

(5)衡量成本差异的关键工作是及时地收集到适用和可靠的实际成本信息。信息收集的方法有个人观察、统计资料、口头汇报、书面报告。

（6）纠正成本偏差的方式有无须纠正、改进工作、修订标准。

相关技能要求

成本控制方法

要想使成本控制达到规定和预期的要求，就必须采取适宜的和有效的控制方法。公司成本控制的方法有很多，例如，零基预算、价值工程、作业成本管理、标准成本法、目标成本法等，本子情境主要介绍其中的两种方法。

一、零基预算

（一）零基预算及其特点

传统的预算均是以前期费用实际水平为基础，通过适度增减的方式制定的。

●零基预算就是以零为基础，即一切预算项目都按重新开始的项目进行审查，不以现有的费用状况为基础。它不受过去实际开支的影响，完全按新的目标和要求来制定预算，从而使成本、费用得到更有效的控制。

即问即答：“存在的都是合理的”这句话适用于“零基预算”吗？为什么？

具体来说，零基预算法与传统预算法相比有以下三个特点。

1. 预算的基础不同

传统预算法的编制基础是前期结果，本期的预算额是根据前期的实绩调整确定的。零基预算的基础是零，本期的预算额是根据本期经济活动的重要性和可供分配的资金量来确定的。

2. 预算编制分析的对象不同

传统预算法重点对新增加的业务活动进行成本—效益分析，而对性质相同的业务活动不做分析研究；零基预算法则不同，它要对预算期内所有的经济活动进行成本—效益分析。

3. 预算的着眼点不同

传统预算法主要以金额高低为重点，着重从货币角度控制预算金额的增减。零基预算除了重视金额高低以外，还主要从业务活动的必需性以及重要程度来分配有限的资金。

（二）基本程序

零基预算编制分为五个步骤。

1. 划分和确定基层预算单位

公司内部各基层业务单位通常被视为能独立编制预算的基层单位。

2. 编制本单位的费用预算方案

由公司提出总体目标,然后各基层预算单位从总目标和自身的责任目标出发,编制本单位实现上述目标的费用预算方案,在方案中必须详细说明项目的目的、性质、作用以及需要开支的费用数额。

3. 进行成本—效益分析

基层预算单位按公司下达的"预算年度业务活动计划",确认预算期内需要进行的业务项目及其费用开支后,管理层对每一个项目的所需费用和所得收益进行比较分析,权衡轻重,区分层次,划出等级,排出先后。基层预算单位的业务项目一般分为三个层次:第一层次是必要项目,即非进行不可的项目;第二层次是需要项目,即有助于提高质量、效益的项目;第三层次是改善工作条件的项目。进行成本—效益分析的目的在于判断基层预算单位各个项目费用开支的合理程度、先后顺序以及其对本单位业务活动的影响。

4. 审核分配资金

审核分配资金就是根据预算项目的层次、等级和次序,按照预算期可动用的资金及其来源,依据项目的轻重缓急次序,分配资金,落实预算。

5. 编制并执行预算

资金分配方案确定后,需制定零基预算正式稿,经批准后下达执行。执行中遇有偏离预算的地方要及时纠正,遇有特殊情况要及时修正,遇有预算本身问题要找出原因,总结经验加以提高。

★重要结论

零基预算应用于成本控制的作用体现在两个方面。一是否定以往费用开支的合理性,将所有费用的预算以零作为基点,从而在很大程度上避免了一些不必要的费用开支,达到了节约和降低成本的目的。二是实施费用总量控制,在费用一定的情况下,根据成本—效益分析,分轻重缓急地进行费用的合理安排,有效地杜绝了成本超支的情况出现。

★应用范例

1. 例题

中华经济管理职业学院工商管理系学生赵鹏的每月费用开支情况见表 6-4,要求用零基预算法为赵鹏的每月费用开支编制预算,并实现费用开支减少 30% 的目标。

表 6-4 学生费用开支情况

序号	费用项目	开支金额(元)
1	伙食	600
2	抽烟	200
3	上网游戏	200
4	通信	200
5	自考学习	100
6	日用品	50
7	交通费	50

续表

序号	费用项目	开支金额(元)
8	其他	100
合计		1500

2. 解答

根据零基预算法的基本原理,为赵鹏每月费用开支编制预算的结果见表 6-5。

表 6-5　学生费用开支零基预算

序号	费用项目	开支金额(元)
1	伙食	700
2	通信	100
3	自考学习	100
4	日用品	50
5	交通费	50
6	其他	50
合计		1050

二、价值工程

引经据典

新能源汽车锂电池的替代材料

人们购买产品考虑的是产品功能,而不是产品本身。因此,新能源汽车企业可以通过同功能的不同材料之间的代用,在保证产品功能的前提下降低成本。目前,技术较成熟,最有潜力能够替代新能源汽车碳酸锂电池的是钠离子电池。钠离子电池既不含锂也不含钴,也不需要铜。最为关键的是单位原料能量成本碳酸锂电池为 0.43 元 /(w.h),钠离子电池为 0.29 元 /(w.h),钠离子电池价格相对更低。国内锂资源分布不均,我国锂资源高度依赖进口,供应不确定性强,而国内钠资源储量充裕丰富,分布广泛且海水提纯钠盐产业发展完备,同时锂离子电池的大部分生产技术还能在钠离子电池上复用。在完全能保证产品功能的基础上,钠离子电池有望接棒锂电池,成为绝佳的替代品。

(一)价值工程及其基本原理

●价值工程是指以产品的功能分析为核心,以提高产品的价值为目的,力求以最低的总成本实现产品所必备功能的一项有组织的创造性活动。

价值工程涉及产品价值、功能和成本三个基本要素。它们之间的关系可以用以下公式表示:

$$V=C/F$$

公式中:V 为价值。价值工程里的"价值"不同于经济学中所讲的商品价值,是指"评价事物有益程度的尺度",比较接近消费者购买商品时所考虑的"性价比"。

F 为功能。价值工程里的"功能"是指产品满足某种需求的一种属性,实际上等同于商品使用价值的内涵,也就是说,功能是商品使用价值的具体表现形式。

C 为成本。价值工程里的"成本"是指产品中的人力、物力、财力资源耗费总额。

价值工程的核心是功能分析,通过系统地分析产品的功能,分析出哪些是必备功能,哪些是多余功能,使成本和费用的开支尽力去满足和保证必备功能。而多余功能的成本和费用开支则要尽量避免。因此,价值工程在成本控制中的作用就是用最小的成本投入获得产品的必备功能。

根据价值工程原理,提高产品价值的途径有:

(1)在不改变产品功能的情况下降低其成本;

(2)在保持产品原来成本的情况下提高其功能;

(3)既提高产品功能,又降低产品成本;

(4)产品成本有所提高,但产品功能有更大幅度的提高;

(5)产品功能虽有降低,但产品成本有更大幅度的降低。

(二)基本程序

价值工程的工作程序实际上就是发现问题、分析问题和解决问题的过程,具体包括以下几个环节。

1. 选择价值工程对象

选择对象的具体原则是:①从产品构造方面看,选择复杂、笨重、材料贵、性能差的产品;②从制造方面看,选择产量大、消耗高、工艺复杂、成品率低以及占用关键设备多的产品;③从成本方面看,选择占成本比重大和单位成本高的产品;④从销售方面看,选择用户意见大、竞争能力差、利润低的产品;⑤从产品发展方面看,选择正在研制将要投放市场的产品。

2. 收集有关情报

收集的情报资料包括本公司经营目标、经营方针、生产规模、经营效果等资料,以及各种经济资料和历史性资料。最后对这些资料进行系统的整理,去粗取精,加以利用,寻找评价和分析的依据。

3. 进行功能分析

功能分析是对产品及其部件、组件、零件或是对一项工程的项目,系统地分析它们的功能,计算它们的价值,以便进一步确定价值工程活动的方向、重点和目标。

4. 提出改进设想,拟订改进方案

从不同角度设想和提出改进方案。

5. 分析与评价方案

常用的方案评价方法有优缺点列举法、打分评价法、成本分析法、综合选择法等。

6. 可行性试验

一方面验证方案选择过程中的准确性，发现可能发生的误差，以便进一步修正方案；另一方面从性能上、工艺上、经济上证明方案实际可行的程度。

7. 检查实施情况，评价价值工程活动的成果

简单来说，价值工程的工作程序就是围绕以下七个合乎逻辑程序的问题展开的，这七个问题分别是：①这是什么？②这是干什么用的？③它的成本是多少？④它的价值是多少？⑤有其他方法能实现这个功能吗？⑥新的方案成本多少？功能如何？⑦新的方案能满足要求吗？

★重要结论

价值工程应用于成本控制的意义表现在三个方面：①通过分析产品的功能，发现哪些是必备功能，哪些是多余功能，通过去除产品的多余功能，实现成本降低的目的；②在满足产品必备功能的前提下，去寻找更加廉价的替代材料，从而节约原材料成本，使产品成本得到降低；③在保证产品必备功能的条件下，通过优化产品的设计，实现产品制造成本的大幅度降低。

思政点拨—勤俭节约，精益求精

增产节约运动

中华人民共和国成立后，面临着严峻的经济财政困难和抗美援朝战争的需要，为了克服困难，发展生产，支持前线，全国人民开展了一场声势浩大的增产节约运动。增产节约运动分为两个阶段：第一个阶段主要是民众自发的劳动竞赛和生产捐献。各行各业都掀起了增产节约的热潮，他们通过提高劳动效率、降低成本、节约物资等方式，为国家增加收入、减少支出；第二个阶段主要是政府自上而下号召的有组织的增产节约运动。政府制定了《关于增产节约运动的指示》等文件，同时建立了增产节约委员会和工作机构，开展了广泛的宣传教育和评比奖励活动……

增产节约运动有效缓解了国家初期财政困难和物资紧张的状况，为国家经济及国防建设奠定了坚实的物质基础。据统计，从1950年到1953年底，全国共节省各种物资价值达到120亿元人民币（按当时价格计算），全国工业总产值从1950年的124.5亿元增长到1953年的272.9亿元；全国财政支出从1950年的79.9亿元降低到1953年的77.8亿元……

同时，增产节约运动培养了节俭、勤劳、奉献的优良品德，体现了中国人民的爱国主义精神和自力更生的精神，展示了中国人民团结奋斗和艰苦创业的风貌。作为当代青年，回顾开展增产节约运动，对于在中国梦的实践中厉行勤俭节约、追求精益求精具有重要价值。

文献参考：https://baijiahao.baidu.com/s?id=1775345347312683499&wfr=spider&for=pc

即问即答:你的手机有多少功能你知道吗?如果你只使用了手机的一半功能,意味着什么?

技能要点

(1)零基预算是成本控制的一种有效方法。

(2)零基预算否定以往费用开支的合理性,所有费用的预算以零作为基点,从而在很大程度上避免了一些不必要的费用开支,达到了节约和降低成本的目的。

(3)零基预算实施费用总量控制,在费用一定的情况下,根据成本—效益分析,分轻重缓急地进行费用的合理安排,有效地杜绝了成本超支的情况出现。

(4)零基预算的编制应该按照五个步骤进行。

(5)价值工程是基于对产品价值、功能和成本这三个要素之间相互关系的研究的一种成本控制方法,其核心是功能分析。

(6)价值工程对产品成本的控制表现在三个方面:①去除产品的多余功能;②寻找更加廉价的替代材料;③优化产品的设计。

(7)价值工程实施需要按照七个步骤进行。

子情境 6.3 控制公司员工

学习情境

学生以小组合作的方式,通过自学、社会调查、网络资源搜集,在教师的要求和指导下,模拟公司员工绩效考核。

学习任务

目的:训练公司员工控制能力。

内容:制定员工绩效标准、考评员工绩效、改进员工绩效。

方式:讨论、分析、操作。

成果:制定出公司员工绩效考核方案。

相关知识链接

一、员工控制及其重要性

员工是公司最重要的一个关键控制点。在公司投入的资源中,人力资源具有决定性的意义。公司目标的实现并不是由管理者自身来完成的,而是通过目标与任务逐级分解的方式落实到每位员工身上,由所有员工共同努力与密切合作来完成的。因此,如何让员工按照公司要求的方式与行为去工作,即员工控制,就显得尤为重要。在公司的每一个管理层次中都存在管理者对员工的工作过程及成果的控制。针对公司员工的控制是通过对其进行绩效考核来实现的,即通过对员工工作的各个方面进行系统化的考核评价,使每一位员工在一定时期的工作绩效都得到认定,然后根据考核评价的结果,兑现公司对员工利益(利害)的承诺,实现对员工的激励与强化,并对绩效结果进行原因分析,找到未来改进和提高绩效的措施。由于员工个人绩效与公司绩效有密切的关系,所以,对员工的控制结果会直接关系到公司目标能否最终实现。

思政点拨—敢担当,善作善成

毛主席不拘一格用人才

清朝龚自珍有句名诗:“我劝天公重抖擞,不拘一格降人才。”毛泽东十分喜爱这句诗,对粟裕的任用就是他不拘一格、量才用人的典范。

早在抗日战争时期,30多岁的粟裕已显露出卓越的军事才能。毛泽东相信,这位从士兵成长起来的将领,有能力指挥四五十万人的军队。抗战结束后,粟裕即被任命为华中军区副司令员兼华中野战军司令员。在人民解放战争中,粟裕指挥部队连续取得了苏中七战七捷,以及孟良崮战役、豫东战役、济南战役和淮海战役等一系列经典战役的胜利。特别是在1946年孟良崮战役中,粟裕协助陈毅,“以百万军中取上将首级”的气概,集中全部主力,打击中路突进的敌74师,歼敌32000余人,取得了胜利,迫使向鲁中进犯之敌全线溃退。

粟裕成为解放军百战百胜的优秀将领,让人们真正领略了这位军事天才杰出的军事指挥艺术。当然这些胜利的背后也蕴涵着党中央和毛泽东对粟裕的高度信任,同时也显示了毛泽东不拘一格、重用后起之秀的成功。

文献参考:http://dangshi.people.com.cn/n1/2019/0506/c85037-31066052.html?ivk_sa=1021577g

二、绩效及其特性

(一)绩效的定义

●绩效是指主体实现其目标的投入产出比。其中投入的是人、财、物、时间、信息等资源,产出的是工作任务和工作目标在数量与质量方面的完成效果。绩效包括绩和效两个方面,绩是指业绩,效是指成效。

(二)绩效的特性

1. 多因性

多因性是指员工的绩效高低受多方面因素影响,主要有四方面因素:技能(技能是指个人的天赋、智力、教育水平等个人特点)、激励(员工工作的积极性,员工的需要结构、感知、价值观等)、机会(承担某种工作任务的机会)、环境(工作环境,包括文化环境、客观环境等)。

2. 多维性

多维性是指需要从多个不同的方面和维度对员工的绩效进行考核。这种考核不仅考核工作结果,还要考核工作行为与品质。例如,对生产工人的绩效考核不仅要考核产量、质量、能耗等结果指标,还要考核其出勤率、服从态度、与其他岗位的合作等方面的指标,以得到综合和全面的评价结果。

3. 动态性

动态性是指绩效的时效性。员工的绩效是一个变量,会随着时间的推移而发生变化。原来绩效差的可能变好,而原来绩效好的可能变差。所以,对员工进行绩效考核时,不能用一成不变的思维看待员工的绩效。

三、绩效考核及其内容

●绩效考核是指公司运用特定的指标和标准,对员工过去的工作品行及取得的工作业绩进行评估,并运用评估的结果对员工将来的工作品行和工作业绩进行正面引导的管理控制活动。

由于员工绩效具有多维性的特性,所以员工绩效考核的内容就应该包括结果、行为、品质这三个方面。

1. 结果考核

结果考核就是对员工工作的实际效果及其对公司的贡献进行考核和评价。它着眼于“做出了什么”,重点考量“员工完成了哪些任务,提供了什么服务或销售了哪些产品”。

结果考核适合于具有生产性、操作性以及工作成果可以计量的工作岗位,而事务性工作岗位不太适合。结果考核的内容是公司目标经过分解落实到员工的量化绩效目标,结果考核能反映员工的工作成效及其对公司的贡献。

2. 行为考核

行为考核就是对员工工作的行为过程及其对公司的影响进行考核和评价。它着眼于“如何去做”,重点考量“员工的工作方式和行为方式”。

行为考核适合于具有管理性、事务性以及工作成果很难计量或计量没有意义的工作岗位。行为考核的内容主要是公司目标经过分解落实到员工的一些定性绩效目标,行为考核能反映员工的工作行为对公司产生的影响。例如,服务行业服务人员对顾客的礼貌、友善等行为。

3. 品质考核

品质考核就是对员工的知识、能力、职业素质进行考核和评价,以反映品质对其行为和结果的影响。它着眼于“这个人怎么样”,重点考量“员工的现有品质和潜在品质”。

品质考核涉及的内容很多,可以结合员工的工作岗位特点选取具体的考核内容。由于员工品质与其工作行为和结果存在着因果关系,因此,品质考核主要是用于揭示和发现员工行为考核和结果考核的绩效高低的原因。

★重要结论

完整的员工绩效考核内容包括结果、行为、品质三个方面,凡是员工工作结果可以计量的,首先,就要考核员工的工作结果,以反映员工对公司所做的贡献。其次,还要进一步考核员工的行为及品质,因为员工的工作结果与工作行为和个人品质存在因果关系,通过全面考核,可以发现工作结果高低的具体原因,为不断改进员工绩效找到解决措施和办法。如果员工工作结果无法计量或计量没有实际意义,就只针对行为和品质两个方面进行考核。

即问即答: 大学教师的绩效考核可以从哪些方面进行? 为什么?

四、绩效考核程序

公司对员工绩效的考核是按照一定的工作程序进行的。一般来说,绩效考核包括制定绩效标准、考评绩效、改进绩效三个环节。

(一)制定绩效标准

要开展员工绩效考核工作,首先必须明确“考核什么,如何进行衡量和评价”,即选取员工绩效考核指标体系,确定员工绩效考核标准体系。

1. 选取绩效考核指标

对公司员工进行绩效考核,首先需要明确“考核什么”。管理者不可能去考核员工的所有品质、行为和结果,而应该针对员工工作岗位职责要求的核心胜任力、关键行为、重要结果进行考核与评价。因此,员工绩效考核指标就存在一个合理选择的问题。例如:对于销售人员,一般会选择销售额、销售费用、客户满意度等指标进行考核,而不会考核出勤率;而对于办公室行政人员,就必须考核出勤率指标,因为这个指标能够反映其工作态度和工作行为。

> 拓展阅读
> MWTJ 商务部绩效考核指标和考核标准

2. 确定绩效考核标准

绩效指标的选取明确了“考核什么”,紧接着需要明确“如何衡量”,也就是要确定绩效考核标准。如果没有绩效考核标准,绩效指标就无法衡量,也就失去了考核的意义。例如,上面提到的销售人员的销售额绩效指标,那么,在一定时期员工的销售额要达到多少才能认定员工工作绩效是高还是低,这就需要一个数量标准。绩效标准就好像一把度量绩效的尺子,尺子上没有刻度或刻度不准是不能度量的。

引经据典

员工为何会“做一天和尚撞一天钟”?

有一个小和尚担任撞钟一职,半年下来,觉得无聊之极,“做一天和尚撞一天钟”而已。有一天,住持宣布调他到后院劈柴挑水,原因是他不能胜任撞钟一职。小和尚很不服气地问:“我撞的钟难道不准时、不响亮?”老住持耐心地告诉他:“你撞的钟虽然很准时,也很响亮,但钟声空泛、疲软,没有感召力。钟声是要唤醒沉迷的众生,因此,撞出的钟声不仅要洪亮,而且要圆润、浑厚、深沉、悠远。”

其实这个小和尚被撤职,不全是他的错,是住持犯了一个常识性管理错误——住持没有提前公布工作标准。如果小和尚进入寺院的当天就明白撞钟的标准和重要性,我想他也不会因怠工而被撤职。工作标准是员工的行为指南和考核依据。缺乏工作标准往往会导致员工的努力方向与公司整体发展方向不统一,造成大量的人力和物力资源浪费。因为缺少参照物,时间久了员工容易形成自满情绪,导致工作懈怠。

(二)考评绩效

所谓考评绩效就是管理者依据绩效考核标准对员工在一定时期内的工作结果、行为、品质进行认定和评价的过程。由于绩效认定和评价的结果会关系到员工的切身利益和公司的稳定,做好这一阶段的工作具有十分重要的意义。因此,需要遵守一定的原则和按照一定的方法实施员工绩效认定和评价。

1. 绩效考评原则

1)保持考评过程的公平性和公正性

公平和公正是公司实施员工绩效考评的前提。缺乏公平和公正的考评,可能使员工滋生不良的思想情绪,将严重影响和干扰公司管理控制活动。公司可以通过建立员工绩效考评系统和员工绩效申诉系统保证考评的公平性和公正性。

员工绩效考评系统的主要功能是:①监督绩效考评工作正常进行;②针对绩效考评中的主要问题,进行专门研究,制定具体对策;③对员工绩效考评结果进行复核审查,确保公平和公正;④对存在重大争议的考评结果进行调查甄别,避免冲突发生。

员工绩效申诉系统的主要功能是:①允许员工对考评结果提出异议,发表意见;②给管理者一定的约束和压力,防止因渗入主观感情色彩所导致的不公平和不公正;③减少矛盾和冲突,防患于未然。

2)保证考评结果的准确性和科学性

准确和科学的考评结果能有效地鼓舞员工以及保证公司控制决策的正确性。否则,会严重影响员工工作的积极性,造成员工的大量流失,给公司生产经营活动带来极为不利的影响。

为了保证绩效考评结果的准确性和科学性,公司可以采取以下这些措施:①制定客观和准确的绩效考评标准;②采用科学的绩效考评方法;③提高管理者素质,防止因主观偏见造成的考评结果不准确;④严格按照考评程序开展工作。

2. 绩效考评方法

公司员工绩效考核包括结果、行为、品质三个方面,因此,对员工的绩效考评就应该从这三个方面分别设计结果性、行为性、品质性效标,然后与员工这三个方面的实际状况与水平进行比较,二者比较的差异就是绩效考评的结果,所以员工绩效考评的基本方法可以用下式表示:

绩效标准 - 实际绩效 = 差异(有利或不利)

由于结果、行为、品质这三个指标的性质有很大的不同,所以衡量员工绩效差异的具体方法就有所不同。

针对结果差异的衡量,可以通过下列这些方法:①目标与实际比较;②本期与上期比较;③本人与他人比较。

针对行为差异的衡量,可以通过下列这些方法:①凭借考评者的主观印象;②预先设计的考评量表。

针对品质差异的衡量,主要是利用岗位工作说明书中的任职资格要求对照员工实际的状况,以衡量出理想与实际的差异。

(三)改进绩效

公司对员工进行绩效考核,不仅仅是为了发现差异和得到一个考评结果,更重要的是分析原因,寻找到改进绩效的措施和途径。

1. 绩效考评结果应用

公司应该将员工绩效考评的结果(员工对公司的贡献大小或产生的影响力强弱,态度好坏,能力高低等)与员工的职务调整、工资和奖金的发放以及员工的教育和培训等方面密切挂钩,做到有赏有罚,有升有降。绩效高低关系待遇多少,这样可以鼓励先进,鞭策后进,有利于所有员工改善和提高工作绩效。

2. 绩效原因分析与制定改进对策

当绩效考评结果出来以后,管理者应该与员工一起查找和分析造成绩效差异的原因。影响和制约员工工作绩效的原因是多方面的,既有员工的主观和客观原因,也有公司的环境和条件原因。有些原因是可控的,有些原因是不可控的;有必然原因,也有偶然原因。应该特别注意的是,绩效原因分析既要针对有利差异,也要针对不利差异。通过分析有利差异产生的原因,可以发现哪些方面做得好,取得了成功,以便在未来的工作中坚持这样做,并进行宣传和推广。通过分析不利差异产生的原因,可以发现哪些方面做得不好,不能成功的症结,在未来的工作中,要抛弃原来的做法,防止不能成功的行为再次出现。

公司把影响员工绩效的原因分析清楚以后,就可以有针对性地制定解决措施和办法。一般来说,公司制定的纠正绩效偏差的措施,往往会针对个人主观原因、可以控制的原因以及能够改变的一些条件,这样制定出来的措施才能有效地改进员工工作绩效。

公司在进行员工绩效分析和寻找解决措施时,可以运用前面子情境1中介绍的鱼骨图分析法。

引经据典

京东的职级与薪酬体系

目前,京东共有22万名左右的员工。京东岗位序列主要分T、P、M序列。T序列主要指产品和技术人员岗位,分为初级到高级总监共11个职级。P序列指项目经理,M序列为主管、经理、高级副总裁,共有10个职级,为员工打开了晋升通道。京东员工岗位序列不同,薪酬待遇不同,最低职级的员工年薪只有10万元左右,总监职级的员工年薪可以达到90万元左右。京东的薪酬与员工岗位序列、绩效紧密挂钩,年终考核分为A+、A、B、C、C-,共5个等级。同时,京东用高福利政策善待普通员工,对中高层管理人员,也采取了现金加股票结合的方式来吸引人才,这些绩效管理措施极大地提高了员工的工作积极性。

拓展阅读
京东的职级与薪酬体系

3. **绩效结果反馈**

为了让员工在未来的工作中不断改进绩效,公司应该将绩效考评的结果反馈给员工,在反馈考评结果的同时,应当向员工就考评结果进行说明和解释,肯定成绩和进步,说明不足之处,提供今后努力的方向和行动途径。由于很多公司都把员工的绩效与其利益紧密联系起来,所以,员工对改善和提高绩效有积极性。但是,不是每个人都清楚自己的问题出在哪里、有能力分析出产生问题的原因。正所谓"知人者智、自知者明"。这就需要管理者及时地把考核结果及纠正措施反馈给员工,使员工清楚地知道如何去改进和提高工作绩效。

知识小结

(1)员工是组织最重要的一个关键控制点,对员工的控制是通过绩效考核来实现的。

(2)员工绩效考核的内容包括结果、行为、品质三个方面。

(3)结果考核着眼于"做出了什么",行为考核着眼于"如何去做",品质考核着眼于"这个人怎么样"。

(4)因为员工的工作结果与工作行为和个人品质存在着因果关系,因此,需要对员工实施全面绩效考核。

(5)绩效考核包括制定绩效标准、考评绩效、改进绩效三个环节。

(6)如果没有绩效考核标准,绩效指标就无法衡量,也就失去了考核的意义。

(7)绩效考评应该保持考评过程的公平性和公正性,保证考评结果的准确性和科学性。

(8)对员工结果、行为、品质的考评需要采用不同的方法。

(9)组织对员工的绩效考核,不仅仅是为了发现差异和得到一个考评结果,应用考评结果,更重要的是通过分析绩效原因,寻找到改进绩效的措施和途径。

相关技能要求

360度绩效考核

绩效的多维性和多因性要求公司对员工工作绩效的考核和评价应该从多角度、全方位进行。为了实现这个要求,公司往往会采用360度的绩效考核。

引经据典

神州数码金融公司全力推行360度绩效考法

神州数码金融公司一直以来全力推行360度绩效考核法。公司成立了以项目总监、事业部总经理为核心的"考核委员会",专门负责360度绩效考核事项。

考核委员会最终确定了以金融公司价值观和核心理念为基础的9项考核内容:领导力、人才培养、关系、客户意识、交付、创造力、开放性、团队贡献、岗位技能。为了让考核能够更加具体、可衡量,考核委员会又将每项内容细化分解为3小项,构成了神州数码9项27条标准的360度绩效考核体系。在考核实施过程中,神州数码也会根据实际情况对考核体系不断完善,比如,各考核方所占权重就从最开始的"上级70%,同级和下级共20%,其他合作方10%"的权重分配调整到了"上级权重从70%降至60%",考评细项也从27个降到了18个。

神州数码金融公司的360度绩效考核法,留下了优秀员工,淘汰了平庸的员工,公司自主软件和服务的营业额翻了一番。

★一、360度绩效考核的基本原理

360度绩效考核是指绩效考核的主体由多方面的人员组成,包括员工自己、直接上级、直接下级、同事、顾客等。这种方法可以全方位地对员工工作绩效进行考核,如图6-5所示。

1. 上级评价

上级对员工承担着直接的领导管理与监督责任,对员工是否完成了工作任务、达到了预定的绩效目标等实际情况比较熟悉和了解,而且在思想上也没有更多的顾忌,能较客观地进

行考评,所以在绩效考核中,一般以上级主管的评价为主,其考核分数对员工的评价结果影响很大,约占 60%~70%。

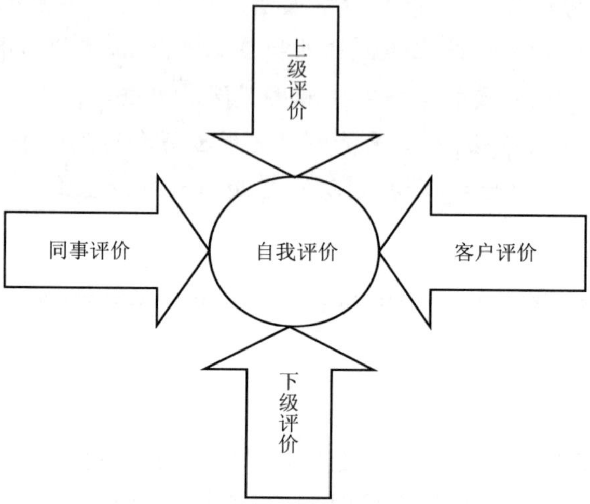

图 6-5 360 度绩效考核方式

2. 同事评价

同事通常与员工共同工作,密切联系、相互协作、相互配合,同事往往能清楚地了解员工,对其潜质、工作能力、工作态度和工作业绩了如指掌。同事在参与评价时,常受人际关系状况的影响,所以在绩效考核中,同级的评价一般占 10% 左右的份额。

3. 下级评价

员工的下级与上述考核者不同,他作为员工的下属,对其工作作风、行为方式、实际成果有比较深入的了解,对其一言一行有亲身的感受,而且有其独特的观察视角,但他们对员工又容易心存顾虑,致使考核的结果缺乏客观公正性,所以其评定结果在总体评价中的比重一般被控制在 10% 左右。

4. 自我评价

员工对自己的绩效进行自我评价,能充分调动员工的积极性,这种评价特别是对那些以"自我实现"为目标的人更重要。但在绩效考核中,由于自我评价容易受到个人的多种因素的影响,使其有一定的局限性,所以其考核结果在总体评价中的比重一般被控制在 10% 左右。

即问即答:你会对自己的学习和工作成效进行自我反省吗?自我反省有什么好处?

5. 客户评价

如果员工的工作性质是要接触各种客户,就应该吸收客户参与对员工的绩效考核。特别是如果员工的工作绩效与客户的满意度直接相关,那么,客户的评价意见可能还会占较大的比重。例如,有一些服务性公司针对一线服务人员的绩效考核就规定,在一定时期,凡是收到客户的三次投诉,就可以认定其工作绩效等级为最差。

思考与讨论：公司用 360 度绩效考核会给员工工作带来哪些影响？其利弊是什么？

二、360 度绩效考核的实施程序

1. 准备阶段

这一阶段工作的主要目的是使所有相关人员，包括评价者与被评价者以及所有可能接触或利用考核结果的管理人员，都能够正确理解公司实施 360 度绩效考核的目的和作用，建立起对该方法的信任。

准备阶段的主要工作内容包括：

（1）明确考核目的；

（2）确定考核实施的时间、评价者和被评价者；

（3）确定考核记录的方式和描述方法；

（4）确定考核标准和考核指标，设计 360 度考核问卷；

（5）必要时对评价者进行培训，使他们熟悉并能正确使用该方法，避免考核结果受到评价者主观因素的影响等。

2. 评估阶段

实施 360 度绩效考核，分别由上级、同事、下级、相关客户和本人按各个维度的标准进行考核。考核过程中，除了上级对下级的考核无法实现保密之外，其他几种类型的评价最好采取匿名的方式。大量研究表明，在匿名评价的方式下，人们往往更愿意提供真实的信息。

3. 反馈和辅导阶段

绩效考核结果出来以后，需要进行反馈面谈，及时将绩效考核的结果和拟定的改进措施反馈给员工，帮助员工改进自己的工作，不断提高工作绩效。

即问即答：针对大学教师的 360 度绩效考核内容应该有哪些？哪些人员应该参加？为什么？

技能要点

（1）360 度绩效考核方式可以实现对员工多角度、全方位的绩效考核与评价。

（2）360 度绩效考核的主体由多方面的人员组成，包括员工自己、直接上级、直接下级、同事、顾客等。

（3）360 度绩效考核以上级主管的评价为主，其考核分数在员工总评分中占较大的比重。

（4）如果员工的工作绩效与客户的满意度直接相关，那么，客户的评价分数可能会在总评分中占较大的比重。

(5)360度绩效考核过程包括准备阶段、评估阶段、反馈和辅导阶段。

知识测试

客观题测试

(1)控制工作的内涵及基本原理。

(2)控制的类型及控制工作要领。

(3)全面质量控制的四大特征。

(4)控制工作的过程。

(5)绩效考核的程序。

能力及素质训练

一、素质测试

控制能力测试

你愿意在多大程度上放弃控制？测试结果：____________________

二、实训任务

(一)实训目的

通过让学生制定模拟创业公司的质量控制方案、成本控制方案、员工绩效考核方案，训练学生公司质量控制能力、成本控制能力、员工控制能力。

(二)具体任务清单

1. 制定模拟创业公司的产品和服务质量控制方案

● 通过社会调查、网络资源搜集，在教师的指导下，梳理市场和客户对模拟创业公司的产品和服务质量要求(提示：至少3点)。

____

____

____

● 结合质量控制要领，针对市场和客户的要求设计切实可行的事前、事中、事后质量控制方案。

____

____

____

2. 制定模拟创业公司的产品和服务成本控制方案

● 结合市场和客户对模拟创业公司的产品和服务质量要求，制定公司产品和服务成本控制标准。

● 明确衡量实际成本差异的具体方式和执行方案。

3. 制定模拟创业公司的员工绩效考核方案

● 确定考核指标（提示：选择公司最核心的一类员工即可）。

● 制定考核标准（提示：标准尽量量化，无法量化的尽量描述清楚）。

三、案例分析

案例1：M建筑工程公司工程质量事中控制工作

M建筑工程公司通过招标，与施工单位签订了工程施工合同。建设单位对施工质量的控制主要通过工程监理进行。工程监理依据监理合同对工程项目实施全过程、全方位、全员参与的监理，施工单位的工程质量活动完全处在监理的控制之中，通过控制人员、材料、机械、方法工艺和影响工程质量的环境因素，达到控制质量的目的。督促监理单位加强事中控制，主要包括以下几点。

（1）明确监理范围：①基础阶段包括桩基施工、土方回填、后浇筑、其他结构混凝土浇筑、防水混凝土浇筑、卷材防水层细部构造处理；②主体结构阶段包括梁柱节点钢筋隐蔽过程、厨卫、露台蓄水实验。

（2）监理旁站。监理旁站是建设监理工作中用以监督工程质量的一种手段，主要是为限制不正当的施工行为，对工程质量进行事中控制，所采取的监理方法之一，它与其他监督手段结合使用，是质量监理工作中相当重要和必不可少的一部分。

（3）巡视与抽查。在工程质量事中控制中，除了监理旁站，还要对工程质量进行巡视与抽查，对于重要部分或关键工序增加抽样比例，判断关键工序是否失控、如果存在“系统性质量偏差”，提出整改意见。

（4）监理日记。监理日记系统地反映了监理过程，对有特殊问题的原因和处理结果要以文字方式记载下来。监理日记必须掌握以下原则和要求：

①实事求是，监理工程师遵守“守法、诚信、公正、科学”的从业准则，客观公正地记录工地施工和监理情况；

②书写工整、用语规范、内容严谨,应反映监理活动的具体内容及其深度、广度。体现时间、地点、有关的人以及事情的起因、经过和结果。使用专业术语和规范文字,体现监理行业特点、技术要求和岗位职责履行情况,文字与数字相结合,检测数据及其单位要符合规范和标准;

③发现问题、灵活处理,要有始有终,记录问题时对问题的描述要清楚,处理措施和处理结果都要跟踪记录完整;

④及时送审、签认、存档,防止丢失缺损,加强监理日记的档案管理,提高监理日记的档案使用价值。

分析问题:

参考答案

(1)请结合监理工作说明控制工作的三种类型,监理工作重点体现为哪一种控制类型工作,有何优缺点?

(2)M 建筑工程公司工程质量如何体现全面质量管理的特点与理念?

(3)工程监理日记如何体现控制工作的基本要领?有何利弊?

案例 2:许继集团的"死去活来"的控制标准

许继集团隶属中国电气装备集团有限公司(国资委的国有重要骨干企业),是专注于电力、自动化和智能制造的高科技现代产业集团,是国内能源电力装备制造业的领先企业,历经了五十余年的发展历程。许继集团曾经在经营中面临着重重困难和矛盾。现在,许继集团已是集科研、生产、销售为一体,涉及五大行业的国际驰名企业。许继集团成功的背后,有许多值得借鉴的做法。

首先,公司建立了一套"德、能、勤、绩"四个方面,共 11 个要素内容的考评标准。

其次,公司采用"三个死亡线,三个生存线"的"死去活来"的控制法,其基本内容如下。

(1)员工淘汰率低于 2% 是死亡线,6% 为生存线。每两年在集团领导中淘汰 1 人;每年在中层干部中淘汰 5%~7%、管理人员中淘汰 8%、技术员中淘汰 8%,让淘汰人员转岗。

(2)收入中,活的部分低于 15% 是死亡线, 40% 为生存线。把每个人的月薪中 60% 的收入,作为固定部分逐月发放,而将 40% 的收入作为活的部分与考核挂钩后实行浮动发放;加大浮动部分激励作用,让低效率的劳动者挣低工资。

(3)中高级技术和管理人才低于 10% 是死亡线, 20% 为生存线。每两年在集团领导中淘汰 1 人;每年在中层干部中淘汰 5%~7%、管理人员中淘汰 8%、技术人员中淘汰 8%,对淘汰人员进行转岗。

最后,公司还实行股权奖励年终分红,调动了员工的积极性、主动性和创造性,促进了企业管控和整体管理素质的提高,使企业整合出资源和文化的合力。"许继人"的合力文化形成了团队精神——魅力许继——特色国企。

总之,公司让创造高效益的人才挣高工资,形成人的劳动价值市场化、"用一流的工资招一流的人才,用一流的管理人才出一流的效益,用一流的效益支撑一流的工资"的良性循环。

分析问题：

(1)许继集团的控制标准有哪些？分析公司“死去活来”控制的科学性？

(2)在实际工作中，如何用控制过程的知识来开展控制工作？

(3)许继集团的员工绩效考核内容有哪些？请从绩效特性上分析公司对员工进行考核的原因。

参考答案

情境 7　综合管理项目任务

学习目标

知识目标：

(1)了解项目管理的定义、特征；
(2)认识项目策划书的编写原则和主要内容；
(3)理解项目组织的定义及特点；
(4)了解项目团队建设过程、团队冲突的解决对策；
(5)认识项目进度控制的方法。

能力目标：

(1)能根据项目实际情况，编写出完整性和可行性较高的项目策划书；
(2)能将项目相关人员组织起来，建立合适的项目组织结构；
(3)能够正确认识和分析项目团队冲突，并提出合适的团队冲突解决方法；
(4)能正确运用项目进度控制方法，合理规划项目进度，保障项目按时交付。

素质目标：

(1)具有守正创新、开拓进取、笃行实干的精神，提升项目的创意和可行性；
(2)具有团队合作意识，确保项目团队可以高效运作并达成项目目标；
(3)面对项目变化和压力能保持冷静，敢想敢为，用积极乐观的态度处理紧急情况；
(4)具有前瞻性和风险意识，能够正确预测环境变化，提前做好风险应对方案。

思政主题及案例：

思政点拨——敢想敢为，守正创新：川陕苏区红色“大管家”郑义斋。

知识结构图

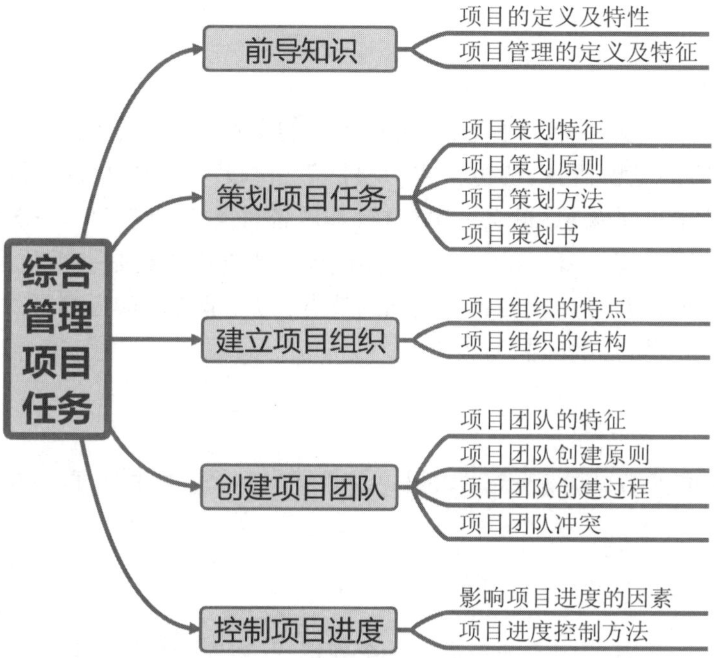

知识结构图详版

学习导入

背景资料：中华经济管理职业学院的“飞跃”管理协会组织了一些由会员参加的活动。管理协会将会员分成若干个小组，利用课余时间，去完成一些有意义的项目任务，包括募捐资助贫困学生、帮助孤寡老人、义卖筹集慈善基金、为企业促销等活动。通过完成这些项目任务，以达到思想觉悟提高、职业素质培养、专业知识应用以及职业能力训练的目的。

思考问题：要完成这些项目任务，是否需要编写项目任务策划书？是否需要建立项目组织？是否需要打造项目工作团队？是否需要对项目的进度进行控制？

解决问题：完成本情境的相关学习（工作）任务；完成本情境相关理论知识的学习。

视频资源
学习导入

前导知识

一、项目

在现实社会中,人们对项目并不感到陌生,因为在人们的工作、学习、生活中,项目无处不在,"在当今社会中,一切都是项目,一切也将成为项目"。比较典型的项目有:修建一栋大楼;开发一种新产品;研究一项课题;组织一次旅行;开展各种类型的活动。一次大型会议、一场婚礼、一个庆典、一次义卖、一场募捐、一次商品促销等等都可以说是一个项目。

各个项目本身千差万别,但是上述项目具有共同的特点,那就是这些项目都是一次性任务,完成任务都有时间、资金等资源的限制与约束。

(一)项目的定义

●项目是指为了实现特定的目标,在一定的资源及条件限制下,有计划、有组织地进行的一系列非重复性活动。

(二)项目的特性

项目活动不同于常规活动,其原因是项目具有一系列特征,主要包括以下几项。

1. 一次性

一次性是项目与常规活动的最大区别。项目有明确的起点与终点,未来也不会再有完全相同的重复。项目往往具有某种创新和创造的性质与特征。

2. 独特性

任何一个项目之所以成为项目,就在于它有区别于其他任务的特殊要求。即便是名称相同,内容也会不同,或者内容基本相同,但要求却不同,这就是项目的独特性。

3. 目标多样性

虽然项目的总任务是唯一的,但是项目目标往往包括成本、质量、进度等方面的目标,这些目标之间的关系是相互制约和相互影响的。

4. 寿命周期性

任何一个项目都是有寿命周期的,只不过不同的项目其寿命周期长短不一而已。例如,三峡工程项目的建设花了 17 年。而一次义卖可能只需要一天。

即问即答: 在你的工作、学习、生活中有哪些活动可以称之为项目?

二、项目管理

(一)定义

●项目管理是指运用系统的理论和方法对项目及其资源进行的计划、组织、领导、控制,

以实现项目的特定目标。

关于项目管理的定义,可以从以下三个方面去理解。

1. 识别相关利益者对项目的要求和期望

一个项目涉及许多相关利益者,他们有不同的利益要求与期望,项目管理就是要识别他们对项目的利益要求与期望。

2. 满足项目相关者的利益要求和期望

项目管理不仅要识别项目所有相关者的不同的利益要求和期望,而且还要满足他们的利益要求和期望。

引经据典

三峡工程的巨大效益

"三峡工程"经过 17 年的建设,已完成并投入使用。"三峡工程"是中国也是世界上最大的水利枢纽。"三峡工程"水库正常蓄水位 175 米,总库容 393 亿立方米;水库全长 600 余千米,平均宽度 1.1 千米;水库面积为 1084 平方千米。它具有防洪、发电、航运等综合效益。持续 18 年的"三峡工程"大移民,至 2010 年宣告结束。百万移民安置任务全面完成,曾经横亘在中国政府和三峡建设者面前的"世界级难题",终告破解。"三峡工程"的后续工作按照有关部门的规划,从 2010 年开始,用十年的时间解决"三峡工程"中备受争议的环境等问题。

3. 项目管理的基本工作(活动)

要想使项目能最大限度地满足项目所有相关者的利益要求和期望,就必须开展各种各样的管理工作(活动)。项目管理仍然是通过计划、组织、领导、控制等工作(活动)去实现的。当然,项目管理必须综合运用各种管理职能所涉及的有关知识和方法等,这些知识、方法包括系统分析法、计划方法、组织方法、领导方法、控制方法等。也可以这样说,项目管理就是将管理的有关理论与方法,根据项目的特定目标及内容进行整合、重构、优化、运用。

(二)特征

项目的一系列属性与特征决定了项目管理具有如下特征。

1. 创新性

项目的独特性和一次性决定了项目管理需要创新。任何一个项目都有不同于其他项目之处,这种不同就要求在对项目进行管理的过程中,必须根据项目本身的要求,创新性地采用独特的方法去实现项目目标。所以,创新是项目管理的核心内容之一。

2. 普遍性

项目作为一种活动普遍存在于社会活动的各个方面。正如前文所述,"在当今社会中,一切都是项目,一切也将成为项目"。所以,项目管理存在于每个组织、政府和社会的各项活动之中。

3. 目的性

任何项目管理都有一定目的性。项目管理的目的性不仅在于实现项目相关者的利益要求和期望,而且还在于探寻实现要求和期望的有效途径。

4. 独特性

项目管理既不同于常规的行政管理,也不同于一般的常规生产管理,它是为完成一项独特的任务而设计的一套完整的管理体系,有自己独特的管理方法和工具。

5. 复杂性

项目管理一般需要跨越多个部门,甚至跨越多个组织,所以需要运用多种学科的知识与方法来解决问题。项目管理工作通常没有或很少有以往的经验可以借鉴,执行中会遇到许多未知的因素,每个因素往往都具有不确定性;还需要将具有不同经历、来自不同单位的人员有机地组织在一个临时性的机构内,在资金、成本和进度等较为严格的约束条件下实现项目目标。综合性、不确定性、交叉性决定了项目管理的复杂性。

思政点拨—敢想敢为,守正创新

川陕苏区红色"大管家"郑义斋

行军打仗自古以来都是"兵马未动粮草先行"。战争年代,几万红军的后勤保障绝对是一个综合性难题,而红四方面军有幸有这么一个好"管家",他就是后勤部部长郑义斋。红四方面军千里转战来到川陕,从部队的后勤给养到后勤基础设施建设,再到全苏区的经济发展全都靠郑义斋统筹规划、运筹帷幄。

1932 年 10 月,红四方面军主力向西转移入川。部队入川后,首要解决的就是一万多人每天的吃饭问题,一天少说要消耗一两万斤粮食,且随着部队的扩大,每天的粮食消耗不断上升。郑义斋为了粮食问题,到处奔波调查研究,寻找办法。他很快发现,如今部队的活动大多在苏区范围内,与之前部队行军作战流动性强、需要背着粮食行军打仗的后勤供给模式不同,只要在各地建立一批粮站,就能有效缓解部队粮食供应问题。于是郑义斋向总部提出:打土豪破仓分粮时,只给最穷的人家分一部分粮食。大部分粮食集中起来,在全苏区设立多个粮站和转运站,同时在各基层苏维埃组织一支运输力量,保证部队无论在哪里集中作战,都有饭吃。他的建议很快得到实施。在郑义斋的指导下,总经理部形成了一个粮食供应体系,有总站、分站和具体的供应点。

红四方面军在川陕两年多,几乎天天打仗,但部队的粮食供应基本维持稳定。郑义斋的粮站供应体系为战斗胜利和部队建设奠定了坚实的基础。作为新时代青年,我们要学习郑义斋先生这种遇到困难,能从实际出发,敢想敢为,守正创新的精神和行动力,投身到为中华民族伟大复兴的实践中去!

文献参考:https://www.163.com/dy/article/I62K3A9Q0521WC6C.html

知识小结

（1）项目广泛存在于人们的工作、学习、生活之中，项目无处不在。

（2）各个项目千差万别，不管什么项目都是一次性任务，完成任务都有时间、资金和成本等资源的限制与约束。

（3）项目具有一次性、独特性、目标多样性、寿命周期性等特性。

（4）项目可以依照不同的标准进行划分。

（5）项目管理的目的就是最大限度地满足项目所有相关者的利益和期望。

（6）项目管理仍然是通过计划、组织、领导、控制等工作（活动）去实现的。

（7）项目管理就是将与管理有关的理论与方法，根据项目的特定目标及内容进行整合、重构、优化、运用的活动。

（8）项目管理具有创新性、普遍性、目的性、独特性、复杂性等特征。

子情境 7.1　策划项目任务

学习情境

学生以小组合作的方式，通过自学、社会调查、网络资源搜集，在教师的要求和指导下，真实地策划项目任务。

学习任务

目的：训练项目任务策划能力。

内容：策划项目任务、项目任务策划书。

方式：讨论、分析、操作。

成果：编写出项目任务策划书。

相关知识链接

一、项目策划

项目策划是项目管理的首要工作，也是开展项目管理其他工作的纲领和依据。项目策划质量的好坏直接关系到项目的成败。通过项目策划，产生有意义和可操作的项目，在此基础上编写出来的项目策划书，为项目的具体实施和完成提供行动方案。

（一）定义

●项目策划就是将各种想法和思维加以概括与归纳，形成切实可行的、有价值的项目方案。

项目策划的实质就是对项目进行全面的计划,因此,项目策划的结果就是输出“项目综合计划”。其主要内容就是明确和解决项目的目标、进程、规模、成本、时间、资源、风险、组织及工作结构等问题。

(二)特征

项目策划以具体的项目活动为对象,体现出一定的功利性、社会性、创造性、超前性等特征。

1. 功利性

功利性是指策划所带来的经济上的满足或愉悦。项目策划的一个重要的作用就是使策划主体更多地得到实际利益。因此,功利性也是项目策划要实现的目标。

2. 社会性

项目策划要依据国家、地区的具体情况来进行,不仅要注重本身的经济效益,还应关注它的社会效益,经济效益与社会效益的有机结合才是项目策划的功利性的真正意义所在。因此说,项目策划要体现一定的社会性,只有这样,才能为更多的受众所接受。例如,在项目策划实践中,各种商业组织往往通过捐款协办大型文艺活动,赞助失学儿童,赞助体育比赛等方式来构筑策划主题,塑造组织的社会形象。

引经据典

某饮用水企业的营销方式

一家国内知名的饮用水生产企业,其品牌旗下的天然水被国家质检总局评为“中国名牌”产品。公司坚持“四个不忘”的经营理念:始终不忘“健康”的宗旨;始终不忘“兼济天下”的社会责任;始终不忘“差异化”的品牌理念;始终不忘“创造顾客”的市场法则。该企业策划出了“每售出一瓶矿泉水,为希望工程捐一分钱”的营销方式,其产品销售量高速增长,累计为国家“希望工作”捐助资金数百万元。

3. 创造性

项目策划必须要有创造性的思路。“鹦鹉学舌、照葫芦画瓢”,照搬、模仿、抄袭别人固有的模式都不是真正的策划。《孙子兵法》中有言:“兵无常势,水无常形。”策划应随具体情况而改变,需要创造性的思维,不能抱残守缺,因循守旧,要想不断地取胜,必须不断地创造新的方法。

4. 超前性

完成一项策划活动,必须预测未来行为的影响及其结果,对未来的各种发展、变化的趋势进行预测,对所策划的结果进行事前评估。要想使项目策划具有超前性,必须进行深入的调查研究,获取大量真实全面的信息资料,对这些信息进行去粗取精,去伪存真,由表及里,分析其内在的本质。

二、项目策划原则

(一)可行性原则

可行性是项目策划的基本原则,不能实施的项目策划毫无意义。项目策划是否可行,需要经受事实的考验。

(二)价值性原则

项目策划要按照价值性原则来进行,使策划产出大于策划投入,这是项目策划功利性的具体要求与体现。

(三)无定势原则

世界万物都处在一个变化的氛围之中,没有不运动的事物,事物就是在这种运动的作用下发展的。项目策划所具有的创造性特征,使其必须具有创新性,每项策划都要力求改变和突破。

(四)集中性原则

在战争中,集中优势兵力攻击对方关键性的部分,成为军事谋略的上策。不论是军事项目,还是体育项目,都可以借此达到胜利的目标。项目策划也不例外,为了保证项目策划的可行性、提高项目策划的质量,需要集中优势力量去解决一些关键性的问题。

(五)信息性原则

信息是项目策划的关键因素,全面、完整、准确的信息能够使项目策划更具可行性和价值性。

即问即答:“飞跃”管理协会策划的募捐、义卖、扶助等活动是功利性的还是社会性的? 为什么?

三、项目策划方法

项目策划是一种具有建设性、逻辑性的思维过程,在这个过程中需要采用一定的方法以获得各种创意。项目策划可以采用头脑风暴法和情景分析法。头脑风暴法详见子情景 3.3,下面主要介绍情景分析法。

情景分析法是一种利用专家对影响组织经营环境的未来情景做出的描述进行策划、创意的方法。其基本原理是:在现代社会高速发展、组织未来不确定性因素日益增长的背景下,通过专家们的集体分析、判断,预测未来情景中最有可能对组织的经营环境产生影响的各种因素,并对它们可能发生的变化进行定性分析,然后构想可能出现的多种可能,并通过严密的分析和筛选将这些可能减少到最少的几种,策划和创意出更有针对性的项目任务。

情景分析法的工作步骤包括六个环节：①建立信息库；②确定问题；③分析影响因素并确认关键因素；④探寻各种可能的未来发展趋势；⑤选择并解释环境情景；⑥详细阐明问题情景。

引经据典

壳牌公司成功应对石油危机

壳牌石油公司的成功来自它对几次石油危机的预测。1971 年中东产油国出现了一些动荡的迹象。当时所有的石油公司都没有意识到该迹象背后的含义。但壳牌公司的规划部门利用情景分析法分析了中东局势，得出了结论：阿拉伯世界的变化将使西方石油公司主宰了 25 年的石油体系失去稳定性，石油价格可能从现在的 2 美元／桶上涨到 10 美元／桶，能源危机将不可避免。壳牌公司规划部门据此提出了几种应对方案，让管理层不但认识到这种危机，而且能为之做好准备。1973 年 6 月爆发中东战争，10 月油价从 3 美元／桶涨到 5.11 美元／桶，1974 年 1 月油价上涨到 11.65 美元／桶，到 1975 年涨到了 13 美元／桶。1979 年伊朗发生革命，石油生产减少，石油价格涨到 37 美元／桶，西方几乎所有石油公司都遭到重创，但壳牌公司是个例外。

20 世纪 80 年代初，石油产业进入了泡沫时期。但石油交易商都认为石油价格还会上涨，因而继续大量购进期货，推动石油价格继续上涨。但壳牌公司的战略规划人员对市场提出了不同的见解：他们认为石油将出现过剩。由于 OPEC 分裂，能源需求放缓，石油产业将进入调整期。许多人不相信他们的看法，但壳牌公司在其他石油公司都还在大量储备石油的情况下，卖掉了多余的储备。随后 3 年石油价格大幅下跌，导致产业重组，许多石油公司处境困难。壳牌公司的成功预测得益于采用了情景分析方法，使它能有效地把握未来发展的趋势并为之做好准备。

知识小结

（1）项目策划是项目管理的首要工作，也是开展项目管理其他工作的纲领和依据。项目策划质量的好坏直接关系到项目的成败。

（2）项目策划是一种具有建设性、逻辑性思维的活动过程。项目策划的结果就是输出“项目综合计划”。

（3）项目策划具有功利性、社会性、创造性、超前性等特征。

（4）项目策划应该遵循可行性、价值性、无定势、集中性、信息性等原则。

（5）项目策划的方法主要有头脑风暴法和情景分析法。

（6）情景分析法是一种利用专家对未来情景做出的描述进行策划、创意的方法。

相关技能要求

编写项目策划书

当项目策划出来以后,应着手编写项目策划书,使项目任务能够按照策划书的内容及要求组织实施,确保项目目标的实现。

项目策划书是项目组织为了保证项目目标的实现,在项目策划的基础上,根据一定的格式和内容要求而编写的项目具体实施的书面方案。

(一)主要内容

项目策划书的内容主要包括:①项目背景及目标;②项目范围和规模;③项目团队建设;④项目进度计划;⑤项目资源及预算;⑥项目风险和控制等。

项目策划书的编写格式主要包括:①封面;②序文;③目录;④内容;⑤预算;⑥策划进度表;⑦相关的参考资料。

(二)编写要求

项目策划书的编写需要做到:①主题鲜明;②文字简明扼要;③逻辑性强,描述规范合理;④运用图表、照片、模型等形式增强项目的主体效果;⑤具有可操作性。

★应用范例

表 7-1 是一份已编制好的“× × 学校直播电商比赛承办项目方案”。

表 7-1　XX 学校直播电商比赛承办项目方案

× × 学校 直播电商比赛承办项目方案 × × 学校 202× 年 × × 月	**目录** 1. 项目背景及目标 .... 1 2. 项目范围及规模 ....1 3. 项目团队建设 ....1 4. 项目进度计划 ....4 5. 项目风险和控制 ....5 5.1 火灾事故应急预案 ....5 5.2 暴力事件应急预案 ....5 5.3 发生偷盗,被盗等事件 ....5 5.4 恶劣天气等影响 ....5 6. 项目预算 ....6 7. 项目建设成效 6

续表

1. 项目背景及目标

在××月,学校即将迎来“直播电商比赛”的承办工作。本次赛事的承办能够帮助学校提高知名度,树立良好形象。因此,在认真总结前几次比赛承办项目经验的同时,我们对此次项目进行了更为细致地研讨和多角度的分析策划,确保比赛公开、公平、公正及安全地进行。

2. 项目范围及规模

本次电商技能比赛,有来自省内40余所高职院校的参赛选手同场竞技,一展专业风采。每个参赛队伍由1~2名指导老师带队,4名成员参赛。因此,预计在比赛当天至少有200多人员到达学校参赛。

3. 项目团队建设

为了顺利开展本次赛事工作,特命H书记为项目组长,并成立七个工作小组,由工作组组长负责将任务安排到人,做好分工协作、高效率完成本小组工作任务。确保赛事承办项目顺利进行。本项目的组织架构如下。

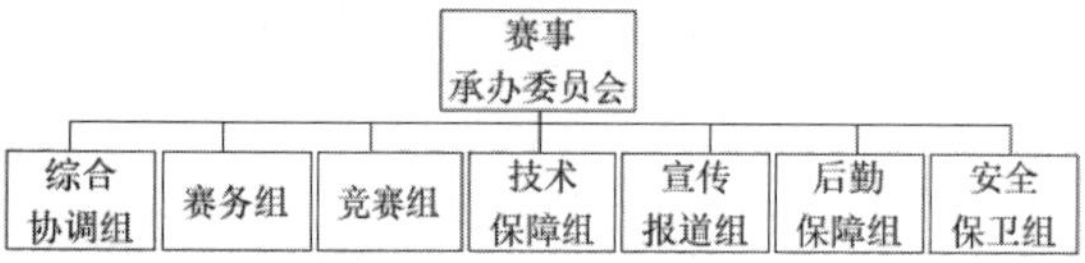

(1)<u>综合协调组</u>:成员1、成员2、……

①负责赛项专家、裁判、监督仲裁的联系与接待。

②负责召开赛事说明会。

③负责志愿者培训、组织和管理。

(2)<u>赛务组</u>:成员1、成员2、……

①负责赛事各项工作的组织协调工作和落实情况。

②负责收集赛事相关数据、赛后存档。

③负责协调采购赛事筹备和竞赛所需物资,保障大赛物资供应。

(3)<u>竞赛组</u>:成员1、成员2、……

①负责赛项前期的各种筹备工作,如邀请裁判、制定赛项方案等。

②负责比赛队伍的报到、留影;发放赛事资料,核对报名信息。

③负责选手检录、选手入场,负责比赛期间赛场秩序的维护。

(4)<u>技术保障组</u>:成员1、成员2、……

①负责对接信息中心完成赛前测试环境搭建与设备保障。

②负责安排落实比赛场地的布置,系统的安装、测试等。

③负责比赛期间网络保障、直播等软硬件的技术保障。

(5)<u>宣传报道组</u>:成员1、成员2、……

①负责制定赛事宣传方案及赛事直播方案。

②负责赛事期间校园赛事氛围营造。

③负责赛事新闻素材采集,提供上报照片及新闻报道。

(6)<u>后勤保障组</u>:成员1、成员2、……

①负责赛事期间参赛人员、工作人员的饮食供应和食品安全。

②负责赛场的清洁卫生、医疗服务。

③负责比赛期间各种物资的保障供应,包括水、电供应保障等。

(7)<u>安全保卫组</u>:成员1、成员2、……

①负责对接保卫处落实参赛队员临时行李房管理。

②负责车辆信息报送、校车的调度及行车安全。

③负责应急事件处理。

4. 项目进度计划

时间	内容
11月3日	第一次赛事筹备工作对接协调会
11月3—6日	赛事准备工作:拟定赛事筹备工作方案,资金预算等
11月7日	第二次赛事筹备工作对接协调会,各工作组汇报赛事筹备工作方案和资金预算
11月10日	将赛事说明、比赛通知等资料报大赛组委会备案并进行网上公示
11月14日	召开赛项说明会
11月15日	各赛项发布比赛报到通知
11月17日	赛事指南定稿,发广告公司印刷
11月20日	开始电脑竞赛系统安装、测试
11月21日	各赛项学生志愿者分工、培训
11月22日	电脑竞赛系统安装、测试完毕(技术人员到位)
	赛场比赛用品用具就位
11月23日	校园竞赛氛围、现场布置完毕
	学校领导对各工作组工作验收
11月24日	裁判组接待、参赛队报到
	裁判培训、裁判工作会
	召开领队会、选手检录、熟悉赛场

续表

5. 项目风险和控制 5.1 火灾事故应急预案 ①根据火势灵活处理，如火势大，需要报警则立即就近用电话报告消防中心（电话 119），如火势小，立即用灭火器扑灭火势； ②迅速向安全保卫小组成员或组长报告； ③事故发生后应立即疏散人群并向上级报告。 5.2 暴力事件应急预案 ①现场工作人员立即劝解，将当事人带离现场移交公安机关； ②将伤者及时送往医院； ③保护在场人员的安全；及时维持现场秩序，确保短时间内恢复比赛活动。 5.3 发生偷盗、被盗等事件 ①第一个接到报案的工作人员及时与安全保卫小组成员联系并协助调查； ②财产损失严重时，配合安全保卫人员对有嫌疑人员进行核查，争取在最短时间内弥补损失； ③保护好参赛成员利益，给他们最及时、最满意的答复。 5.4 恶劣天气影响等 ①由项目组长汇报领导，讨论决定延迟举行的时间； ②决定后立即通知各参赛队伍。	**6. 项目预算** 本次电商技能大赛承办经费预算为一万元，由后勤保障组列出物资清单，并负责赛事承办的各种物资采购和准备工作。 **7. 项目建设成效** 虽然本次电商直播技能大赛的承办项目时间紧，任务重，但是项目若顺利开展，其建设成效显著。 ①提升技能水平：作为比赛承办方，可鼓励我校学生积极参加此类比赛，激发参赛者的竞争力和学习动力，促使他们不断提升自己的技能水平。 ②增加曝光度：直播技能比赛通常会吸引大量观众关注，赛事承办方有机会展示学校的校园风采、从而提高学校的知名度和曝光度。 ③建立社交网络：通过直播技能比赛，赛事承办方有机会结识同行业的其他人才，从而为将来的合作和发展奠定基础。 整体而言，承办直播技能比赛可以促进技能水平的提升，增加曝光度，建立社交网络，同时也为优秀选手提供了展示舞台，获得奖励和认可。因此，直播技能比赛对于参与者和承办方都是一种双赢的活动。

技能要点

（1）项目策划书是以项目策划为基础，根据一定的格式和内容要求而编写的项目具体实施的书面方案。

（2）项目策划书的作用就是使项目能够按照策划书的内容及要求组织实施，保证项目目标的实现。

（3）项目策划书的主要内容包括：①项目背景及目标；②项目范围和规模；③项目团队建设；④项目进度计划；⑤项目资源及预算；⑥项目风险和控制等。

（4）项目策划书的主要构件包括：封面、序文、目录、内容、预算、策划进度表、策划书的相关参考资料等。

（5）项目策划书的编写应该做到：文字简明扼要；描述规范合理及符合逻辑；主题鲜明；运用各种方式增强项目的主体效果；具有可操作性。

子情境 7.2　建立项目组织

学习情境

学生以小组合作的方式,通过自学、社会调查、网络资源搜集,在教师的要求和指导下,真实地建立项目组织。

学习任务

目的:训练项目组织建立能力。

内容:项目组织、项目组织结构。

方式:讨论、分析、操作。

成果:绘制出项目组织结构图。

相关知识链接

一、项目组织

当项目策划出来以后,项目及其行动方案就明确了。要使项目能够按计划实施,必须将参与项目实施的有关人员组织起来,即需要明确这些人员的工作职责和权力以及通过什么形式将这些人组合起来,从项目组织的角度来保证项目目标的实现。

(一)定义

●项目组织是指为完成特定的项目任务而聚合的人群。

这个群体集中了完成项目任务所需的各种专业人员,例如,开展产品促销需要有领导人员、策划人员、促销人员等。这些人员往往来自组织的各个不同的职能部门,甚至来自不同的组织,例如,我国研发和制造“两弹一星”的项目,就集中了全国若干个单位的专家及相关的工程技术人员。

上级组织会委派项目经理对项目组织全权管理和负责,以保证在特定的时间和有限的资源条件下完成项目任务。

(二)特点

项目组织具有以下特点:①生命周期性;②柔性;③临时性。

二、项目组织结构

●项目组织结构是指项目组织成员通过职务、职责、职权及其相互关系所形成的结构体系。

设计项目组织结构的工作内容主要包括:①确定项目组织内部的分工与协作关系;②划分项目组织内部的管理层级;③设计项目组织结构形式。

项目组织结构通常用图式的形式来表示,这种图式被称为组织结构形式图。

由于项目任务具有临时性等特点,所以,本教材情境 4 中介绍的直线结构、职能结构、直线—职能结构等组织结构形式都不适合项目组织。而最适合项目的组织结构形式是矩阵式。

三、矩阵式组织结构

矩阵式组织结构就是把按职能划分的部门和按项目任务划分的部门结合起来而形成的一种组织结构形式,如图 7-1 所示。其基本特征是:项目小组中的成员既同所在的职能部门保持组织与业务上的联系,又参加项目小组的工作,受到来自职能部门经理和项目经理的双重领导。因此,双方需要经常就成员的工作时间及内容等方面的问题进行沟通与协调。

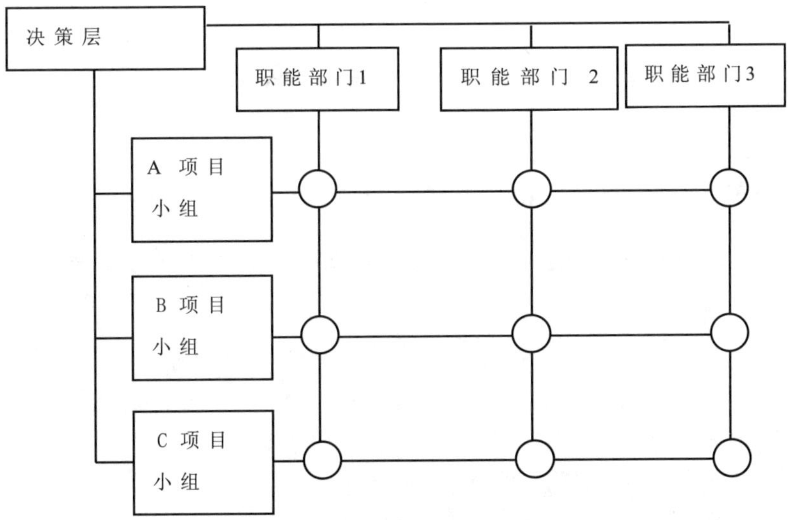

图 7-1　矩阵式组织结构图

矩阵式组织结构的优点有:以项目为中心配置资源;提高决策层对项目的信任;反应快速灵活;专业人才的充分共享。

矩阵式组织结构的缺点有:项目小组与职能部门的责权划分不清;容易使项目经理之间产生矛盾;破坏了统一指挥原则;权力的均衡使工作受到影响。

★应用范例

在本情境的学习导入资料中,中华经济管理职业学院的“飞跃”管理协会准备开展募捐资助贫困学生、帮助孤寡老人、义卖筹集慈善基金等项目任务,其组织结构完全可以采用矩阵式组织结构,如图 7-2 所示。

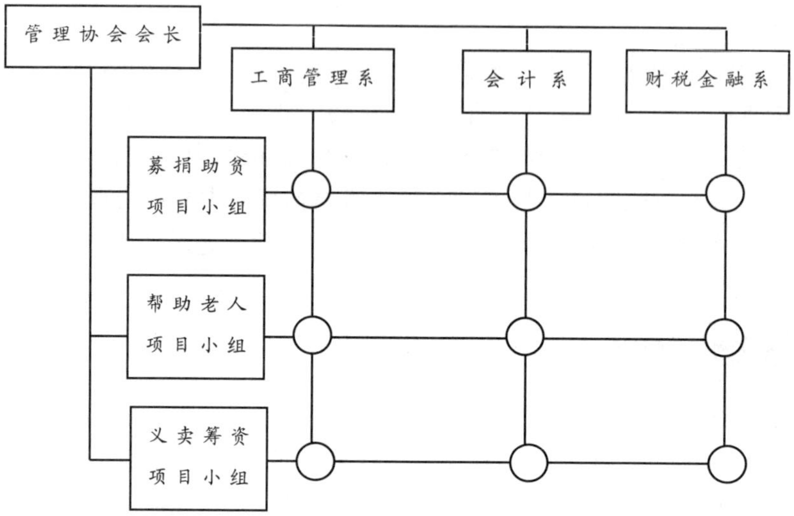

图 7-2 “飞跃”管理协会项目任务组织结构图

即问即答:建筑施工企业为什么通常会采用矩阵式组织结构?

知识小结

(1)要使项目能够按计划进行,必须将参与项目实施的有关人员组织起来,从组织结构上保证项目目标的实现。

(2)项目组织集中了完成项目任务所需的各种专业人员,他们来自组织的不同部门,甚至来自其他组织。

(3)上级领导委派项目经理对项目组织全权管理和负责。

(4)项目组织具有生命周期性、柔性、临时性等特点。

(5)设计项目组织结构的工作内容主要包括:确立分工与协作关系;划分管理层级;设计组织结构形式。

(6)项目组织结构通常用图式的形式来表示,这种图式被称为组织结构形式图。

(7)最适合项目的组织结构形式是矩阵式组织结构。

(8)矩阵式组织结构就是把按职能划分的部门和按项目任务划分的部门结合起来而形成的一种组织结构形式。

(9)按项目任务组建的项目小组,其成员来自各个部门,会受到项目经理和所在部门经理的双重领导。

(10)项目小组可以集中各种资源,保证项目的顺利进行和完成。

子情境7.3　创建项目团队

学习情境

学生以小组合作的方式,通过自学、社会调查、网络资源搜集,在教师的要求和指导下,真实地创建项目团队。

学习任务

目的:训练项目团队创建能力。

内容:项目团队建设、项目冲突解决。

方式:讨论、分析、操作。

成果:制定出项目团队创建方案。

相关知识链接

一、项目团队

项目组织结构设计的结果之一是划分出了各种项目任务并进行了人员的安排。要保证每一项任务高效率完成并产生最好的效益,项目经理需要将项目成员凝聚在一起,让成员之间紧密配合并以高昂的斗志和高度负责的态度投入工作,从项目团队建设的角度来保证项目目标的实现。

引经据典

大雁团队

每年秋天一到,大雁总要往南飞。它们每年要飞行好几万英里(1英里≈1609.344米,下同),光是一天内就可以飞越好几百英里的距离,真是人世间的一大奇观,而它们就是靠随时不断的互相鼓舞与帮助到达目的地的。

雁群排列成V(或人)字形,当一只大雁展翅拍打时,其他的大雁就会立刻跟进,整个雁群抬升。借着V字队形,整个雁群比每只大雁单飞时,至少增加了72%的飞行距离。

当领队的大雁疲倦了,它会退到侧翼,另一只大雁则会接替它飞在队形的最前端。

当一只大雁脱离队伍时,它会立刻感到独自飞行时的迟缓、拖拉与吃力,所以很快又回到队形中,继续利用前一只大雁所造成的浮力。

飞行在后的大雁会利用叫声鼓励前面的同伴来保持整体的速度,不断前进。大雁的叫声不但热情十足,而且足以给其他大雁以精神鼓舞。

(一)定义

●项目团队是指有明确目标与个人角色定位,强调自我管理、良好沟通、合作协调的工作队伍。

项目团队的根本使命是在项目经理的直接领导下,为实现项目目标而共同努力,并协调一致、有效地工作。

需要注意的是,仅仅是把一群人调集在一个项目中一起工作,并不能形成团队。项目团队不仅仅是指被分配到某个项目中工作的一组人员,它更是指相互联系的、同心协力进行工作的一组人员。而要使这些人员发展成为一个有效协作的团队,一方面需要项目经理做出努力,另一方面也需要项目团队中每位成员积极地投入团队建设中去。

引经据典

A项目团队想在近期举办一场活动。消息一发出,项目成员都很积极,并且在项目经理的领导下,一起制定了活动目标与策划,也明确了大家的分工,各有所长的项目成员们相互协调配合去执行任务。但中途活动还是出了差错,为此,每个项目成员都深感责任重大、形势紧张,于是自发地开会讨论出解决办法并化解了危机。最后活动取得的成绩远大于每个项目成员工作结果的总和。

B项目团队近期也想举办一场活动,但由于每次通知下去没有人响应,项目经理只好亲自安排项目成员们各自负责的工作,当然也亲自定好了活动目标、策划等……但在配合时,有相同能力的人围绕一个问题争得面红耳赤,也有因没人擅长而搁置在一旁的工作,项目经理只好亲自去处理……活动一波三折,项目经理内心压力巨大,而项目成员们却不以为然,内心毫无波澜。最后,活动效果甚至还不如每个项目成员工作的总和。

"失败的团队中没有成功者,成功的团队中没有失败者。"一个项目的成功实施,不仅需要项目经理做出努力,更需要项目团队中每位成员积极地投入,所有人都要为实现项目目标而共同努力。

(二)特征

项目团队是为了高效率地完成特定的项目任务与目标而创建的,它往往具有以下的特征:①共同的目标;②高效的分工与协作;③高度的凝聚力与民主气氛。

拓展阅读
西游记中的唐僧团队

即问即答: 你所在的班级是一个学习团队吗?为什么?

二、项目团队创建原则

创建项目团队总的要求是从项目的实际情况出发，保证项目稳定、高效运行，从而保证项目目标的实现。要达到创建项目团队的要求，应遵循以下几个方面的原则：①有效管理幅度原则；②职能匹配原则；③权责对等原则；④效果与效率统一原则。

三、项目团队创建过程

项目团队的创建是一个动态的过程，一般需要经历组建、冲突、规范、执行、解散五个阶段，各个阶段的主要特征见表7-2。

表7-2　项目团队的创建过程

阶段	特征
1. 组建	成员开始相互熟悉，团队的运作完全依赖于权威的指导和支持
2. 冲突	团队成员反抗权威，隐藏的问题逐渐暴露，团队内部冲突加剧
3. 规范	团队成员寻求共同工作，建立密切的关系，致力于项目进展的推动
4. 执行	团队成员一起工作，完成他们的任务
5. 解散	任务完成，团队解散，团队成员又加入新的项目团队

知识小结

（1）要使项目任务高效率的完成并产生最好的效益，需要将项目成员凝聚在一起，让成员之间紧密配合并以高昂的斗志和高度负责的态度投入工作，从项目团队建设上来保证项目目标的实现。

（2）需要注意的是，仅仅是把一群人员调集在一个项目中一起工作，并不能形成团队。

（3）项目团队具有高效的分工与协作、高度的凝聚力与民主气氛、共同的目标等特征。

（4）项目团队的创建应该遵循有效管理宽度、职能匹配、权责对等、效果与效率统一等原则。

（5）项目团队的创建是一个动态的过程，一般需要经历组建、冲突、规范、执行、解散五个阶段。

相关技能要求

解决项目冲突

(一)项目冲突及其原因分析

在项目团队建设及项目任务实施过程中,各种冲突的产生不可避免,也是极为正常的。冲突并不可怕,并且冲突有时候也是非常必要的。一潭死水般的消极平静对于项目团队来说并非好事,相反有些冲突的存在更有利于团队的健康发展,有利于鼓舞人们的进取心,开辟解决问题的新途径,还能帮助团队成员克服消极和自满情绪,从而给团队带来高绩效。保持适当的冲突水平对团队是非常有利的,但过高的冲突水平则会对团队绩效产生消极的影响。冲突水平与团队绩效之间的关系如图 7-3 所示。

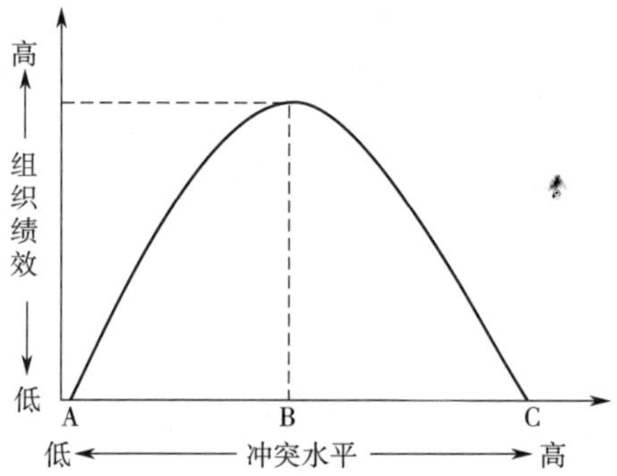

图 7-3 冲突水平与团队绩效之间的关系

引经据典

鲶鱼效应

据说挪威人喜欢吃鲜活的沙丁鱼。可是渔民们将打捞上来的沙丁鱼运往港口的过程中,却有超过半数的沙丁鱼因窒息而死。只有一条渔船总能保证将大部分的沙丁鱼活着送到港口。原来是这条渔船的船长在装满了沙丁鱼的鱼槽中放了一条以鱼为主食的鲶鱼。鲶鱼进入陌生环境后便到处游来游去。沙丁鱼见此非常紧张,左冲右突,四处乱窜,躲避鲶鱼的追击。就这样,沙丁鱼们便活着到了港口,这就是鲶鱼效应的由来。

缺乏冲突的团队就如同故事中的沙丁鱼,缺乏危机意识和进取精神,只一味地享受安逸的日子,在瞬息万变的市场竞争中迟早都会像沙丁鱼一样失去生命力。项目团队一定要处在一种适当的冲突水平之中,迫使"沙丁鱼"产生危机感,积极行动起来,保持旺盛的生命力,只有这样才有可能存活下来。

1. **项目冲突的主要来源**

在项目实施过程中，冲突可能来源于不同的方面。它可能来源于项目团队内部，也可能来源于其他项目团队。

常见的冲突来源于：①角色冲突；②进度计划冲突；③资源分配的冲突；④项目优先权的冲突；⑤项目成员个性及观念冲突。

即问即答： 当你和别人产生冲突时，你采用了哪种方式处理？你认为这种方式合理吗？为什么？

2. **项目冲突的原因分析**

项目团队产生冲突的原因是多方面的，一般来说主要有以下四个方面的原因：①对稀缺资源的依赖；②任务相互依赖；③管辖权的模糊；④直线与参谋之间的关系。

（二）项目冲突解决对策

项目通常处于冲突的环境之中，如果处理恰当，它能极大地促进项目工作的完成。冲突能将问题及早地暴露出来，促进项目团队寻找新的解决方法，从而实现项目创新。它还能引发队员的讨论，形成一种民主氛围，促进项目团队的建设。项目经理是解决冲突的关键人物，他的职责是在做好冲突防范的同时，在冲突发生时分析冲突来源，运用正确的方法来解决冲突，促进项目工作更好开展。一般来讲，解决冲突有以下五种基本策略。

1. **撤退 / 回避**

撤退 / 回避是指卷入冲突的一方从这一状况中撤出来，A 与 B 意见不同，那么让 A 或 B 某一方回避就可以了。但这种方法并不是一种积极的解决途径，它可能会使冲突积累而后逐步升级。撤退 / 回避常常被当作一种临时的解决问题的方法，问题及其引发的冲突还会接连不断地发生。

2. **强制 / 命令**

这种方法是指一方竭力将自己的方案强加于另一方。冲突越厉害，就越容易采取强制的方式，其结果就是一种“输—赢”的局面，一方的获胜以另一方的失败为代价。这种方法通常是利用权力来强行解决紧急问题。

3. **缓和 / 包容**

这种方法就是努力排除冲突中的不良情绪，找出意见一致的方面并进行强化，淡化意见不同的方面。在缓和的过程中，一方可能会牺牲自己的目标以满足另一方的需求。“求同存异”是这种策略的实质，即尽量在冲突中强调意见一致的方面，最大可能地忽视差异。尽管这一方式能缓和冲突，避免一些矛盾，但它并不利于问题的彻底解决。

4. **妥协 / 调解**

妥协是为了暂时或部分解决冲突，寻找能让各方都在一定程度上满意的方案。双方在态度上都愿意解决冲突，也愿意合作。双方都得到了自己想要的东西，但只是一部分，而不是全部。比如:A认为任务在 m 天完成,B认为 n 天就可以完成了。采取折中方案,同意 $(m+n)/2$ 天完成。当冲突双方势均力敌或焦点问题纷繁复杂时,妥协是避免冲突、达成一致的有效策略。妥协是双方面的包容,包容是单方面的妥协。

5. 合作/解决

这种方法就是综合考虑不同的观点和意见,采用合作的态度和开放式对话引导各方达成共识和承诺。这是冲突双方最理想的结果,前提是双方要相互尊重、愿意合作、愿意倾听对方。

这种解决问题的方法是每个人都以积极的态度对待冲突,并愿意就面临的冲突交换意见,把异议都暴露出来,尽力得到最好、最全面的解决方案,结果是"双赢"。

★重要结论

在项目团队工作过程中,冲突不可避免。项目经理不仅要清楚冲突的可能来源,更要把握冲突的强度和性质,从而预见它们在项目生命周期中何时最有可能发生,并做好解决冲突的准备。如果冲突处理得当,可以把坏事变为好事,有利于团队建设和发展。

引经据典

某进出口公司的冲突

上海某进出口公司共有7个出口部,每个出口部都负责出口一种化工产品。例如,三部出口无机化学品,四部出口有机品。为增强灵活性,公司领导决定撤销这种分工,每个部门都允许出口任何一类化工产品。但各部门为了完成任务却产生了冲突。

有时四部的传真机收到了客户关于无机化学品的询价,他们不像过去那样交给三部去处理,而是留下来设法自己办成这笔生意。三部也一样,如果四部有人去三部询问有关无机化学品的市场行情,一般都得不到回答。两个部之间还互相保密货源渠道和出口对象,同时抬价收购,压价外销,使公司受到损失,许多成员都失去了信心,准备另寻出路,离开公司。

思考与讨论:这家进出口公司的冲突双方采取的是什么对策?结果如何?你认为他们采取什么对策可以更好地解决冲突?

技能要点

(1)在项目团队建设及项目任务实施过程中,各种冲突的产生不可避免,也是极为正常的。

(2)保持适当的冲突水平对团队建设是非常有利的,但过高的冲突水平则会对团队绩效产生消极的影响。

(3)项目中的冲突通常来源于角色冲突、进度计划冲突、资源分配的冲突、项目优先权的冲突、项目成员个性及观念冲突。

（4）项目团队产生冲突的原因有对稀缺资源的依赖、任务相互依赖、管辖权的模糊、直线与参谋之间的关系等。

（5）项目冲突解决的对策和方式有撤退/回避、缓和/包容、妥协/调解、强制/命令、合作/解决五种，应该视项目冲突的性质及程度合理地做出选择。

子情境 7.4　控制项目进度

学习情境

学生以小组合作的方式，通过自学、社会调查、网络资源搜集，在教师的要求和指导下，真实地控制项目进度。

学习任务

目的：训练项目进度控制能力。

内容：项目任务进度控制的方式及流程。

方式：讨论、分析、操作。

成果：制定出项目进度控制方案。

相关知识链接

一、项目进度

项目策划书不仅明确了项目任务，而且还对项目任务的进度做出了安排及要求，即规定了项目的开始时间与结束时间以及各个项目任务之间的衔接时间。要保证项目任务如期进行和按时完成，就需要按项目计划的进度要求组织项目实施，及时发现实际与计划的差异并纠正偏差，从项目进度控制的角度保证项目目标的实现。

由于项目具有一次性和临时性的特征，时间自然成为项目管理最重要的约束条件之一。项目管理的实质就是在时间和其他资源有限的条件下，确保项目目标顺利实现。所以，保证项目任务按时间进度要求开始和完成具有非常重要的意义。一是因为项目本身就是有时间要求的，如果项目不能在规定或合同约定的时间范围内完成，则会承受相应的损失，使项目目标难以实现。二是因为项目时间问题还牵涉项目的范围、成本和质量等方面的问题，也就是说项目时间进度没有得到有效的控制，会导致项目工作任务缩水、项目成本投入加大以及为了赶时间质量下降等问题的出现。这些问题的发生无疑都会影响项目目标的有效实现。例如，“飞跃”管理协会要求“募捐助贫项目小组”利用双休日两天时间进行相关活动，并完成一万元募捐款项的筹集。如果募捐活动没有如期开展或只开展了一天，可能不仅没有筹集到需要的款项，而且项目成员的综合职业能力也不能得到足够的锻炼。

二、影响项目进度的因素

项目没有按计划的进度实施,可能是多方面因素影响的结果,其主要影响因素有以下四个方面:①进度计划时间预计过长或过短;②资金等资源没有及时到位;③项目团队管理不力;④计划变更的影响。

正是由于上述各种因素的影响,项目进度计划的实施过程难免会产生偏差,一旦发现进度出现偏差,就应及时分析产生的原因,采取必要的纠偏措施或调整原进度计划,保证项目如期进行和完成。

三、项目进度控制

项目策划书所确定的项目进度计划,只是为项目进度的控制提供了可靠的前提和依据,但并不等于项目进度就不会再出现问题,项目就可以理所当然地按进度计划进行。在项目实施过程中,外部环境和内部条件的变化往往会造成实际进度与计划进度发生偏差,如果不能及时发现这些偏差并加以纠正,项目目标的实现就一定会受到影响。

(一)定义

●项目进度控制是指在项目实施过程中,对各阶段的进展程度和项目最终完成的期限进行的管理工作。

项目进度控制就是要在实施项目进度计划的过程中,经常检查实际进度是否按计划要求进行,若出现偏差,便要及时找出原因,采取必要的补救措施或调整、修改原来的计划,直至项目完成。其目的是保证项目能在满足其时间约束条件的前提下实现项目目标。

(二)方式

在项目进度控制过程中,对项目进度进行跟踪可以通过两种方式进行:一种是纯粹的时间表示,即对照计划中的时间进度来检查是否在规定的时间内完成了计划的任务;另一种是以工作量来表示的,即在计划中对整个项目的工作内容预先做出估算,在跟踪实际进度时看实际工作量的完成情况,而不是单纯看时间,即使某些项目活动在时间上有拖延,但如果实际完成的工作量不少于计划的工作量,那么也可以视为进度是正常的。在项目进度控制中,往往将这两种方式配合使用,同时跟踪时间进度和工作量进度这两项指标。

即问即答:如何理解“时间过半、任务过半”的说法?

(三)流程

对项目的控制主要包括对进度、成本、质量、人员四大要素的控制,而进度是一个关键控制要素,进度控制贯穿于整个项目活动过程的所有阶段,尤其是在项目的实施阶段,如果项目任务不能按时进行和完成,势必会造成项目周期拖延,影响项目的经济效益和社会效益。当然,项目进度控制要注意与成本、质量、人员的控制的紧密结合。因为项目管理追求的基本目标就是在限定的时间内,在限定的资源条件下,以尽可能低的成本,高质量地完成项目任务。

在项目实施过程中,有很多难以预见的问题。因此,实际情况与计划往往会发生或大或小的偏差,必须不断监控项目的实施进程,将实际情况与计划进行对比分析,必要时应采取有效的对策,以确保每项工作都能按预定的进度计划进行,避免工期的拖延。项目的控制流程如图 7-4 所示。

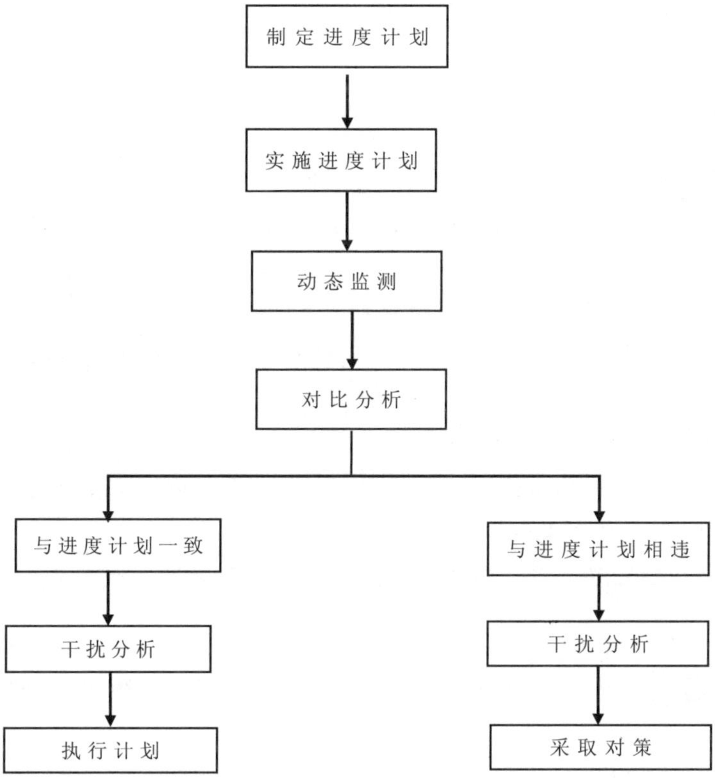

图 7-4　项目进度控制流程

引经据典

诸葛亮草船借箭

诸葛亮草船借箭是一个优秀的项目管理案例。故事发生的背景是赤壁之战,诸葛亮与周瑜合作来确保孙刘联军胜利。时间紧迫,无法常规制作箭矢,诸葛亮便提出创新方案:利用曹军攻击来获得箭矢。

在这个案例中,诸葛亮运用了多个项目管理策略。首先,他制定了明确的目标——获得足够的箭矢以备战。他分析了项目面临的约束条件:时间紧迫,无法通过常规途径获得箭矢。于是他提出了一个创新方法:利用曹军的攻击来获得箭矢。这个方法不仅解决了时间紧迫的问题,而且充分利用了敌军的资源。在计划实施的过程中,诸葛亮展现了卓越的领导力和团队协作能力。他通过激励团队成员,使他们在短时间内完成了任务。同时,他还与周瑜紧密合作,确保孙刘联军的利益最大化。这种团队协作能力为项目的成功奠定了基础。此外,诸葛亮还注重风险管理。他知道曹军可能会派兵袭击运输船队,因此他提前安排了兵力进行防御。这种风险管理措施有效地降低了项目面临的风险。

整体而言,草船借箭案例充分展示了领导班子在项目管理中的智慧担当。诸葛亮通过制定明确的目标、分析约束条件、提出创新方法、发挥领导力和团队协作能力以及注重风险管理,成功地完成了这个项目。这个案例对于我们在实际项目管理中具有重要的指导意义。

知识小结

(1)由于项目具有一次性和临时性的特征,时间自然成为项目管理最重要的约束条件之一。

(2)项目策划书对项目任务的进度做出了安排及要求,即规定了项目的开始时间与结束时间以及各个项目任务之间的衔接时间。

(3)项目进度控制的目的就是使项目按计划的进度要求组织实施,及时发现实际与计划的差异并纠正偏差,保证项目能在满足其时间约束条件的前提下实现项目目标。

(4)影响项目进度的因素有:进度计划时间预计过长或过短,资金等资源没有及时到位,项目团队管理不力,计划变更的影响。

(5)项目进度跟踪可以通过两种方式进行:一种是纯粹的时间表示,另一种是以工作量来表示。在实践中,往往将这两种方式配合使用。

(6)项目进度控制流程包括动态监测、对比分析、采取对策三个环节。

相关技能要求

项目进度控制方法

控制项目进度的目的就是控制项目时间和节约时间,保证项目能够在满足时间约束条件的前提下实现其总目标。常见的项目进度控制方法有关键日期法、甘特图法、关键路线法等。

(一)关键日期法

★ 1. 基本原理

关键日期法是最简单的一种进度控制方法,它只列出一些关键活动及其进行的日期。它是将项目活动在进度计划控制表中列出,注明其开始与结束时间,用时差是否为零直接表示该活动是不是关键工作的一种日程安排。应用关键日期法制定的项目进度计划控制表,给出了一个项目任务的控制清单,根据这张表可以直接对项目中各项任务的开始和结束时间进行控制,以保证各项任务在计划的时间内完成,从而对整个项目的进度进行控制。

★ 2. 应用范例

表 7-3 是"飞跃"管理协会为某公司策划促销活动的项目工作任务分配表。任务周期为 15 天,时间安排比较紧张,所有活动均为关键活动,时差为零,因此在项目控制中必须严格

控制各个活动的开始和结束时间,不得拖延。

表 7-3　策划促销活动的项目工作任务分配表

活动	周期(天)	最早开始	最早结束	时差(天)
A:人员组织	2	0	第 2 天	0
B:方案策划	3	第 2 天	第 5 天	0
C:消费者调研	5	第 2 天	第 7 天	0
D:方案修正	2	第 7 天	第 9 天	0
E:促销实施	6	第 9 天	第 15 天	0

(二)甘特图法

★ 1. 基本原理

甘特图是进度控制最常用的一种工具,又称横道图、条状图,最早由甘特在 1917 年提出。它以一段横向线条表示一项活动,通过横向线条在带有时间坐标的表格中的位置来表示各项活动的开始时间、结束时间和各工作的先后顺序,整个进度时间都由一系列的横道组成。横道图简单明了、容易绘制,也容易理解,各项活动的起止日期和持续时间一目了然,使用横道图可使进度控制更为直观。

★ 2. 应用范例

表 7-4 是中华经济管理职业学院大学生付娟在大三下学期为控制自己的学习工作进度所绘制的甘特图。在这个学期,该学生要完成以下工作:①协助教师进行管理咨询;②承担"飞跃"管理协会的工作;③参加和准备职业资格考试;④承担社会兼职工作;⑤大学生创业申报;⑥参加英语四级考试。付娟为控制各项工作的进度,绘制了控制项目进度的甘特图。(见表 7-4)。从中我们可以很直观地看出每项工作开始和结束的时间。这张图可以更好地帮助付娟控制每个项目活动完成的时间,保证其学习与工作目标的达成。

(三)关键路线法

关键路线法是在计划、进度安排和控制工作中很有用的一种技术,是用网络图表达项目中各项活动的进度和它们之间的相互关系,计算网络中各项时间参数,确定关键活动与关键路线,利用时差不断调整与优化网络,以求得最短工期的进度控制工具。它所针对的是活动历时已经确定的情况,这种技术的核心是控制时间,控制的重点是关键线路。采用这种方法要对每个活动都加以分析,如活动数目较多,还需用计算机求出总日期和关键路线,因此花费的时间和费用将更多。

表 7-4　付娟学习与工作项目进度甘特图

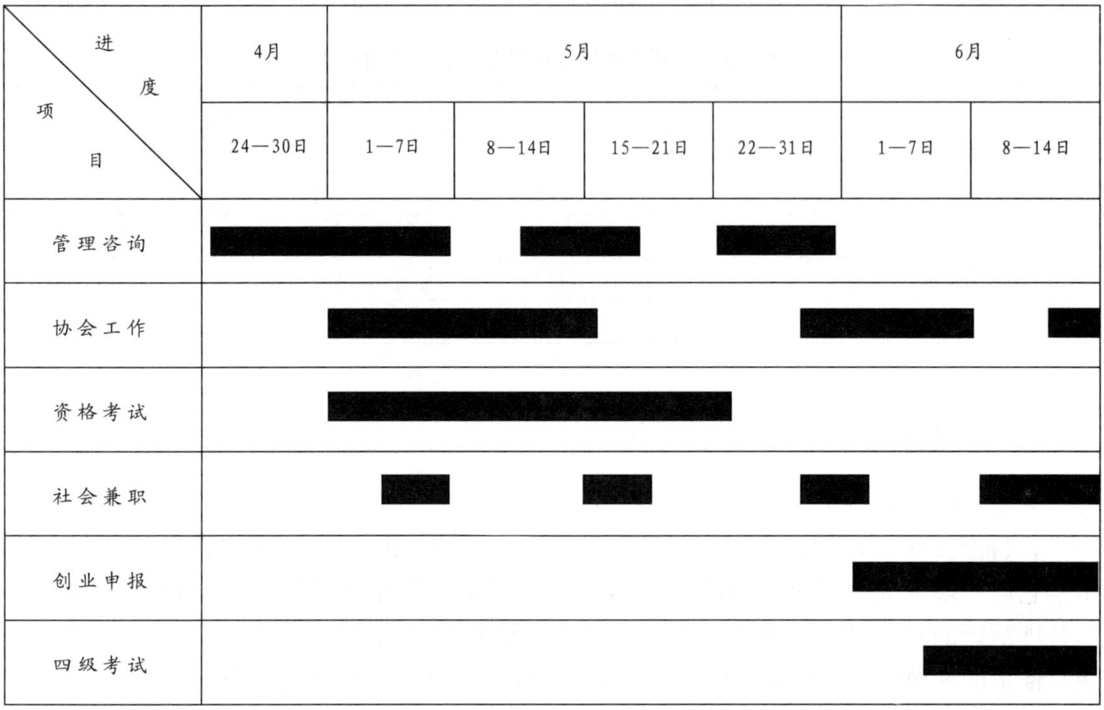

★ 1. 基本原理

网络图主要由以下元素构成。

(1)工序,用“—”表示,是一项工作的过程,有人力、物力投入,经过一段时间才能完成。网络图中箭线下的数字便是完成该工序所需要的时间。

(2)事项,用“○”表示,是两个工序间的连接点。事项既不消耗资源,也不占用时间,只表示前道工序结束、后道工序开始的瞬间。一个网络图中只有一个始点事项和一个终点事项。

(3)路线,网络图中由始点出发,沿箭线方向前进,连续不断地到达终点事项为止的一条通道。

(4)最早开始时间(ES),用“□”表示,某项活动可能开始的最早时间。

(5)最早结束时间(EF),是在活动最早开始时间的基础上加上活动的工期计算出来的。

(6)最迟结束时间(LF),为了使项目在要求完工时间内完成,某项活动必须完成的最迟时间,可以在项目的要求完工时间和所有正常的工期估计基础上计算出来。

(7)最迟开始时间(LS),用“△”表示,是为了使项目在要求完工的时间内完成,某项活动必须开始的最迟时间。

(8)时差,如果最迟开始时间与最早开始时间不同,那么该活动的开始时间就可以推迟,成为时差,即时差 =LS-ES。

时差为零的活动是关键活动,这些关键活动的历时决定了项目的总工期。如果项目的计划安排得很紧,要想使项目的总工期最短,那么就要有一系列的时差为零的关键活动,这一系列关键活动构成关键路线。关键路线上各工序完工时间提前或推迟都直接影响着整个活动能否按时完工。确定关键路线,据此合理地安排各种资源,对各工序活动进行进度控制,是利用关键路线法的主要目的。

★ 2. 应用范例

某项房屋装修工程的作业程序及作业时间见表 7-5,根据表 7-5 绘制网络图(图 7-5)以及工序时差表(表 7-6),并根据关键路线确定工程周期。

表 7-5　作业程序及作业时间表

作业名称	开始节点	结束节点	作业时间(天)	先行作业
A:拆墙砌墙	1	2	4	—
B:水电改造	1	3	5	—
C:墙面处理	2	4	5	A
D:粘贴瓷砖	3	4	8	B
E:刷乳胶漆	3	5	5	B
F:厨卫吊顶	4	5	7	C.D
G:橱柜安装	4	6	5	C.D
H:灯具安装	5	7	4	E.F
I:门及地板安装	6	7	5	G

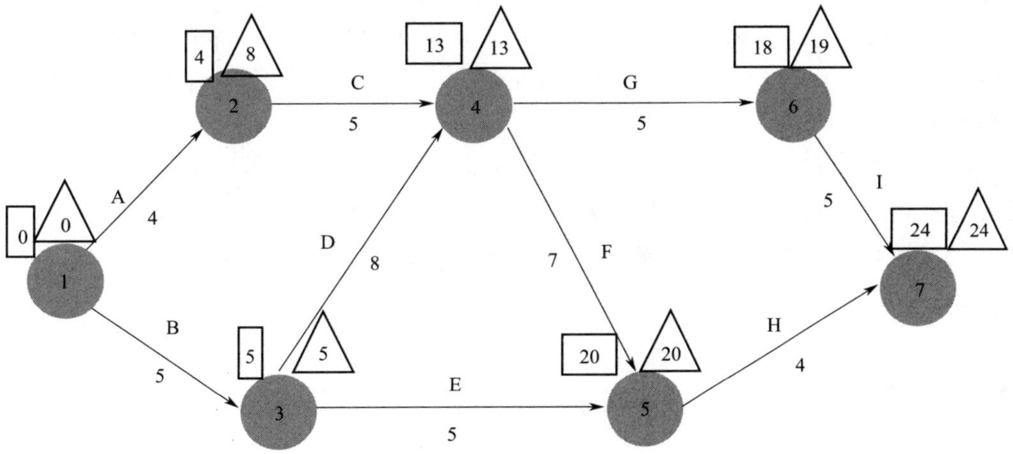

图 7-5　作业程序网络图

表 7-6　工序时差表

作业名称	开始节点	结束节点	作业时间(天)	EF	LF	时差(天)	关键路线
A	1	2	4	第 4 天	第 8 天	4	
B	1	3	5	第 5 天	第 5 天	0	Y

续表

作业名称	开始节点	结束节点	作业时间(天)	EF	LF	时差(天)	关键路线
C	2	4	5	第9天	第13天	4	
D	3	4	8	第13天	第13天	0	Y
E	3	5	5	第10天	第20天	10	
F	4	5	7	第20天	第20天	0	Y
G	4	6	5	第18天	第19天	1	
H	5	7	4	第24天	第24天	0	Y

由此可见,本工程的工期为24天,作业B、D、F、H是关键活动,其所耗费时间的长短将直接影响整个项目的工期,因此,为保证项目如期完工,必须保证作业B、D、F、H在规定的时间内完成,不能拖延。

技能要点

(1)项目进度控制需要采用一定的方法,常见的项目进度控制方法有关键日期法、甘特图法、关键路线法等。

(2)关键日期法只列出一些关键活动及其进行的日期。它是将项目建设活动或施工过程在进度计划控制表中列出,注明其开始与结束时间,用时差是否为零直接表示该活动是不是关键工作的一种日程安排。

(3)甘特图以一段横向线条表示一项活动,通过横向线条在带有时间坐标的表格中的位置来表示各项活动的开始时间、结束时间和各工作的先后顺序,整个进度计划都由一系列的横道组成。

(4)关键路线法是用网络图表达项目中各项活动的进度和它们之间的相互关系,计算网络中各项时间参数,确定关键活动与关键路线,利用时差不断调整与优化网络,以求得最短工期的进度计划工具。它所针对的是活动历时已经确定的情况,这种技术的核心是控制时间,控制的重点是关键路线。

知识测试

客观题测试

(1)项目的特性及项目管理的特征。

(2)项目策划的特征及原则

(3)项目策划书的主要内容和编写要求。

(4)矩阵式项目组织结构的优缺点。

(5)项目冲突的解决对策。

(6)项目进度控制的三种方法。

能力及素质训练

一、素质测试

你是否具有团队合作精神？测试结果：________________

团队合作精神测试

二、实训任务

（一）实训目的

通过让学生分组完成一项真实的项目任务，培养学生团结一致、密切合作、克服困难的团队精神，引导学生综合运用项目管理的各项技能，训练管理的四项职能在实际管理工作中的运用，实现学以致用。

（二）具体任务清单

1. 召开项目会议，确定项目的具体任务

____

____

____

2. 确定项目经理及项目组成员的具体职责分工，绘制出项目组织结构图

3. 请选择一种项目进度控制方法，编制项目进度计划

4. 在以上工作的基础上，编写出完整的项目任务策划书

- 项目背景及目标:______________________
- 项目范围和规模:______________________
- 项目团队建设:______________________
- 项目进度计划:______________________
- 项目资源及预算:______________________
- 项目风险和控制:______________________

5. 如果时间过半,项目的工作进度严重滞后,你们团队会采取哪些措施纠正项目进度偏差

____

____

____

6. 项目总结

- 在本次项目任务执行过程中,你们出现了哪些冲突,你们是如何解决这些冲突的?

____

____

____

- 你们团队的项目管理工作是成功的吗?为什么?还有哪些需要改进的地方?

____

____

____

- 其他团队的项目管理工作有哪些优秀之处值得你们团队学习?

____

____

____

三、案例分析

案例1:王芳和孙明的冲突

王芳和孙明同在一家广告公司的策划部门工作,两人都毕业于重点大学。王芳做事踏实干练、雷厉风行;孙明话语不多、为人稳重,但两人经常能为部门出谋划策,都很受部门经理的重视。王芳有她的雄心壮志,希望能在一年内得到职位的提升,下决心和每一位同事处好关系。她虽然感觉孙明比较内敛,不好接近,但是经过几次主动接触,两人也成了可以融洽相处的同事。

某一天,公司接到一个大项目,给一家知名企业做一个广告策划,经理让部门中几名不错的员工分别提出一个备选方案。王芳也被安排参与了这个任务,但孙明因为还有其他工作没有被安排在内。此时已经快接近公司的年终评估,大家都清楚,在这个大项目中如果能表现出色会给自己的评估增色不少。王芳当然也清楚这一点,她拿出比平时更大的热情和努力专注于这个项目,经过不断地思考和改进,她提出了一个让自己很满意的广告方案,她

相信这个方案会得到大家的认可并最后得以实施。不出所料，在方案讨论会上，王芳绘声绘色地将自己的方案展现出来后，她看到经理赞许的目光和同事们羡慕又佩服的眼光。

会上，在征求大家的意见时，孙明提出了一个很有创意的改进方案，这个方案需要对王芳的原方案做出很大改动。王芳感觉，孙明像是有意在抢自己风头。为了捍卫自己的原创方案，她坚持不能修改自己的方案，并指出孙明的提议实施有难度，但最后经理决定接受孙明的提议，并让孙明负责这个项目的进一步改进和实施。

王芳一气之下决定和孙明冷战，把他作为自己最大的竞争对手，尽量回避和孙明讲话，如果是工作上的事情则用电子邮件沟通，而这种工作状态已经开始影响项目的实施进度和效果。孙明并不清楚王芳如此气愤的原因，只是隐约感觉到与他在方案讨论会上提出的方案修改意见有关，他希望能尽快解决这个问题，恢复正常工作。

参考答案

分析问题：

（1）项目团队中的冲突都是有害的吗？此案例中的冲突属于何种冲突？

（2）这个冲突是如何产生的？

（3）如果你是孙明，如何处理这个冲突会比较合适？

案例 2：A 公司的项目管理问题

A 公司是一家大型信息系统集成公司，具有多年的系统集成项目实施经历，成功地在多个行业进行了系统集成项目建设，取得了较多的成果，在业内具有较好的口碑。2023 年年初，A 公司通过竞标获得某市人口管理信息系统工程项目。A 公司高层认为，尽管该项目的许多需求还没有完全确定下来，但是同以往曾经开发过的项目比较，还是比较简单的，他们对完成这个项目充满信心。

项目前期，A 公司请王副总经理负责此项目的启动工作。王副总经理简单了解项目的概要情况后，简单制定并发布了项目策划书，任命小丁为项目经理。为了保证项目按客户要求尽快完成，小丁没有对项目策划书进行审核，并基于自身的行业经验和对客户需求的初步了解，立即安排项目团队开始进行项目实施。在系统开发过程中，建设方提出的建设需求不断变化，小丁本着客户至上的原则，总是安排项目组进行修改，从而导致开发工作多次反复。因为项目计划的多次变化，导致项目团队的成员也多次调整，实际进度与项目进度计划存在严重偏离，并且项目的质量指标也经常也暴露问题。

A 公司项目高层在对项目进度控制进行审查时，感到惊讶，并对发生这种情况觉得很不理解，认为即使是需求不完善也不至于导致项目存在这么多问题，故认为该项目在管理方面存在很多问题。

分析问题：

参考答案

（1）请简要分析造成项目目前状况的可能原因。

（2）本案例中项目经理没有对项目策划书进行审核，请问在编写项目策划书时应做到哪些要求？

（3）请结合本案例说明，小丁作为项目经理此时应该怎样更好地进行项目进度控制，从而保证项目按照目标交付？

附　录

(一)子情境学习任务书

任务编号：　　　　　　　　　　　　　　学习小组：

目的：	内容：
参加人员：	人员分工及职责：
时间：	地点：
步骤：	成果：

（二）子情境学习任务职业核心能力及素质评价表

评价指标		评价标准	自我评分	同学评分	教师评分	分项加权得分
职业核心能力	自我学习∑1	1级：能在教师的指导和支持下，进行基础知识和技能的学习。学习能力较差，完成学习任务只能按部就班，不能从完成各项学习任务的过程中积累经验。 2级：能在教师的指导和支持下，迅速掌握基础知识和技能，并能够主动思考深化的知识和技能。学习能力较强，能在完成各项学习任务的过程中积累经验。 3级：能够脱离教师进行基础知识和技能的学习，并能够主动寻求教师的指导和支持，迅速学习并掌握深化的知识和技能。能从各项学习任务中积累经验，将其应用于新的工作任务，指导自己和他人				
	信息处理∑2	1级：能根据学习任务的不同需要去搜寻、获取并选择信息，信息具有一定的利用价值。 2级：能根据学习任务的不同需要筛选出有较高利用价值的信息，并对信息进行分类归纳，以文本文件、图像和数字格式加工整理信息。 3级：能根据学习任务的不同需要精选出具有直接利用价值的信息，将信息用文本、图形、图像、表格进行编排和组合，并能够借助多媒体设备、幻灯和白板等手段来展示信息				
	解决问题∑3	1级：能针对不同的学习任务找出问题的基本特征，并提出解决问题的基本思路，但是方案并不完善。 2级：能针对不同的学习任务找出问题的主要特征，采取不同的方法形成两个以上解决问题的思路，并加以比较分析确定最佳方案。 3级：能针对不同的学习任务找出问题的关键特征，提出解决问题的计划方案并组织实施，并在实施过程中充分利用相关资源				
	革新创新∑4	1级：在处理遇到的问题时，因循守旧，按部就班，很少有自己独到的见解，创新能力较差。 2级：在处理学习任务过程中遇到的问题时，不因循守旧，经常对解决问题的方法有自己的独到见解，并能积极制定有效的改进措施，提出合理化建议。 3级：一直保持不断探索的心态，在处理遇到的问题时，能不断提出新想法、新措施和好建议，善于学习，积极探索，锐意求新，开创学习新局面				
	与人交流∑5	1级：能围绕讨论的主题与团队成员进行交流，基本能将自己的观点表达清楚，但是不注意倾听，理解他人也存在一定困难，从而影响团队讨论的有效性。 2级：能围绕讨论的主题与团队成员进行顺畅的交流，并能清楚地表达自己的观点，有一定的倾听技巧，尊重他人的观点，使团队讨论顺利进行。 3级：能把握讨论的主题、时机和方式，借助各种辅助手段，使用规范的语言和恰当的手势，准确表达自己的观点，能够很好地倾听和理解团队成员谈话的内容，推动团队讨论有效进行				
	与人合作∑6	1级：成为团队成员并完成自己的工作，但不主动沟通，与其他团队成员合作困难。 2级：愿意与他人合作，能够分享知识，愿意就任务与他人沟通，但不足以成为团队的骨干力量。 3级：与他人以互助的关系合作并成功完成任务，积极分享知识、积极沟通，成为团队骨干力量，努力营造团队气氛				

续表

评价指标		评价标准	自我评分	同学评分	教师评分	分项加权得分
职业素质	职业态度∑7	1级:对职业选择的认知很少且有消极的倾向,敬业精神不高。 2级:对职业选择有比较明确的认知和比较明显的积极倾向与行动,敬业精神较高。 3级:对职业选择有充分的认知和积极的倾向与行动,敬业精神很高				
	职业作风∑8	1级:在职业实践和学习任务行为中,一定程度上体现了职业道德内涵,但表现不太自觉。 2级:在职业实践和学习任务行为中,较好地体现了职业道德内涵,表现比较自觉。 3级:在职业实践和学习任务行为中,很好地体现了职业道德内涵,表现一贯非常自觉				
	职业情感∑9	1级:对职业很少有愉快的主观体验,情绪表现不够稳定,存在消极的心态。 2级:对职业有比较愉快的主观体验,情绪表现较为稳定,有良好的心态。 3级:对职业有愉快的主观体验,情绪表现稳定,有健康的心态				
	职业观念∑10	1级:对职业、职业选择、职业工作、职业道德等问题很少有正确的看法。 2级:对职业、职业选择、职业工作、职业道德等问题有比较正确的看法。 3级:对职业、职业选择、职业工作、职业道德等问题具有完全正确的看法				
总评分∑(1—10)						
教师评语	签字: 年 月 日					

使用说明:

(1)子情境学习任务职业核心能力及素质评价表用于反映每个学习小组在完成子情境任务过程及成果中所表现出来的“职业核心能力”和“职业素质”水平及状况,采用定量与定性评价两种方式。

(2)定量评价学生“核心职业能力”和“职业素质”包括十项具体指标,采用100分制,每项指标10分。

(3)每项指标的得分方法:自我、同学、教师三个评价主体根据评价标准1级、2级、3级的文字描述对应学生的实际表现进行打分,1级为2分,介于1、2级之间为4分,2级为6

分，介于2、3级之间为8分，3级为10分，然后进行加权汇总，加权数：自我为30%，同学为20%，教师为50%，即考评指标分项加权得分＝自我评分×30%+同学评分×20%+教师评分×50%。

（4）将考评指标分项加权得分进行汇总得到小组子情境学习任务总评分。教师可以根据评价结果，了解各学习小组学生“职业核心能力”和“职业素质”水平及状况，与学生一道进行原因分析，发现存在的问题，找到解决问题的措施。

（5）定性评价由教师根据学生完成任务过程及成果用评语的形式反馈给学生。

客观题参考答案

情境 1 参考答案

情境 2 参考答案

情境 3 参考答案

情境 4 参考答案

情境 5 参考答案

情境 6 参考答案

情境 7 参考答案

主要参考文献

[1] 陈传明. 管理学 [M]. 北京:高等教育出版社,2019.
[2] 周三多. 管理学 [M].5 版. 北京:高等教育出版社,2018.
[3] 邢以群. 管理学 [M].5 版. 杭州:浙江大学出版社,2019.
[4] 单凤儒. 管理学基础 [M].7 版. 北京:高等教育出版社,2021.
[5] 季辉,王冰,李曲. 管理学基础 [M].4 版. 北京:人民邮电出版社,2023.
[6] 骆泽敬. 管理学基础与实务 [M]. 北京:人民邮电出版社,2021.
[7] 张金成. 管理学基础 [M].3 版. 北京:人民邮电出版社,2021.
[8] 黄铁鹰. 海底捞你学不会 [M].2 版. 北京:中信出版社,2015.
[9] 张康之,李传军. 一般管理学原理 [M].3 版. 北京:中国人民大学出版社,2010.
[10] 郑健壮. 管理学原理 [M]. 北京:清华大学出版社,2007.
[11] 陆婷,宋卫. 认识新商业 [M]. 北京:人民邮电出版社,2021.
[12] 任志宏,张晓霞,黄华,等. 企业文化 [M]. 北京:经济科学出版社,2006.
[13] 李爱梅,肖胜. 员工激励与企业创富 [M]. 北京:中国纺织出版社,2003.
[14] 侯志春. 管理沟通理论与实务 [M]. 北京:清华大学出版社,2010.
[15] 李宝元. 人力资源管理学 [M]. 北京:北京师范大学出版社,2007.
[16] 张一纯,王蕴,陈葵晞. 组织行为学 [M].3 版. 北京:清华大学出版社,2014.
[17] 刘欣. 组织行为管理 [M]. 北京:高等教育出版社,2008.
[18] 谭志彬,柳纯录. 信息系统项目管理师教程 [M].3 版. 北京:清华大学出版社,2017.
[19] 毕星,翟丽. 项目管理 [M]. 上海:复旦大学出版社,2000.
[20] 池仁勇. 项目管理 [M].2 版. 北京:清华大学出版社,2009.